신자유주의 시대 이후, 한국경제의 정치경제학

A Manual for Democracy and Prosperity

안현효
대구대학교 일반사회교육과 교수
harryahn@daegu.ac.kr

1판1쇄 | 2011년 3월 10일
1판1쇄 | 2012년 2월 15일
지은이 | 안현효
펴낸이 | 홍덕률
펴낸곳 | 열린길
경북 경산시 진량읍 대구대로 201
전화 053) 850-5661~3 | 팩스 053) 850-5669
http://press.daegu.ac.kr/
등록 | 2007년 4월 19일 제2007-3호
찍은곳 | 대호문화사
ISBN 978-89-964981-2-4-04300
정가 | 10,000원

신자유주의 시대 이후, 한국경제의 정치경제학

A Manual for Democracy and Prosperity

안 현 효 저

• 서 문

해방 이후 「한국경제 사상사」에 관한 책을 쓰겠다고 마음 먹은지 벌써 3년이 흘렀다. 이 책은 이런 생각으로 그동안 연구한 결과를 정리한 것이다. 하지만 이 책은 「한국경제 사상사」라는 이름에 걸맞는 포괄성을 갖지 못하고 있다. 우리 사회가 직면한 긴급한 미래 때문에, 나는 포괄성을 포기하고 한국경제의 현안에 대한 논평이라는 특징을 선택했다.

우리나라는 독재 사회에서 달성한 급속한 경제성장 이후 신자유주의로 특징지울 수 있는 새로운 발전 단계로 접어들었다. 그런데 신자유주의가 우리에게, 우리의 자녀들에게 올바른 미래의 비젼인가? 그러한 의문이 정당하다는 증거는 도처에 널려있다. 게다가 이제 신자유주의는 전 세계적 차원의 도전에 직면했다. 이 책에서 나는 신자유주의를 비판하는 일에 집중하고자 하지 않았다. 오히려 신자유주의의 퇴조가 예상되는 현 시점에서 우리 경제에 대한 사유방식을 다시 검토함으로써 신자유주의 이후 한국 경제를 생각하는 나침반을 찾아보고자 했다. 그 나침반은 단순히 이러저러한 미래를 추구하자는 것일 수가 없다. 어떠한 미래가 우리 앞에 있는지는 우리가 어떤 미래를 탐색하느냐에 달렸다. 다양한 탐색 과정에서 우리는 우리 경제의 미래와 그 미래의 달성방법에 대한 합의에 도달할 수 있을 것이다.

이 책은 사상사 책이므로 주요 저서, 논문에 대한 논평의 형식을 띠고 있다. 하지만 독자들이 필자의 평가를 판단할 수 있도록 하기 위해서 서술에서 크게 다루고 있는 주요 저서들은 모두 본문 내에 저서명과 저자를 직접 인용하였다. 물론 일반참고문헌에도 동일 저서를 모두 포함하여 독자의 재검토와 공부를 가능하게 했다. 독자들은 필자의 주장을 주어진 답으로 생각할 필요가 없다. 항상 비판적으로 접근해야 한다. 이를 위해서는 인용되는 원전을 직접 독서할 필요가 있다.

2010년 12월 31일 경산 연구실에서 안현효

차 례

프롤로그

1장 방법

1절 붕괴하는 신자유주의? | 7

2절 학(學)의 체계: 사회과학, 인문학, 자연과학 | 9

3절 독서목록, 회고 | 14

4절 생각하기 | 17

5절 탐구하기 | 21

6절 쓰기 | 24

제1부 한국자본주의의 정치경제학

2장 해방이후 한국사회의 현실과 논쟁
: 해방전후사의 인식과 재인식

1절 맥락: 건국절 vs 광복절 | 37

2절 『해방전후사의 인식』과 『해방전후사의 재인식』의 대결
: 보수주의적 국가주의 | 40

3절 사회·문화적 쟁점으로서의 민족주의 | 48
: 낭만저 탈근대주의 | 48

4절 식민지 사회성격 논쟁
: 민족주의, 마르크스주의, 서발턴의 역사학에 대하여 | 62

5절 해방 후 한국사회 이해: 민주주의와 민생 | 71

6절 이승만 시대는 어떠했던가? | 76

7절 현재성 : 『재인식』에서 배우지 말 것과 배워야 할 것 | 80

3장 사회구성체 논쟁: 민족경제론
1절 맥락: 민족경제론 내의 민족주의 | 87
2절 민족경제론의 민족주의에 대한 비판 | 89
3절 박현채의 민족경제론과 '사회성격논쟁' | 100
4절 주변부자본주의론과 세계체제론 | 118
5절 포스트자유주의, 포스트사회주의 시대의
한국에서 정치경제학을 한다는 것. | 125

4장 1987년과 1997년 체제: 불확실성과 양극화
1절 1997년 이전의 한국경제(론)
: 민족주의와 신자유주의 | 129
2절 1997년 체제의 형성과정
: 지배블록 분열이라는 국면적 위기 | 133
3절 1997년 이후의 한국경제(론)
: 불확실성과 양극화의 유기적 위기 | 141
4절 국면적 위기와 수동혁명 | 148
5절 한국경제의 정치경제학
: 민족주의와 경제주의 비판 | 151

제2부 세계자본주의의 정치경제학
5장 자본주의 세계체제: 월러스틴
1절 세계체제론: 신과학에 기초한 마르크스주의 | 159
2절 자본주의 세계체제의 형성과 발전 그리고 위기
: 자유주의의 유기적 위기 | 177
3절 저항운동의 딜레마 | 189

6장 사회운동의 논리: 그람시
1절 왜 한국에서 민주화 운동은 실패하였을까? | 205
2절 우리나라에서 그람시 이론의 수용 과정
: 역사적 맥락 | 208
3절 왜 그람시인가?: 그람시의 질문 | 219
4절 첫 번째 대답
: 사회주의 혁명, 국제공산주의 운동의 맥락과 공장평의회 | 223
5절 두 번째 대답
: 이탈리아 정치상황 속에서의 남부주의 | 232
6절 세 번째 대답: 이론전선 속에서의 경제주의 비판 | 239
7절 여기, 현재의 그람시
: 한국에서 민주주의는 왜 실패했는가? | 248

에필로그

7장 신자유주의 이후, 한국경제의 대안: 고진로 전략
1절 2008년의 경제 위기 | 259
2절 한국경제의 대안에 대한 다양한 목소리 | 264
3절 하이로드 전략을 찾아서 | 269
4절 풀뿌리 민주주의와 리더십 | 293

프롤로그

• Imagine

Imagine there's no heaven,	천국은 없다고 생각해봐요
It's easy if you try,	해보면 쉬운 일이죠
No hell below us,	지옥도 없다고
Above us only sky,	오직 푸른 저 하늘만
Imagine all the people	모든 사람들을 생각해봐요
Living for today.	오늘을 위해 사는 그 사람들을,
Imagine there's no countries,	국경은 없다고 생각해봐요
It isn't hard to do,	어렵지도 않아요
Nothing to kill or die for,	서로 죽일 일도 없고
No religion too,	종교 역시 없는 세상
Imagine all the people	모든 사람들을 생각해봐요
Living life in peace...	평화스럽게 살아가는 그 사람들을,
You may say I'm a dreamer,	나를 몽상가라 하지만
But I'm not the only one,	그것은 나만의 꿈은 아니죠
I hope some day you'll join us,	언젠간 당신도 함께 하겠죠
And the world will live as one	하나 되는 세상을

Imagine no possesions,	내 것이 없다고 생각해봐요
I wonder if you can,	할 수 있을 거예요
No need for greed or hunger,	탐욕과 궁핍도 없고
A brotherhood of man,	인류애만 넘치는
Imagine all the people	모든 사람들을 생각해봐요
Sharing all the world...	모든 세상을 나누는 그 사람들을,

You may say I'm a dreamer,	나를 몽상가라 하지만
But I'm not the only one,	그것은 나만의 꿈은 아니죠
I hope some day you'll join us,	언젠간 당신도 함께 하겠죠
And the world will live as one	하나 되는 세상을

1. 방법

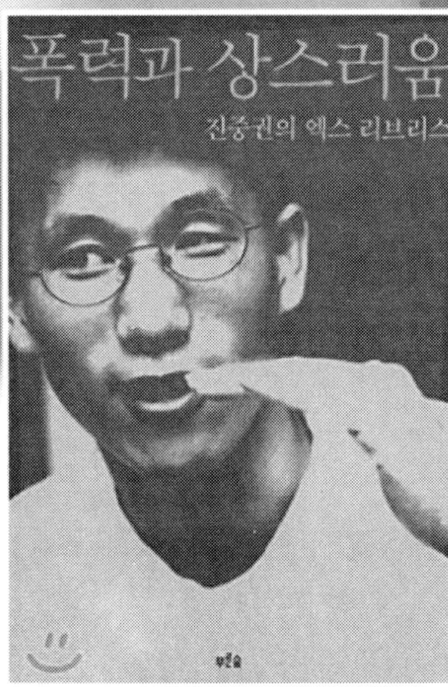

1절 붕괴하는 신자유주의?

이 책을 쓰고 있는 지금, 세계 경제는 1929년의 대공황에 버금가는 위기를 겪었다.

자본주의 경제는 10~12년을 주기로 하는 주기적 공황을 겪어오면서 진화해왔다. 이러한 주기적 공황에 더하여 자본주의 역사에서 장기 50여 년을 기점으로 하는 대공황이 발발해왔는데 이 정도 규모의 대공황은 1820년 경, 1870년 경, 1920년 경, 1970년 경 발생했다. 각 위기는 우리가 현재 살고 있는 체제인 자본주의의 구조를 변화시켰다. 이를테면 20여 년 장기간 지속한 1870년의 공황은 오늘날의 대기업들을 출현시켜 독점자본주의 시대를 열었고, 1920년대의 공황은 국가의 경제 개입이 체계화되는 계기를 마련했으며, 1970년대의 스태그플레이션은 현재의 이른바 신자유주의 체제를 낳았다. 자본주의 250년사를 이렇게 일별한다면 우리가 지금 겪고 있는 현재의 위기는 아마도 신자유주의 체제의 몰락과 또 다른 새로운 자본주의의 진화과정을 보여주고 있는 것은 아닌지?

자기가 살았던 경험만큼 강렬한 메시지는 없다. 따라서 대부분의 사람들은 자신이 살았던 시대와 자기가 살았던 사회를 중심으로 생각하며 이를 일반적인 상황이라 생각하는 경향이 있다. 하지만 우리가 살지 못했던 시대와 우리가 살지 못했던 사회를 무시한다면 우리 자신을 이해하기 어려울 것이다. 따라서 지금 우리가 살고 있는 시대를 이해하기 위해서 우리는 다른 시대와 다른 사회를 이해하려는 노력을 해야 한다. 결국 문제는 아는데도 실천을 못하는 것(知易行難)이 아니라 사실상 무엇을 해야 할지 알지 못한다는 점(行易知難)에 있다. 이는 지금 상황이 무엇인가를 정확히 이해하지 못하기 때문이다. 지금 도대체 무엇인지를 모르기 때문에, 내가 무엇을 해야 하는지 모르고, 결국 아무 것도 안하고 있다.

필자는 생물학적으로 1960년대부터 살아왔지만, 사회 · 정치적으로는 1980년대부터 살아왔다. 그러므로 필자 역시 고작 1980년대, 1990년대, 2000년대의 약 30년의 기억과 경험 밖에 없다. 그 경험에 기초하여 현재를 바라볼 때 참으로 좌절스럽다. 과연 우리는 현재의 이 시대를 어떻게 이해해야 하는가? 그렇기 때문에 우리는 우리의 직접 경험의 수준을 넘어가려는 노력을 해야 한다. 이를 통해 새로움에 대한 상상력은 근거 없는 상상력이 아니라, 근거를 가진 상상력이 된다.

이 책은 그러한 노력의 산물이다. 이 노력은 필자가 지방대로 내려온 이후부터 약 3년 6개월 동안 진행되었다. 다행히 대구대학교 도서관은 필자가 보고 싶은 책을 거의 대부분 가지고 있었고, 어떤 때는 10권씩 빌려서 밤을 새워서 보기도 했다. 주중에 하릴 없이 책을 읽으며 나름 감동하고 나름 분노하면서 내가 살았던 시기를 중심으로 하되 그 전 · 후, 즉 해방 이후의 한국 사회를 하나의 '이야기'로 엮어 보면 좋겠다는 생각을 했다. 그런데 하나의 의문이 들었다. 과연 이야기를 쓰는 것이

옳을까? 일관된 이야기가 되기 위해서는 주관적 취사선택이 불가피해질 것이다. 과연 이러한 쓰기가 과학적일 수 있을까?

이 문제는 '과학적' 글쓰기, '과학적' 탐구가 도대체 무엇인가라는 질문을 야기한다. 그것은 학문의 탄생과 학문의 질서에 관한 문제다.

2절 학(學)의 체계: 사회과학, 인문학, 자연과학

근대적 학문은 철학이 분화되면서 형성되었다. 철학에서 분리된 근대적 학문 중에서도 자연철학에서 분리된 자연과학이 먼저 자신의 고유한 방법론을 형성했다. 인문학은 철학의 연장이라고 볼 수 있다. 월러스틴은 『사회과학으로부터의 탈피』(1991)에서 사회과학의 출현은 근대 자본주의의 등장과 밀접한 연관이 있다고 말하고 있다. 그에 의하면 1789년 프랑스 혁명의 경험으로 인해 발전(development)과 민중의 역사적 참여는 더 이상 역전시킬 수 없는 경향이 되었다.

"나는 부르주아지, 혹은 차라리 자본가계층 또는 지배계급들이 '프랑스 혁명의 동요'에서 두 가지 결론을 이끌어냈다고 생각한다. 하나는...국가권력의 획득을 처음으로 진지하게 고려했음직한 하층대중들의 행위에서 연유하는 커다란 위협을 인식한 것이었다. 엄격한 의미의 프랑스혁명은 몇 차례에 걸쳐 '정상궤도에서 벗어날' 뻔했는데, 그것은 일부 '부르주아들(로베스삐에르 같은-인용자)'이 정치적 변혁을 꾀했기 때문이 아니라 일부 '농민들' 또는 일부 '쌍뀔로뜨들' 또는 일부 '여성들'이 스스로 무장하고 행진하거나 시위하기 시작했기 때문이었다... 이 '봉기들'이 오히려 근대세계 최초의 진정으로 반체제적인(antisystemic) (다시 말해서 반자본주의적인) 봉기들일 것이라는 점을 세계 부르주아지가 인식하고 있었다고 믿는다. 그렇다고 이 반체제적 봉기들이 꽤 성공적이었다는 말은 아니다. 내 말은, 어쨌든 그것들이 일어났고, 그리하여 자본주의 세계체제 구조상의 주요한 질적 변화를 처음으로 예고해주었으며, 그것의 정치에서 하나의 전환점이 되었다는 것 뿐이다...(이로부터 야기되는-인용자) 두 번째의 매우 논리적인 추론...은 역사적 신화, 즉 정치적 변화는 예외적이고 종종 일시적이며 보통 바람직하지 않다고 하는 그런 역사적 신화를 유지하는 일은 더 이상 가망이 없어졌다는 점이다. 세계 부르주아지는 **변화가 정상상태(normality)임을 인정함으로써만 이 변화를 억제하고 또 더디게 할 수 있었던 것이다.**"(Wallerstein, 1991b, 24~26쪽 강조는 인용자)

부르주아지는 혁명과정에서 대중을 동원하였지만 대중 자체가 스스로 조직하여 부르주아지의 지도력을 위배하였다. 프랑스 혁명은 자유주의자들에게 변화란 더 이상 이상상태가 아니라 정상상태라는 것을 인정함으로써만 변화를 통제할 수 있다는 인식을 야기했다. 이는 자본주의 세계체제의 근본적 문화적 변형을 야기했으며 이는 다음의 세 가지로 요약할 수 있다.

첫째, 변화에 대한 특수한 세계관, 의식적이고 정치적 목적을 가지고 집단적으로 형성된 세계관, 즉 이데올로기가 이 문제를 둘러싸고 형성된다. 처음에는 보수주의가 다음에 자유주의가 맨 나중에 마르크스주의로 대표되는 사회주의 이데올로기가 구성된다. 보수주의는 '가능한 가장 느린 속도의 변화에 대한 지적 근거'이며, 자유주의는 '정상적인 변화를 부추기고 그것을 일정한 방향으로 이끌어내며 촉진시킬 입법상의 개혁'을 지지하고, 마르크스주의는 자유주의의 진보이론에 두 가지의 덧칠(불연속적 변화, 현 체제보다 더 나은 체제가 존재한다)을 통해 변화를 더욱 자극하였다. 이 세 이데올로기는 상호 대립적이지만, 공통적 기반이 있다고 한다면 그것은 '정상적인 변화에 정치적으로 어떻게 대처할 것인가라는 문제에 대한 진술'이라는 점이다. 이를 월러스틴은 근대성의 첫째 요소로 꼽고 있다.

두 번째의 새로움은 사회과학의 구축이다. 각 이데올로기는 정치적 강령을 품고 있었다. 즉 제기되는 변화의 요구에 대한 대답을 포함하고 있었던 것이다. 따라서 이러한 정치적 강령을 구축하기 위한 구체적이고, 체계적인 지식이 필요했는데 이것이 사회과학이다. 물론 보수주의, 자유주의, 마르크스주의 모두 사회과학적 지식이 필요했다. 하지만 대학에서 학문분과의 설정은 자유주의 이데올로기의 승리를 반영했다. 왜냐하면 자유주의 이데올로기는 사회적 과정이 국가, 시장, 개인적 영역이라는 세 영역의 경계구분을 주장하고 있었고, 사회과학의 정치학, 경제학, 사회학은 바로 각 세 영역에 대한 분과학문으로 정립되었기 때문이다.

마지막의 근대적 새로움은 사회과학에 의해 구축된 자유주의적 영역에 도전하는 제3의 제도인 반체제적 사회운동이다(Wallerstein, 1991b, 32쪽). 반체제적 사회운동은 현실화하는 과정에서 민족주의와 대부분 일정한 연관을 맺게 되었다. 특히 반체제적 민족운동(식민지의 민족해방운동)은 사회주의 운동과 경쟁과 동거의 관계를 반복하면서 상당히 성공적으로 자본주의 사회 내에 자리 잡았다. 따라서 근대적 국가형성에서 대중은 동원되면서도 동시에 부르주아지의 지도력에 통제되어야 하는 대상인 셈이다. 민족주의는 이 과정에서 필수적으로 요청되는 이데올로기가 된다(Arrighi, et. al, 1989).

자본주의 역사에서 19세기 중반이 되면 자유주의적 전망과 급진적 전망 간의 충돌이 공공연해졌고, 1848년의 실패한 혁명은 보수주의, 자유주의, 급진주의에게 중요한 메시지를 던졌다. 보수주의자에게는 앞으로의 대중의 저항은 쉽사리 통제하기 어려울 것이라는 불길한 암시를, 자유주의자에게는 노동계급에 대한 일정한 양보를 통해 자본주의의 사회적 모순을 상쇄할 필요성을, 급진주의자에게는 단순한 저항이 아니라 더욱 더 전략적 지향을 추구할 필요를 제시했다(Wallerstein, 1996, 96쪽).

월러스틴에 의하면 사회과학의 세 분과학문인 정치학, 경제학, 사회학은 자본주의 체제에 등장한 세 가지 이데올로기인 보수주의, 자유주의,

사회주의 중 자유주의와 긴밀한 연관을 갖고 있다. 분과학문에 기초한 사회과학은 학제간 연구와 통섭을 통해 학문분과의 한계를 돌파하려고 하지만 자유주의적 한계 속에 놓여 있다.

필자는 경제학을 전공하였는데, 필자의 경제학 역시 기성 학문분과의 산물이다. 하지만 동시에 학문분과의 협애한 틀을 넘어서기 위해 많은 노력을 해왔다. 그러한 학제간 연구의 한 사례는 지역학(area studies)적 연구들, 또 필자가 속한 사회과(social studies)적 연구라 할 것이다. 그런 점에서 필자는 경제학이라는 협애한 틀을 넘어설 매우 유리한 고지에 있었다. 필자는 여기에 있는 동안 아주 자연스럽게 타 전공의 연구자들과 함께 연구하고 논의할 수 있었기 때문이다. 그러나 간학문과 통섭만으로도 불충분하다. 내가 하고 있는 학문적 연구가 의미있기 위해서는 사회적 공감을 일으켜야 할 것이기 때문에, 단순히 읽고, 탐구한다는 것만으로는 부족한 무엇이 있었던 것이다.

여기에는 하나의 책략이 필요했다. 그 책략은 표현의 전략이다. 일찍이 마르크스가 탐구의 방법과 서술의 방법으로 구분했던 것과 유사한 전략, 하지만 19세기적 구분이 아닌 21세기적 상황을 반영하는 그러한 구분. 따라서 탐구하는 것만 중요하고, 그것의 서술은 자연스럽게 이루어진다는 식으로 접근하기가 어렵다. 이 문제를 해결할 때 비로소 나는 대학이 제공하는 자유주의적 한계를 극복하는 글쓰기를 할 수 있을 것이다. 그래서 나는 '읽기 - 생각하기 - 탐구하기 - 말하기 - 쓰기'라는 순차적 전략에 대해 고민하기 시작했다. 탐구하기 위해서는 문제를 설정하지 않으면 안된다. 읽기의 과정은 문제의 소재가 도대체 어디에 있는지를 파악하는 과정이라는 점에서 좌충우돌 하지 않을 수 없다. 생각하기는 바로 문제를 설정하는 단계라 할 수 있다. 문제 설정이란 현재 우리가 직면한 문제를 정확히 규정하는 것이다. 물론 그 자체가 탐구의 과정을 통하여 다시 구체화될 수 있을 것이다. 탐구하기의 과정은 제기된 문제를 해결하기 위해 노력하는 과정이다. 여기서는 현실의 문제에 직면해야 한다. 매우 혼란스럽게 흐트러져 있긴 하지만 나에게 주어진 정보를 통해서 이 정보를 일목요연하게 재정비하여 그 정보들이 말하고 있는 바를 읽어 내야 하는 것이다. 쓰기란 이제 그 재정비된 정보를 우리 사회의 의미망 속에 집어넣는 과정이다. 결국 그 산물은 하나의 '이야기'인 것이다.

3절 독서목록, 회고

3년 전에 연구실에 왔을 때 넓은 연구실 공간에 안도했다. 나는 공부를 마치고 무려 8년 동안이나 종이박스에 담아두고 감히 꺼내지 못했던 책들을 다시 꺼내어 책장에 끼워넣기 시작했다. 그러다 보니 5년 전인가 "행복한 책읽기"라는 칼럼을 온라인 상에서 쓴 경험이 기억난다. 일종의 독후감이었는데 별로 할 일도 없었고, 무엇을 해야 할 지도 몰랐던 당시 나의 삶의 투영이었을 것이다. 그 때의 독후감들은 5-6권 정도 읽고 쓴 후에 끝났다. 물론 책은 훨씬 더 많이 읽었을 것이다. 그리고 이후에 글들도 꽤 끄적거렸다. 하지만 다수의 글은 논문이었고, 어떤 글은 공개하기 어려운 사적인 심경에 대한 글이었다. 이후 언젠가 학회의 사이트에서 우연히 이 글들이 여전히 떠 있는 것을 보고 다시 해볼까 라는 생각을 안 한 것도 아니지만, 이 생각 역시 바쁜 일과 속에서 잊혀졌다.

그러다 나는 장정일의 『공부』라는 책을 우연히 보게 되었다. 딸애의 공부를 어떻게 지도할까라는 고민으로 이 책을 샀다. 이것만은 아닐 거다. '공부'라는 제목이 유발하는 호기심 때문에 산 것 같다. 읽고 나서 나는 왜 사람들이 책을 읽어야 하는가, 또 읽은 책은 왜 토론해야 하는가 라는 것에 대해 어렴풋이 알게 되었다. 장정일의 이 책은 독후감이다. 따라서 나는 5년 전에 시도했던 '행복한 글쓰기'라는 독후감 역시 '음, 괜찮은 기획이었구나.'라는 생각을 하게 되었다.[1] 이 책에서 장정일

1 나는 연구라고 불리는 공부를 하고 이를 통해서 새로운 글을 만들어 내는 직업을 가진 사람이다. 하지만 대부분의 연구과정은 베일에 싸여 있다. 내가 이 학교에서 학생들을 가르치면서 교육학에서 말하는 소위 탐구과정이라고 부르는 부분이 결국 내가 하는 연구방법과 다를 바 없다는 것을 알게 되었다. 많은 학생들은 공부라고 하면 주어진 진리를 빨리 습득하는 것으로 이해한다. 하지만 당연한 것이지만 남이 만든 지식을 습득하는 것은 공부의 전부가 아니다. 어떤 형식으로든 자신의 것으로 체화하지 않으면 결국 죽은 지식이 되고 말 것이다. 놀라운 것은 자기 것으로 체화하려는 노력이 있다면 결과적으로 습득도 빨리된다는 것이다.

은 수많은 책을 읽고 짧은 소감을 기록하고 있었다. 그것이 하나의 탐구과정임은 쉽게 알 수 있다. 그러나 이 탐구과정은 앞·뒤, 좌·우로 왔다 갔다 하는 매우 혼란스럽고 고통스런 과정일 게다. 이런 과정을 통과하기 위해서는 이른바 '피할 수 없으면 즐겨라'라는 식의 전략이 필요하다. 문제가 도대체 무엇인지를 이해하기까지는 마치 안개 속을 헤매는 것과 같다. 그러한 불확실성이 불안을 초래한다. 그러한 불안을 여기서 반복할 필요는 없을 것이나, 불안이 나만의 것만은 아니라는 것은 공유할 필요가 있겠다.

지난 3년 동안 수시로 읽었던 책들은 모두 기억나지 않는다. 지금 기억나는 책들은 결국 내가 이 글쓰기에 어떤 형태로든 수용하고, 비판하고, 조정하였을 것이다. 그 리스트를 살펴보면, 월러스틴, 가라타니 고진, 그람시였다. 놀랍게도 이 세 사람들은 서로를 인용하는 수준의 공유점을 가지고 있었다. 내가 이 세 사람의 글을 좀 더 빨리 이해할 수 있었다면 그것은 아마도, 마르크스를 공부했다는 사실, 현실의 모순에 도전해 본 경험이 있었다는 사실에 기인하는 것일지도 모른다. 반면 내가 박사학위에서 주로 접했던 문헌들은 포스트구조주의 철학자들이었다. 그 이론은 매우 매혹적이었으나 왠지 모르게 불만이었다.[2] 매혹되었기 때문에 나는 박사학위 이후에 포스트구조주의를 공부하기 위해 프랑스 까지 갈 생각을 하기도 했다. 그러나 다른 한편 나는 포스트구조주의에

2 나의 박사과정 연구 주제는 현대자본주의 화폐동학을 마르크스의 학설사를 통해 재해석해보는 것이었다. 이 과정에서 결국 마르크스의 이론 전체를 다시 검토해야 했지만, 이를 구조주의, 포스트구조주의의 프리즘에서 재해석하는 정도에서 그쳐야 했다.

대한 불안감이 가시지 않았다. 이 상황에서 최근 3년 동안의 이 월러스틴, 그람시, 가라타니 고진이라는 세 사람에 대한 독서는 기존의 독서에 보완을 해 주었을 뿐 아니라 어떤 희망 섞인 즐거움도 주었다.

그 후 내가 읽은 책은 『해방전후사의 재인식』과 『대중독재론』이었다!

4절 생각하기

우선 나는 포스트구조주의의 사고 방식, 그리고 뒤이은 포스트모더니즘(탈근대주의)적 사고 방식에 대해 나름대로의 판단을 했어야 했다. 알튀세르의 구조주의 마르크스주의에서 시작하여, 영화 「매트릭스」와 『시뮬라시옹과 시뮬라크르』(장 보들리아르)에 이르기까지의 수많은 여정에 대해. 마르크스와 알튀세르, 게다가 르네 지라르까지 뒤섞어 본 이론적 여행은 막다른 골목에 부딛혔다. 마르크스에 대한 글이 더 이상 써지지 않았다. 이 때 내가 한 선택은 잊어버리는 것이었다. 나는 단호하게 사상은 잊고 현실을 직면하기로 했다. 돈이 어떻게 벌리는가도 관찰하였고, 그 신용구조를 통해 어떻게 흐르는지도 살펴보았다.

누구든지 같이 하자는 연구가 있다면 마다하지 않고 같이 했다. 나는 교육문제, 중소기업문제, 은행산업, 에너지산업 등 닥치는 대로 공부했다. 이러한 현실주의적 접근은 다소 도움이 되었던 것 같다. 박사과정까지의 나의 여정이 얼마나 관념적이었나를 생각하게도 해 주었고, 사유의 문제가 단순한 논리의 유희가 아니며, 아니어야 한다는 것도 일깨워주었다. 더 큰 이득은 내가 살아있다는 현실감이었다.

장은주는 『생존에서 존엄으로』(2007)라는 책에서 내가 겪었던 이 문제가 '헤겔좌파적 사회비판'에서 '계보학적 사회비판'으로 넘어가는 문제라고 정리한다. 나는 이 글을 읽기 전까지는 포스트구조주의와 포스트모더니즘(탈근대주의)이 니체주의적 문제설정과 연관된다는 생각을 하지 못했었다. 그리고 마르크스의 근대주의적 비판이 헤겔좌파적 사회비판이라는 정식도 일리있는 지적이라고 생각한다.

장은주에 의하면 마르크스와 니체 모두 서구의 근대성, 자본주의를 비판한 것이다. 그러나 비판의 방식이 달랐다. 전자의 경우 비판의 척도가 사회현실의 바깥에서 나온 척도가 아니라 '사회현실 그 내에서 비판의 척도를 찾고 그럼으로써 비판의 관점이 비판되는 현실 자체와 같은 지평에 서 있게 함으로써 그 비판이 설득력과 타당성을 획득할 수 있게 설정'(장은주, 2007, 46쪽)되었다. 이것이 마르크스가 수행한 (부르주아) 이데올로기에 대한 비판이다. 즉 그 이데올로기 비판은 부르주아의 논리로서 행해지는 자기비판이라는 것이다.

그러나 니체의 비판은 비판의 척도 자체에 대한 비판이다. 척도라는 말은 합리주의를 전제할 수 밖에 없다. 니체 역시 마르크스가 살았던 시대 즉 서구의 문화상황에 대한 비판을 수행했으나 그러한 문화적 상황을 가치 지향 자체가 가진 속물성으로 이해했다는 것이다. 즉 가치 지향은 어떤 형태를 띠든지 부패하고 타락하게 된다. 따라서 가치 지향 그 자체가 비판된다. 비판적인 사고 형태이긴 하나 사실상 모든 준거를 부정하는 파괴적 효과를 낳는다는 것이다. 니체는 비판의 보편적 척도 자체가 불가능하다고 보았다. 따라서 보편적 비판의 척도를 찾는 노력은 자신의 특수주의적 기원을 은폐하는 권력의지의 기만적 표현(장은주, 2007, 50쪽)이다. 이것이 니체가 수행한 '계보학적 비판'이다. 장은주는 현대 탈근대주의자들의 비판을 근본적으로 니체와 같은 이론구조를 가진 것으로 보았다. 니체는 허무주의를 비판한 것인데, 탈근대주의자들은 근대성을 비판한 것이라는 차이만 있다. 그러나,

> "이런 계보학적 비판 모델이 그 자체로서는 결코 완결적인 사회비판 프로그램을 발전시킬 수 없음을 놓치지 말아야 한다. 왜냐하면 그런 비판이 도대체 '비판'으로 기능할 수 있기 위해서는 그렇게 비판되는 부정적 사회현상들, 곧 어떤 규범과 이상 때문에 사회성원들이 받는 행위와 삶의 규제와 억압이 왜 잘못되었고 왜 비판받아야 하는지를 먼저 해명하지 않으면 안 되기 때문이다. 그러나 계보학적 접근법 그 자체는 결코 그와 같은 규범적 해명과 정당화를 제공할 수 없다."(장은주, 2007, 55쪽)

장은주는 더 나아가 이러한 비판이 관점주의적 비판이며 상대주의에

빠질 뿐이라고 한다. 그렇다면 과연 우리는 무엇을 해야 하는가? 여기가 중요한 지점이다. 우리는 이미 마르크스주의적 이상의 현실화 실험이 가져온 결과를 알고 있고, 니체적 계보학적 비판이 가져온 파괴적 위험도 인식할 수 있다. 그렇다면 과연 답은 무엇인가?

문제를 다시 정식화해보자. 이성적 사유로서의 비판 의식은 체제의 내적 논리로부터의 내재적 비판이라는 점에서 근본적이다. 즉 자본주의 체제에 대한 비판은 자본주의 체제의 논리 내에서부터 나오는 관점으로 비판한다는 것이다. 자본주의의 자기 모순, 마르크스 식으로 말하면 내적 모순(사실 이 개념은 헤겔적 개념이다)에서 출발한다. 그러나 그 비판이 근본적이라 하더라도 니체적 비판에는 미치지 못한다. 마르크스의 비판은 이성에 기초한 비판이지만, 니체적 비판은 이성 자체의 비판, 즉 비판 자체의 비판이기 때문이다. 니체적 비판의 주요한 포인트는 이성에 기초한 비판이 비판하고자 하는 체제가 가지고 있던 억압성을 가지고 있다는 점이다. 그러나 니체적 비판은 또 다른 극단과 허무주의를 낳는다. 이러한 악무한으로부터 탈출할 수 있는 조건은 무엇일까?

장은주는 여기서 사회성의 문제를 제기한다(고 나는 생각한다). 사실상 니체도 체제로부터의 탈출, 즉 자유를 꿈꾼 것이다. 이러한 '자유에 대한 미학'은 '헤겔의 통찰 이래 많은 사회비판 모델이 공유한 인간적 자유의 본성에 대한 이해에 따르면 인간은 결코 니체의 위버멘쉬(초인)와 같은 방식으로 자유의 실현에 이를 수 없다.'(장은주, 2007, 58쪽) 즉 사회관계의 망 속에서만 자유로울 수 있다. 그것은 자기실현의 자유라는 것이다. 상호작용 대상자들의 긍정적 지지와 사회적 인정이라는 요소는 비록 그것이 니체가 비판하는 타락(평준화)의 위험이 있다는 점을 인정하더라도 인간 삶의 핵심이라는 것이다. 아마도 그 사회성은 선험적인 것이 아니라 역시 사회화 과정 속에서 구성되어야 하는 것일 게다.

5절 탐구하기

사실 장은주의 논의는 논리적 사유만으로 우리의 탐구가 완결되지 않는다는 점을 보여준다. 어쩌면 니체의 비판은 순수히 논리적으로 가능할지도 모르겠다. 그러나 니체의 허무주의 비판은 본의와는 달리 허무주의를 야기할 수 있다. 따라서 인간을 탐구하는데 논리 이외의 요소가 필수적이다. 이 개념은 어떻게 들어와야 하는가? 장은주에 있어서 그 사회는 연구자의 가치판단이라는 형태로 들어온다. 이때 연구자의 가치판단이 얼마나 정확할 수 있는가에 대한 논구가 따라야 하는 것은 물론이다. 그 논구의 준거가 사회적 인정이었던 셈이다.

사회과학을 하는 필자에게 있어 그 개념은 어떻게 들어오는가? 20여 년 전에 이른바 사회구성체 논쟁 또는 한국사회의 성격 논쟁은 한국사회의 경제적 발전의 본질이 무엇인가에 대한 논쟁이었다. 이때 논점은 당시 한국 사회의 자본주의 발전의 고차성과 저차성, 그리고 종속의 규정성이었다. 주류적 논의는 종속과 이로 인한 저발전의 문제의식이었다. 그러나 한국 자본주의의 '눈부신' 양적 성장은 이러한 주장을 무색케 할 정도였다. 따라서 민족경제론을 중심으로 한 종속이론과 식민지반봉건론들의 논박 속에서 사실상 역사적 시간의 시련을 견뎌 낸 것은 소위 '자본의 승전보'(양우진, 1996, 133쪽)를 알려주는 연구들이었다. 이러한 연구들이 관변학자들에 의해 진행되었다면 그리 충격적이지 않았을 것이다. 문제는 그것이 진보적 민족경제론 내에서 시작되었다는 점이다. 하지만 당시의 논쟁 맥락 속에서 한국 자본주의의 발전을 승인하는 연구들은 모두 자본의 논리에 종속되는 것으로 매도되었는데 오히려 문제는 그 현실을 어떻게 활용해야 하는가라는 점이었다.

양우진(1996)에 의하면 민족경제론의 가장 큰 맹점은 한국자본주의 진화의 구조적 경향에 대해서만 너무 많은 관심을 쏟았지, 그 효과성에 대해서는 별다른 연구를 하지 않았다는 점에 있다. 그 결과 자본주의 진화의 방향이 종속심화로 갈 것인가 아니면 종속약화로 갈 것인가의 문제에 초점이 맞춰져 있었고 종속심화론은 자본주의 발전의 파국론으로 이어졌으며, 종속약화론은 이른바 중진자본주의론으로 이어졌다. 전자는 민족경제론의 진보적 대안의 이론적 정당화로 간주되었으며 후자는 민족경제론의 진보적 대안에 대한 이론적 부정으로 간주되었다. 하지만 우리가 연구해야 하는 것은 '한국자본주의 성장의 효과이지, 성장 자체는 이미 아니다.'[3] 양우진(1996)은 오히려 변화를 구조적 차원으로 파악하는 것이 아니라 새로운 '부르주아 프로젝트'라고 부르고 있다. 다시 말해 지금까지 우리는 자본주의 성격논쟁을 객관적 구조의 변화라는 관점에서 말해왔지만, 양우진은 지배전략의 차원에서 해석하고 있는 것이다.

구조변화에만 초점을 맞추는 순수경제학적 관점에서는 한국 자본주의의 발전으로부터 자본주의의 승전보 외에는 어떤 것도 알 수 없게 된다.

오히려 우리는 여기서 구조와 전략을 통합적으로 사고할 필요를 인식해야 한다. 여기서 우리가 탐구하고자 하는 대상은 한국 사회 그 자체다. 하지만 한국 사회 그 자체를 어떻게 탐구할 것인가라는 방법의 문제에서는 객관적 실체 뿐 아니라 사유체계까지 통합적으로 접근함으로써 구조와 전략의 문제를 함께 고민해보자는 것이다. 즉 한국의 정치경제와 한국의 정치경제학 그것이 이 책에서 우리가 탐구하고자 하는 대상이다.

3 우리가 연구해야 할 발전의 효과로서 양우진은 1) 세계적 차원의 자본운동, 2) 노동운동의 동향, 3) 정보화사회, 4) 시장근본적(경제적) 자유주의와 포스트 담론의 활성화를 들고 있다.

6절 쓰기

진중권의 『폭력과 상스러움』(2002)은 철학적 글쓰기의 문제를 제기한다. 이 책에서 그는 철학적 글쓰기에서 학술적 담론의 공허성과 대중적 세론의 맹목성이 서로 연결되어야 한다고 주장한다. 그는 우리 사회의 지배적 담론은 '정치적 국가주의, 경제적 자유지상주의, 문화적 보수주의'로 구성되어 있다고 보고 이러한 지배 담론을 비판하기 위해 특별한 전략을 선택했다. 진중권의 글의 스타일은 잠언록과 같은 형식을 취하고 있으나 학술적 담론과 대중적 세론을 인용하고 그 내적 모순을 추적한다. 학술적 담론의 예를 들어 보면 르네 지라르의 『폭력과 성스러움』, 조르주 소렐의 『폭력에 대하여』 등이 있고 대중적 세론으로는 우리 시대의 기사 및 잡문 들이 있다. 객관적으로 쉽게 평가할 수 있는 학술 문헌들과 세론을 연결지움으로써 세론이 어떤 이데올로기적 기반 위에 있는가를 명확히 하고 있는 셈이다. 즉 우리 시대의 지배 담론을 세계사적 맥락 속에 위치하여 상대화시키고 있다고 할 수 있다.

이 책에서 그가 다루고 있는 대중적 세론에는 조갑제, 복거일, 이인화 등과 같은 보수 우익 뿐 아니라, 전향한 NL인 강철(김영환), 고종석과 같은 자유주의자, 어줍잖은 유교적 공동체주의자(함재봉), 미국판 보수주의 공동체주의자(조유식), 이진경과 같은 신좌파적 코뮌주의자, 인간주의로 변신한 박노해 등이 비판되고 있다. 반면 로티와 같은 (진정한 의미의) 자유주의자(진중권, 2002, 75~77쪽), 윤구병과 같은 환경주의자는 긍정적으로 인용되고 있다.

좌충우돌하는 비판 속에서 진중권이 건지고자 한 것은

> "사회적 책임과 연대라는 실질에 기초한, 또 다른 공동체로의 길이다. 이 길은 '애국심'과 같은 텅 빈 관념이 아니라, 분배 정의, 사회 보장, 약자 및 소수자에 대한 보호 등 실질적인 사회적 연대를 통해 통합을 이루려 한다. 가령 유럽의 토대를 이루는 '사회국가(Social State)'와 같은 기획이 그 경우에 속한다."(진중권, 2002, 124쪽)

진중권은 결과적으로 한국의 진보주의자들이 자유주의적 요소를 제 것으로 해야 한다고 충고한다. 그래야 진보의 보수성을 벗어버릴 수 있다는 것이다(진중권, 2002, 98쪽). 진보의 자기비판. 이것이 1989년 이래 이루어진 지적 흐름이다. 하지만 진중권의 글에는 이른바 전통적 진보 담론의 시대착오성에 대한 자기비판이 과연 어떤 결과를 초래했는가에 대한 반성이 있다. 전자에 대한 자기비판, 즉 탈근대주의적 비판이 진보적 지식인을 사로잡을 때 보수우익은 그 틈새를 비집고 새로운 담화체계를 구축했던 것이다. 우리가 고민해야 할 지점이 바로 여기에 있고 이때 검토해야 할 중요한 사상 사조가 임지현의 민족주의 비판, 그리고 다수(多數)의 탈근대주의다.

우리나라 역사학계, 사회학계, 경제학계, 문학계, 정치학계에서 광범위하게 확산된 진보 이념의 재해석이 민족주의를 중심으로 전개되었다는 것은 진보의 대표 이념은 사실상 사회주의가 아니라 민족주의였다는 점을 보여준다. 따라서 임지현(1999)이 『민족주의는 반역이다』에서 행한 민족주의 비판은 이런 점에서의 자기 비판이라고(또는 이어야한다고) 봐야 한다. 하지만 이 자기 비판은 정확하게 진보의 관점에서 정립되지 못했다. 왜냐하면 진보란 무엇인가가 분명하지 못했기 때문이다. 어쩌면 진보 관념 자체를 거부한 것일지도 모른다. 이제 우리는 진보가 무엇인가, 진보가 참으로 추구할 가치인가라는 점에 대해 자문해야 할 정도다.

진중권은 임지현의 민족주의 비판에 대해, 비판의 효과에 대한 '정치적 책임의식'을 가져야 한다고 말함으로써 임지현의 진보성 자체에 질문을 던졌다. 임지현의 '일상적 파시즘'론이 파시즘의 주류를 타겟으로 하지 않는 것은 그 비판이 진보 담론에 대한 자기 비판일 때만 정당화된다. 하지만 일상적 파시즘론은 파시즘의 주류에 대해서는 눈감고 정작 논란의 대상으로 삼은 '민중'을 주적으로 삼게 된 것이다(진중권, 2002, 270쪽). 상황이 이렇게 된 것에는 이른바 보수 이념(보수 언론)이 이 틈을 비집고 들어오는 이론적 공간을 열어둔 것에 기인한다. 하지만 임지현은 이 문제에 대해 침묵함으로써 정치적 선택을 하고 있다.

흥미롭게도 마르크스주의는 진중권의 논평의 대상이 아니다. 하지만 진보 담론의 자기 비판이라는 쟁점에서는 마르크스주의 역시 예외일 수는 없다. 따라서 진보 담론의 또 다른 축인 마르스크주의는 어떠했나를 보자. 마르크스주의는 민족주의에 대해 양가적 감정을 가지고 있다. 진보 흐름의 한 축을 형성하는 한에 있어서는 경쟁하면서 공존하는 관계에 있었다. 하지만 마르크스주의 이론 자체는 원래 세계주의적이라는 점에서 이론적으로는 민족주의와 대립한다.

1980년대 국내의 정치경제학계에서 마르크스주의가 새로이 도입되면서 진보 내의 민족주의 경향, 즉 민족경제론에 대해 벌인 치열한 논쟁을 기억하고 있는 필자의 개인적 연구 편력 속에서는 임지현의 민족주의 비판이 그다지 새롭게 느껴지지 않았다(양우진, 1996). 다만 이론적으로 새로운 점은 1980년대에는 마르크스주의 입장에서 민족주의를 비판했는데 임지현의 비판에서는 마르크스주의 조차도 민족주의의 영향 하에 있었다고 본다는 점이다. 물론 1980년대와 1990년대 사이에는 현실 사회주의인 소련의 붕괴가 역사적 사실로 있다. 즉 소련의 붕괴는 마르크스주의 정의의 '외연'과 '내포'를 완전히 새롭게 볼 수 있도록 한국의 마르크스주의자들을 해방시켰다. 즉 이 시기를 거치면서 마르크스주의는 일정한 외연과 내포를 공유하지 않는 개념이 되어 버렸다. 다수(多數)의 마르크스주의가 등장한 것이다.

1990년대의 민족주의 비판은 마르크스주의의 위기와 결합하여 더 급진화되었다. 민족주의 비판의 이론적 결실은 대문자 역사(History)를 비판하는 탈근대의 역사학으로 정립되고 이는 『국사를 넘어서』라는 기획(임지현 외, 2004년)으로 확장되었다. 여기에는 탈근대적 관점을 공유하는 서양사, 국사, 사회학 및 경제학자들이 다 같이 모여 근대적 사유 형태 자체를 비판하는 관점에서 역사학을 재정립하고자 시도했다. 2006년에 이르면 이 중 일부가 『해방전후사의 재인식』(2006)을 통해서 본격적으로 해방전후사에 대한 국가주의적, 탈근대주의적 재인식을 시도한다. 하지만, 2장에서 자세히 살펴볼 예정이지만 『해방전후사의 재인식』은 해방전후사에 대한 탈근대주의적 인식의 제공에는 실패했다. 오히려 본격적으로 이 문제를 다룬 것은 윤해동 외 『근대를 다시 읽는다』(2007)라 할 것이다. 이제 탈근대주의는 자유주의적 지식인 사회에서는 보편적 인식론이 되어가고 있는 중이다. 그러나 탈근대화된 우리 지식인은 진중권의 이 질문에 대해 어떻게 대답할 것인가.

> "지식인의 묘비"란 "지식인은 죽었으니 입닥쳐라"라는 뜻은 아닐게다. 근대적 독단을 무덤으로 보내고, 모든 것을 전체화하는 근대적 편집증적 보편주의를 매장하라는 얘기, 그래서 이 무덤에서 **이념적 겸손함**을 가진 지식인, 개별 상황에 기민하게 **개입**하는 지식인, 시대에 걸맞는 "**새로운 책임감**"을 가진 지식인으로 거듭나야 한다는 얘기다.(진중권, 2002, 191쪽, 강조는 인용자)

또 우리는 진중권이 제기한 근대성에 대한 새로운 성찰의 문제제기에 대해 어떻게 대답해야 할 것인가?

> "가령 '광인에 대한 국가적 관리의 잔인성'이라는 탈근대적 테제가 있다고 하자. 이것을 한국 사회에 기계적으로 적용하면 황당무계한 실천적 결론에

도달하게 된다. 왜냐하면 한국 사회에서 광인의 인권 침해가 가장 극악한 형태로 일어나는 곳은 국가 관리 사각 지대인 사설 정신병원이나 사설 기도원의 감금시설이기 때문이다. 또 부랑자의 재사회화라는 근대적 프로그램을 비판하는 탈근대적 테제가 있다고 하자. 그것은 노숙 생활이 6개월 이상 지속되면 소위 '방랑끼'가 들어 사회로 귀환하는 것이 불가능해지며, 그 생활은 대개 몸을 망가뜨리는 알코올 중독과 치명적인 질병으로 끝난다는 사실을 망각한 것이다."(진중권, 2002, 238쪽)

진중권의 글쓰기는 세속의 담론과 학문적 담론을 가로지르며 수행되는 담론 체계 자체에 대한 비판이다. 이 비판은 일반적으로는 보수우익을 향하고 있으나 다른 한편으로는 진보 담론에게도 향하고 있다. 보수우익을 제대로 극복하기 위해서는 진보 담론이 재구축되어야 하기 때문이다. 물론 근본적으로는 진보가 도대체 무엇인가, 얼마나 가치 있는 관점인가 자체에 대한 의심이 가득 찬 시대라는 것이 진정한 문제이다. 하지만 이제 그 근본적 질문에 자신있게 대답한다 하더라도 진보의 재구축, 자아 비판의 완성이라는 문제는 해결되지 않는다. 이를 해결하기 위해서는 관점만으로는 부족하고 구체적 정책 대안이 도출되어야 할 것이다. 이를 위해서는 담론 뿐 아니라 현실에 대해서도 이야기해야 할 것이다.

이 글은 담론과 현실을 관통하며 교직(交直)하는 지점을 통해 위에서 제기한 질문, 즉 진보란 무엇인가, 진보는 어떻게 구체화되어야 하는가에 대해 탐구한 결과이다. 이 탐구는 진중권과 마찬가지로 이전 연구의 인용이라는 방식을 취한다. 하지만 이 인용이 차이가 있다면 철학적 글쓰기가 아니라 경제학적 글쓰기라는 점이다. 그러나 여기서 경제학적 글쓰기의 경제학이란 사회과학의 분과학문으로서의 경제학이 아니라, 하일브로너(Heilbroner, R. L.)가 『세속의 철학자(The Worldly Philoshpers)』(1953)에서 말하는 바의 경제학 즉 세속의 철학(Worldly Philosophy)이다. 나는 그것을 정치경제학이라 부른다.

이하의 논의에서는 해방 이후 한국경제의 발전 단계에 따라 담론 구조와 사회의 현실을 각각 살펴보기로 한다. 제1부는 한국경제에 관한 담론 구조와 사회 현실을 살펴본다. 2장은 해방전후사와 이승만 정권기를, 3장은 박정희 정권기를, 4장은 1987년 체제와 1997년 경제위기 전후 시기를 다룬다. 그러나 한국경제는 세계 자본주의 체제에서 고립된 체제가 아니다. 따라서 한국경제의 문제를 이해하기 위해서는 세계 자본주의 체제를 파악해야 할 것이다. 따라서 제2부의 5장에서는 월러스틴을 중심으로 세계 자본주의 체제의 역사성, 6장에서는 그람시를 중심으로 세계체제에서 사회운동의 딜레마를 분석한다. 에필로그에서는 이러한 분석의 결과 지금 여기서 우리는 무엇을 해야 하고, 또 할 수 있는가를 간략히 검토하고자 한다.[4]

---

4 이 책에 포함된 제2장, 제3장, 제4장, 제6장의 일부분은 이미 논문의 형식으로 발표된 것을 재구성한 것이다. 구체적으로 제2장은 안현효(2010), 「『해방전후사의 재인식』에 대한 징후적 독해」, 『경제와 사회』, 86호, 제3장은 안현효(2008), 「민족경제론과 신자유주의 시대의 한국경제학」, 『동향과 전망』, 72호, 제4장은 안현효 (2007). 「신자유주의 시대 한국경제론의 정치경제학」. 『사회경제평론』. 제29(1)호, 제6장은 안현효 (2007). 「한국에서 그람시 수용의 회고와 전망」. 『마르크스주의 연구』. 제4권 2호를 수정한 것이다.

제1부 한국자본주의의 정치경제학

2. 해방이후 한국사회의 현실과 논쟁: 해방전후사의 인식과 재인식

1절 맥락: 건국절 vs 광복절

2008년 8월15일. 때 아닌 광복절 논쟁이 벌어졌다. 8월 15일자 한국일보 지상에서는 서울대 경제학부의 이영훈 교수(경제사 전공)와 성공회대 교양학부의 한홍구 교수(한국사 전공)의 지상 논쟁이 있었다.

이들은 8 · 15와 건국주체세력의 성격, 이승만 · 박정희 시대, 민주화 운동에 대해 확연한 시각차를 보여주었다. 한홍구 교수는 45년 8월 15일이 민족이 해방된 해이므로 더 큰 의미를 가진다고 한 반면, 이영훈 교수는 대한민국 정부가 수립된 48년 8월 15일이 더 중요한 시점이라고 주장하였다. 이 논쟁은 단순히 광복절을 둘러싼 하나의 에피소드로 보이나 한국경제의 사상사적 맥락을 살펴보는 필자에게 이 논쟁은 그동안 나타났던 신우파의 한국사 재해석 과정이 야기한 논리 필연적인 귀결로 보인다.[5]

쟁점이 되고 있는 주장들을 정리해보자.

---

5 정치권에서는 정갑윤 의원 등 한나라당 의원 13명이 지난달 3일 광복절을 건국절로 변경하는 내용의 법안을 발의한 뒤 논란이 거세게 일었다. 한국사회여론연구소(KSOI)가 지난 달 20일부터 25일까지 정치분야 전문가 그룹 114명(학계 50명, 언론계 56명, 기타 8명)을 대상으로 조사한 바에 따르면 논란을 일으켰던 건국절 명칭 변경 주장에 대해선 83.3%가 반대했다. 찬성은 16.7%에 그쳤다. 건국절 주장을 뉴라이트측에서 주도했음에도 불구하고 보수성향의 전문가들 사이에서도 '반대' 여론이 더 높게 나타났다. 한편 서울경제 8월17일자에 의하면 네티즌의 97%는 8 · 15 명칭으로 광복절이 적절하다고 주장했다.

「건국절과 광복절에 대한 두 가지 견해」

	이영훈	한홍구
48년 8월 15일의 정부수립	새로운 국가의 탄생 : 새로운 국가의 내용은 자유, 인권, 재산권, 개인주의의 이념	남한만의 반쪽 선거의 결과로 대한민국의 정통성 훼손: 국가정체성의 기원은 48년이 아니라 임시정부
이승만 평가	자유민주주의 틀이 갖춰졌다	이시기의 민주주의 발전이 있었다면 이승만 덕분이 아니라 민중과 시민들의 민주화 운동 때문이다. 이승만은 반 민주주의자 였다.
박정희 평가	정치적 억압은 인정한다. 그러나 대단히 성취한 역사였다. 밝은 면을 보자.	정치적 억압을 과소평가한다. 산업화와 민주화가 충돌하는 이념이 아닌데, 박정희는 의도적으로 민주화를 억눌렀다.

출전: 한국일보 2008년 8월 15일자

일견 학문적으로는 얼마든지 있을 수 있는 논쟁이, 또는 시대의 다양한 측면을 보고자 하는 좋은 의도가 결국 8월 15일의 기점이 1945년(광복절)이 아니라 1948년(건국절)이어야 한다는 정치적 행위를 통해서 구체적 사안에 대해서는 화해할 수 없는 대립선을 그은 셈이다. 사실상 우리 사회의 이념 논쟁은 보수주의, 자유주의, 사회주의라는 고전적 형태를 띠고 있음에도 구체적 정치적 쟁점들을 둘러싸고 좌 · 우라는 양자택일의 이념을 둘러싸고 격렬히 요동쳐 왔다.

일제 시대는 제외하고서라도 해방 후부터 일제 잔재의 청산을 둘러싼 갈등으로서 친일과 청산을 위해 만들어진 반민족자처벌특별법과 반민특위(1949년1월8일)가 결국 동년 6월 경찰의 반민특위 습격사건으로 막을 내린 것에서 시작하여, 찬탁/반탁 논쟁, 궁극적으로는 정적을 암살하는 테러까지 구체적 역사적 사실에서는 매우 극단적인 사회 정치적 경험을 해왔던 것이다. 그 최종적 결말은 물론 1950년의 한국전쟁이다. 오늘날 해방 이후의 사회 정치적 쟁점은 과거의 일이 아니다. 아직까지도 한국전쟁에 대한 논의는 금기영역을 가지고 있으며 단순한 학문적 주장도 처벌받을 수 있다.

이 장에서는 과거 아닌 과거, 즉 현재적 과거인 해방 전후사에 대한 논의를 『해방전후사의 재인식』(2006, 이하 『재인식』)에서 나타난 신우파의 민족주의 비판을 중심으로 재검토하고자 한다. 이 장에서 필자는 신우파의 민족주의 비판이 구체적으로 무엇을 지향하고 있는지를 일관되게 해석하여 세 가지의 문제 또는 주장을 제기하고자 한다.

첫째, 『재인식』은 민족주의를 비판하지만 사실상 보수주의를 새롭게 구축하고자 했다.

둘째 『재인식』의 보수주의는 (보수적) 국가주의와 (반동적) 낭만주의를 결합시켜 이들의 이론적 기반인 탈근대주의의 비판적 칼날을 제거(순치)한다.

셋째, 이제 진보의 이념은 더 이상 민족주의에 기초할 수 없고 민주주의와 민생(민중의 삶)에 더 많은 관심을 두어야 한다.

이를 구체적으로 살펴보기 위해 2절에서는 『재인식』의 민족주의 비판이 가진 보수주의적 속성을 살펴보고, 3절에서는 사회・문화적 쟁점으로서의 민족주의라는 측면의 비판을 통해 『재인식』의 민족주의 비판이 가진 낭만주의적 속성을 살펴본다. 4절은 『재인식』의 역사인식을 한국 사회의 성격에 대한 사회과학적 논쟁의 맥락 속에서 재위치시키고자 한다. 5절은 이승만 시대에 대한 『재인식』의 논의를 재검토함으로써 진보 이념의 기반으로서 저항적 민족주의에 대한 자기 비판과 대안적 이념의 단초를 살펴본다.

2절 『해방전후사의 인식』과 『해방전후사의 재인식』의 대결: 보수주의적 국가주의

『해방전후사의 재인식』이라는 책은 하늘에서 뚝 떨어진 것이 아니다. 이는 보수주의의 위기감을 기원으로 하여 물밑에서 흘러온 보수주의 재구축 프로젝트의 산물이다. 물론 그 결과가 정권 탈취 외에는 그다지 기여를 한 것으로 보이지는 않지만.

1997년 IMF 경제위기로 인한 보수 정권 권력 상실은 반공주의와 개발주의를 기초로 한 기존의 보수주의 이념에 큰 틈을 발생시켰다.

따라서 보수주의 이념을 재구축할 필요가 제기되었다. 새로운 보수주의는 탈근대주의적 인식의 확산과 함께 새로운 기회를 갖게 된다. 탈근대주의적 인식이 진보 이념의 자기 반성에서 나온 것임을 고려하면 아이러니한 일이지만, 보수주의 이념에서 탈근대주의는 진보 이념에 파괴적 영향을 미치는 도구적 수단으로 활용되었다.

2006년에 이르면 이 중 일부가 『해방전후사의 재인식』을 통해서 본격적으로 해방전후사에 대한 재인식을 시도한다. 『해방전후사의 인식』에 대한 『재인식』의 문제제기는 민족주의다. 『재인식』은 서양사학자(박지향)와 경제사학자(이영훈)의 시각을 병렬시켜 민족주의를 비판하는 양동작전을 쓰고 있는데 양자의 관점 자체가 다소 모순적이다.

이영훈은 아래와 같이 비판하면서 기존의 민족주의적 현대사 이해에 문제를 제기하였다.

> "역사가는 자신이 살고 있는 시대에 개입해서는 안 된다. 뿐만 아니라 자신이 연구하는 과거의 시대에도 개입해서는 안된다... 역사가가 시대에 개입하여 역사를 바로 세운다던가 청산한다든가 함은 참으로 우스운 말이다. 누가 역사가에게 그러한 권능과 자격을 부여했단 말인가?"(이영훈 · 박지향 편, 2006, 35-36쪽)

그 타켓이 된 것은 바로 1980년에 처음 발간되어 1989년까지 총 6권으로 확장된 『해방전후사의 인식』이다.[6] 이영훈 교수는 이 책이 '민족과 혁명이라는 이중주로 점철'되어 있다고 평가하고 이어서 "이 논문은 증명되지 않은 아니 증명될 수 없는 기초적 명제(민족민주혁명론, 이하 NLPDR-인용자)에서 출발하고 있다."(이영훈 · 박지향 편, 2006, 44쪽)고 비판하고 있다.

문제는 이영훈의 주장 역시 증명될 수 없다는 점이다. NLPDR의 논지가 증명될 수 없기 때문에 역사가가 주장할 수 없다는 것은 그 반대의 논리 역시 마찬가지로 주장될 수 없다는 논리적 결함을 야기한다. 오히려 필자는 민족주의 입장에서 볼 때, 해방 직후 농지개혁이 시대적 대세였다는 '사실'로부터 반봉건민족민주혁명의 필요성이 증명되었다고도 주장할 수 있을 것 같다.[7] 농지개혁이 반봉건 과제라는 것은 주지의 사실이니 말이다.

이영훈이 말한 역사학의 가치중립성에 대한 발언은 역사학자들의 입장에서 보면 사실 매우 나이브한 것이다(나인호, 2008). 역사학계뿐 아니라 사회과학계에서도 이 문제는 오래된 논쟁의 대상이 되는 사회과학 방법론의 쟁점 사항이었다. 저자가 생각하는 대로 역사가가 가치중립적이어야 한다면 저자는 '나라 세우기의 관점'이라는 말을 할 수 없다. 게다가 '나라 세우기'의 관점이야 말로 그 자신이 비판하는

---

6 『해방전후사의 인식』이 한국 현대사에 대한 민족주의적 인식을 '대표'하고 있느냐는 문제에 대해서는 1980년 이후의 인식의 진전과 연구 결과가 반영되지 않았기 때문에 다소 논란이 될 수 있다. 재인식의 저서에 대한 한 논평은 지금 해전사의 저자들이 동일한 관점을 가지고 있지 않은 경우도 많은데 이 책을 대상으로 하여 소위 민족주의를 비판하는 것이 부당하다고 말하고 있다. 하지만 해방전후 당시의 시각이었던 것은 틀림없기 때문에 해방전후사에 관한 한 이를 텍스트로 간주하는 것이 그리 부당해 보이지는 않다.

7 해방 이후 좌익과 우익을 막론하고 농지개혁 그 자체에 대해서는 누구도 반론을 제기하지 못했다는 사실이 농지개혁을 대표로 하는 반봉건 과제의 역사성을 반증한다.

민족주의 관점이 아닌가? 결국 저자는 동일한 글에서 새로운 형태의 민족주의를 내세움으로써 역사가의 가치중립성을 스스로 부정하는 자기 모순에 빠진 것이다.[8] 이는 역사와 공간의 "집단적 기억에서 완전히 분리된 이성적 주체가 선험적으로 존재한다고 보는 서구 실증철학의 인식론에 기반해 있는 보편주의적/이성중심적 명제"이다(권김현영, 2007, 50쪽).

한편 박지향은 '민족주의와 좌파적 해석의 폐혜'라 하여 민족주의와 좌파를 동렬에 두고 한꺼번에 '배타적이고 폭력적 이념'으로 매도한 후 민족주의를 본격 비판하고자 하였다. 비판의 논조 자체는 민족주의에 대한 소위 '좌파'적 비판과 큰 차이가 나지 않는다. 따라서 그의 견해가 궁극적으로 무엇을 지향하느냐를 분명히 밝혀야만 '민족주의 비판'의 내용이 드러날 것이다.

우선 그 내용을 구축하기 위해 식민지, 해방 후, 이승만, 박정희 체제에 대한 인식을 살펴보자. 전체적 프레임에 대해서는 이렇게 말하고 있다.

> "우리는 그런 나라 만들기 과정을 단 수십 년 만에 치러야 했고 그 과정에서 많은 무리가 따랐다....그런 암중모색에서 일어난 시행착오에 현재의 잣대를 들이대고 비난하기 전에 그 사정을 이해하려 노력해야 한다."(이영훈 · 박지향 편, 2006, 15쪽)

8 "해방 전후사의 후반을 나라 세우기(state building)의 관점에서 이해하고 평가할 필요가 있다."(이영훈 · 박지향 편, 2006, 60쪽)

이는 박지향이 기반하고 있는 '탈근대주의'가 기존의 거대담론을 비판하면서 대안으로 미시적 생활을 분석한다는 대안을 제시하고 있다는 점에서 여타의 탈근대주의와 유사한 점이 있지만, 지향점이 다르다는 것을 알 수 있다. 미시적 틈(균열, 모순)을 보려고 하는 것이 아니라 그럴 수 밖에 없는 사정을 이해하며, 그것도 가급적 긍정적으로 보려고 한다는 것이다. 이는 현실적인 것이 이성적인 것이라는 보수주의 논리에 다름 아니다.

이런 관점은 구체적으로 식민지 사회에 대한 이중적 이해[9], 해방전후사에 대한 태도[10], 이승만에 대한 태도[11]에서 공히 드러나고 있다.

하지만 이들이 이해하는 민족주의는 자의적으로, 그것도 매우 거칠게 정의된다. 하나는 생물학적 민족주의(보수주의)고 다른 하나는 제국주의 민족주의, 식민지 민족주의를 동렬에 놓는 민족주의 이해(낭만주의)가 병렬되어 서로 편리하게 사용되고 있다.

전자의 인식 수준을 보여주는 이영훈은 그 책에서 민족주의를 다음과 같이 규정하고 있다.

---

9 "일본 식민지 권력은 한편으로는 근대적 법치를 확립했지만 다른 한편으로는 사회의 자연권을 억압하고 왜곡하는 부당한 폭력체로 기능했다."(이영훈 · 박지향 편, 2006, 16쪽)

10 "미군정이 남한에서 허용한 공간은 북한에 구축된 전체주의적 동원 체제와는 질적으로 다른, 다양한 선택지가 보장된 공간이었다. 그 공간을 제대로 이용하지 못한 채 도식적이고 이념 편향적인 정책만을 추구하다 실패하고 만 좌파 노동조직 전평은 그 후 몇 십 년 동안이나 한국 노동 운동의 발목을 잡는 비극을 야기했다."(이영훈 · 박지향 편, 2006, 18쪽)

11 "부산 정치 파동은... 이승만 개인의 탐욕만을 위한 것이 아니라 미국에 순종하는 국회의 야당 지도자들에 대항해 벌인 한판 승부" (이영훈 · 박지향 편, 2006, 19쪽)

"최남선이 .. 제창한 '정신적 백두산'은 오늘날 이 같은 수준의(백두산-한라산-울릉도를 포괄하는: 인용자) 국토신체론으로 발전해 있었다. 모두 느끼다시피 그것은 통일지상의 지엄한 신탁이다. 그렇지만... 그것(민족주의는-인용자)은 고대인들의 집단주술과도 같은 정신세계이다."(이영훈 · 박지향 편, 2006, 32쪽)

여기서 이영훈이 이해하는 민족주의의 수준은 종족적, 혈통적 민족주의 인식의 수준을 벗어나지 못한다. 민족주의가 민족 통합의 이데올로기인 것은 사실이나 이 이데올로기가 고대인의 집단주술의 수준이라고 이해한다는 것은 민족주의와 민족 개념 자체가 근대의 산물이라는 것을 망각한 인식 수준이다.

그렇다면 이영훈은 역사 인식을 어떻게 해야 한다고 생각하는 것일까? 이들이 가진 대안은 얼핏 보면 이들이 비판하(고 싶어하)는 민중사관과 구별되지 않는다. 다음의 서술을 보라.

"1930~50년대에 걸치는 해방 전후사는 이같이 민주적이며 상향식으로 구축되는 문명사로서 재인식될 필요가 있다."(이영훈 · 박지향 편, 2006, 57쪽)

전후 맥락 없이 이 문장만 떼어내어 읽으면 민중사학과 하나도 다를 바 없는 주장이 아닐까? 물론 저자는 바로 뒤에서 그 내용을 채움으로써 이러한 '좌익'적 해석의 가능성을 봉쇄하였다.

첫째는 식민지 기간을 조선의 전통문명과 일본을 통해 들어온 서구문명의 상호 융합으로 이해한다는 것이다.

> "제국주의에 의해 강요된 근대화는 실제로는 전통과 상호작용 과정이었으며 그런 의미에서 진정한 융합 과정이었다."(이영훈 · 박지향 편, 2006, 59쪽)

둘째 요소는 나라세우기의 관점이다. 물론 저자는 북한과 남한을 모두 나라 세우기에서 봄으로써 '균형'을 유지한다. 하지만 북한보다 남한이 상대적으로 더 우월하다(인간 본성인 자유와 이기심을 허용했다는 점에서!)고 판단한다. 남한의 좌파민족주의는 북한의 노선을 따르고 있으므로 남한에서 정의가 패배했다는 식의 주장은 허구라는 것이다.

우선, 생각해볼 것은 북한보다 남한이 잘 산다는 역사적 사실이 남한의 이데올로기가 '정의'라는 것을 증명하는가? 이영훈 교수가 생각하는 '정의'가 무엇일까? 그 스스로 밝히고 있는 바에 따르면 바로 시장자본주의다.

> "반면에 남한의 민주주의와 시장경제는 온갖 잡동사니 문명소들이 뒤엉켜 출발이 심히 불안정했지만 인간 본성인 자유와 이기심이 한껏 고양되는 가운데, 한반도에서 문명사가 시작된 이래 최대의 물질적, 정신적 성과를 축적했다. …어리석고 고집이 센 인간들 가운데서도 역사가 그러한 잣대(자유와 이기심:인용자)로밖에 발전하지 않음을 익히 안 소수의 선각자들이 있었다. 민주주의와 시장경제의 토대에서 대한민국이라는 국가를 세운 데

공이 컸던 사람들이다. 그들의 나라 세우기가 처음부터 '정의'였던 것은 그들이 선택한 체제 원리로서 민주주의와 시장경제가 현대 인류가 공유하는 기나긴 문명사의 경험에서 '정의'였기 때문이다."(이영훈 · 박지향 편, 2006, 63쪽)

과거사법 제정을 선악사관이라고 보며 사물의 인과를 한 가지 근본 요인으로 귀결시키는 근본주의적 주장이라고 비판하는 이영훈은 민족주의 자체를 악으로 보는 박지향과 달리, 현대사를 나라 세우기로 봐야 한다고 함으로써 탈민족주의 대신 국가주의를 불러오고 있다.

이는 역사의 종언에 관한 후쿠야마의 논리에 다름 아닌데 과연 시장 자본주의가 역사의 최종점이라는 시각이 학문세계에서 얼마나 시민권을 가지고 있느냐는 의문스럽다. 필자는 『재인식』의 이 서문에서 한국판 보수주의의 (재)구성 시도를 본다. 이 보수주의는 물론 근본적으로는 역사에 대한 일정한 왜곡을 전제하고, 특히 그 왜곡 중 극치는 현재 사회를 역사의 끝으로 보는 시각이다.

3절 사회·문화적 쟁점으로서의 민족주의 : 낭만적 탈근대주의

최원식(2006, 351~352쪽)에 의하면 이 책은 총론의 반민족주의와 각론의 내용이 다른 문제가 있다고 한다. 이른바 서문의 글들이 정치적으로 극단화되었다는 것이다. 이러한 평가는 타당하나 좀 더 검토를 요한다. 물론 1권, 2권의 상당 논문들은 서문과 같은 극단적 정치적 결론을 자연히 정당화시키지는 않는다. 하지만 필자의 상당수는 동일한 정치적 견해를 가지고 있다는 점을 2권 말미의 토론에서 읽을 수 있고, 논문들 역시 동일한 관점에서 잘 배열되어 있다. 그러나 대부분의 논문들이 지지하고 있는 관점은 이영훈의 국가주의라기 보다는 박지향의 '탈근대주의'라고 생각된다.

그러한 입장을 잘 보여주는 논문들이 일제 시대의 친일 문제를 다룬 문학 논평이다. 원래 민족주의는 근대적 국민(주체) 형성의 도구이자 이데올로기이므로 민족주의에 전체주의적 억압성이 있다는 것이 완전히 오류는 아니다.[12] 민족주의를 논의한 앤더슨(Anderson, 1991)에 의하면 민족주의 그 자체가 진보나 보수의 잣대가 될 수 없다. 식민지 사회에서

12 여기서 완전히 오류는 아니라는 것은 틀린 말은 아니나 민족주의만이 억압적 논리가 아니라 모든 주의(主義), 주장(主張)이 그래왔다는 점에서 부분적인 과잉진술이라는 의미다.

민족주의가 진보적이었던 것은 식민지에서는 자본주의 형성과 근대적 주체가 형성되지 못하였기 때문이다. 여기서 민족은 '상상된 공동체'인데, 결국 민족주의는 자본주의와 시장의 등장으로 인해 분리되고 찢어진 사회를 재통합하고 이를 가능케 하는 단위(공동체)를 인위적으로 창출한 결과라고 봐야 할 것이다. 그러나 박지향이 민족주의 비판에 사용하는 관점으로서의 '탈근대주의'는 말하자면 사이비 탈근대주의, 탈근대주의의 탈을 쓴 반동적 낭만주의다. 민족주의가 좌도 우도 될 수 있고, 진보와 보수 양면성을 가질 수 있다는 것은 민족주의 연구자들의 상식인데 "박지향은 민족주의를 본래 악한 것으로 설정함으로써 탈민족주의라기보다는 반민족주의적 언설을 시도하고 있다."(권김현영, 2007, 50쪽)

조관자는 『재인식』에 수록되어 있는 「민족의 힘을 욕망한 '친일 내셔널리스트' 이광수」라는 글에서, 대표적 친일파인 이광수의 글을 분석하여 이광수를 민족주의자로 해석한다.[13] 물론 이광수의 민족주의는 저항적 민족주의(또는 좌파민족주의)와 구분된다. 따라서 이 민족주의는 친일 민족주의라고 할 수 있다. 이는 조선인이 제국 일본의 '주체=신민'이 되는 내셔널리즘의 한 형태 (이영훈 · 박지향 편, 2006, 527쪽)[14]로서 힘 있는 국민 주체를 욕망한 것이다.

그러나 조관자는 "종속적인 자본주의 발전을 우선시하여 독립의 목표

---

13 이외에도 조관자(2000), 반제국주의적 폭력과 멸죄의 힘, 『문화과학』 24호 참조

14 이광수가 당대 최고의 인기작가였던 이유에 대해서 '그의 작품이 식민지의 궁핍한 현실을 그리기보다는 근대적인 문명 생활을 추구하는 대중의 향상욕을 자극하고 있었기에 그는 당대 최고의 인기 작가일 수 있었다.'(이영훈 · 박지향 편, 2006, 528쪽)라고 설명하고 있다.

를 상실한 것은 확실히 패배적인 행위로 보인다. 그러나 그것은 친일 내셔널리즘의 자본과 권력 운동이 살아남기 위한 필연적인 귀결이다." (이영훈 · 박지향 편, 2006, 537쪽)라고 친일 민족주의의 현실성에 더 큰 방점을 둔다. 이 문제는 과연 새로운 문제제기일까? 독립을 포기한 부르주아지와 독립을 추구하는 부르주아지라는, 3세계 민족해방운동사에서 이미 나온 문제가 아닌가. 이 중 이광수의 입장은 독립을 포기한 부르주아지(매판 부르주아지) 이데올로기로 볼 수 있다. 물론 이들을 반민족주의로 낙인찍는 것은 식민지의 저항적 민족주의의 입장이긴 하다. 하지만 식민지 민족주의가 아닌 민족주의는 제국주의(적 민족주의)와 같다고 보아야 할 것이다.

또한 조관자는 "생활과 문화 공동성의 단위로서의 촌락 공동체를 권력 창출의 토대로 주목하는 것은 1930년대 세계의 민족해방운동과 파시즘 운동에 전반적으로 나타난 현상"(이영훈 · 박지향 편, 2006, 535쪽)이라 하여 제국주의와 제3세계의 저항적 민족주의를 동일시하는 논리를 피고 있다. 민족주의라는 공유점이 있으나, 그 차이도 구분하여야 한다.[15] 결국 제국주의 민족주의, 친일 민족주의, 제3세계 민족주의(저항적 민족주의)라는 민족주의의 3형태를 구분하여야 해결될 수 있는 문제다. 이 3형태에서 제국주의(일제) 민족주의와 친일 민족주의는 더 친화성

15 다음과 같은 인용을 보라. "<한겨레>나 <조선일보>나 그게 그거다라는 임지현의 시각의 바탕에는 민족주의=국가주의=전체주의라는 단순한 도식이 깔려 있다. 그때 그때의 정치적 지형과 역사적 상황을 무시한 이 초시간적 도식은 이렇게 <조선일보>의 역사적 정당화에 이용당할 수가 있다."(진중권, 2002, 268쪽)

이 있다.[16]

하정일(2007)은 『창작과 비평』(봄호)에 실은 「『해방전후사의 재인식』의 민족과 민족주의」라는 글에서 이러한 관점에서 조관자의 해석을 비판한다. '자본과 권력 운동의 생존방책'이라는 마르크스주의적 설명과 '국민 형성을 위한 전도된 실천'이라는 탈식민주의적 설명을 결합하여 이광수를 설명할 수 있다면 이광수의 입장과 제3세계 민족해방운동이 구별되지 않는다. 왜냐하면 제3세계 민족해방운동도 정확하게 이 두 측면의 결합으로 정의되기 때문이다. 우리는 이를 부르주아 민족주의라 부른다. 그런데 당시 식민지적 상황에서는 이광수와 같은 방식의 민족주의를 부르주아 민족주의의 주류라고 볼 수 없다는 문제가 있다. 단순히 제국주의 논리의 합리화라고 보는 것이 맞지 않는가? 하정일은 이광수의 민족주의에 대해, 민중적 민족주의를 대안으로 내세운다. 차별의 주요한 근거로 내세우는 것은 (강제된) 대중동원이냐(파시즘적 민족주의), (자발적) 민족결사냐(제3세계민족주의)다.

조관자와 같이 제3세계 민족주의와 제국주의적 민족주의를 동일시하는 단순화는 범하지 말아야 하겠지만, 제3세계 민족주의는 좀 더 깊이 천착할 필요가 있는 주제다. 첫째, 2차 세계대전 이후 제3세계의 해방과

16 한편 대중적 정서의 면에서는 '친일민족주의' 를 민족주의라 부를 수 있을까라는 질문을 제기할 법도 하다. 일본제국주의는 일본 민족주의라 부를 수 있으나 조선인(이광수)이 친일한 행위를 한국의 민족주의 관점에서 바라보고자 한다는 것을 어떻게 이해해야 하는가? 일반적인 민족주의 역사에서는 제국주의적 민족주의와 제3세계의 민족해방운동의 민족주의 등은 존재했지만, 식민지 민족이 제국주의 국가의 민족주의에 동화하고자 하는 시도를 민족주의라고 부를 수 있는지? 만약 이를 민족주의라 부를 수 있다면 제국주의적 민족주의의 한 형태로 불러야 할 것이다. 이를 식민지 민중의 민족주의와 동일시 할 수 없다.

정에서 수용된 민족주의가 해방 이후 민족주의자로 구성된 새로운 지배계급을 만들어 낸 것은 역사적 사실이 아닌가? 또한 둘째, 1989년을 거치면서 소련사회주의도 국가주의적, 민족주의적으로 구성(소위 '일국사회주의론')되었음이 보편적으로 받아들여지고 있는 마당에 과연 제3세계 민족주의가 진정한 의미의 민족결사(민중의 직접적 참여, 즉 직접민주주의)였느냐는 점은 고민해봐야 한다. 이 점에서 '민족이 모두에게 같은 것은 아니었다'라는 지적은 분명히 경청해야 한다.

그런데 문제는 이 글이 현재적 시점에서 이 책 속에서 가진 효과다. 이광수의 민족주의는 일본 제국주의와 같은 것이든지, 아니면 조선을 제국주의와 동일시하는 가상의 제국주의적 민족주의일 것이다. 그런데 전자든, 후자든 당시의 식민지적 상황에서는 '주권없는 민족을 대상으로 하여 힘있는 국민의 형성을 목적'(이영훈 · 박지향 편, 2006, 533쪽)했다는 점에서 불가능한 꿈이다. 그러나 이는 오늘날 시점에서는 조금 다르다. 이광수의 민족주의는 신자유주의적 민족주의로 재생하고 있다. 이광수의 민족주의는 이영훈의 민족주의로 재생된다.[17]

여기서 조관자의 이 글은 도대체 누구를 향하고 있는가? '당시의 전체주의는 … 생존의 조건 그 자체였다. 친일 협력은 신민화를 욕망하는 사람이 선택한 생존의 길일 뿐 아니라 식민지 제국 일본의 국가 통제 시스템 속에서 살기 위한 행위 그 자체였다 … 폭력의 현장에서 죽지 않고 살기 위해서 나는 폭력에 협력하고 멸사도 허락해야 한다.'(이영

17 이를 자세히 보기 위해서는 이영훈 · 박지향 편(2006, 2권, 628~629쪽)을 참조하라.

훈 · 박지향 편, 2006, 550쪽)라는 생존의 논리를 제시했던 조관자는 이어서 참전을 '민족적 실력'을 양성하기 위한 수단으로 정당화한 이광수의 논리는 한국이 베트남전에 참전한 것과 다를 바 없는데 왜 '친일 협력' 만이 '민족의 죄인'이 되어야 하는가(이영훈 · 박지향 편, 2006, 552쪽)라고 묻는다. 그리고는 '민족을 신화화하는 권력 운동이 위험한 것은 파시즘의 운동에서 증명되듯이 민족주의가 대중의 혼을 사로잡는 절대 신앙을 구축함으로써 대중의 권력 비판 능력을 차단하고 상실하게 만드는 정치 신화이기 때문'(이영훈 · 박지향 편, 2006, 553쪽)이라 하여 민족주의 일반을 모두 파시즘과 동일시하는 일반화를 행하고 있다. 이어지는 조관자의 결론은 다음과 같다.

> "대안없는 민족주의 비판을 꾸짖는 '저항'의 소리는 여전히 드높다. 그러나 민족주의를 기축으로 한 역사란 또한 무엇을 의미하는가? 민족주의가 개개인의 권력 의지를 하나로 통일하는 날은 '민족'을 '주체=신민'으로 통일하는 날이다. 그러나 권력을 욕망하는 사람들의 다양한 대립과 타협, 연대 속에서 역사는 변해가는 것이 아닐까? 모두가 권력을 욕망하는 사회에서는 권력의 신민이 아니라 권력의 주체로서 권력의 횡포에 대하여 '아니오'를 말하는 힘이 필요하다. 그 어떤 주의가 없어도 오로지 **권력 운동의 부당함에 저항할 수 있는 힘**, 그것은..동포애나 자기 생존의 이익에 얽매이기 전에 우러나오는 타자에 대한 배려이며, 자타의 이해관계를 공정하게 직시하는 자유로운 사고의 합리적인 힘이라고 생각한다."(강조는 인용자, 이영훈 · 박지향 편, 2006, 555쪽)

민족주의에 대한 비판은 민족주의가 자본주의와 동시대적 산물이라고 할 때 필연적으로 자본주의 비판이 된다. 조관자의 글의 마지막 부분에는 민족주의에 대한 비판은 '권력의 부당에 저항하는 힘'이라고 정의되어 있다. 사실상 인류의 역사에서 민족주의의 대안이 없다고 말할 수 없는데 조관자는 그러한 대안에 대해 이야기 하지 않고 다만 권력의 부당함에 저항하는 힘이라고만 했으므로 추론에 의존할 수 밖에 없다. 그것은 사회주의를 의미하는가? 그러나 우파 민족주의자들은 민족주의를 비판하면서 사회주의를 비판한다고 생각하기 때문에 스스로의 방향이 무엇인지에 대해서 명확히 말하지 못하고 있다.

조관자의 글에 이어지는 김철의 논문 「몰락하는 신생-'만주'의 꿈과 〈농군〉의 오독」은 이태준의 소설 『농군』(1939)에 대한 해석이다. 이 소설의 시대적 배경으로 간주되는 시기는 만주 장작림 정권 시대이고, 시대적 배경의 사건은 조선 농민의 만주 이민사다. 김철은 이 소설과 관련된 하나의 사건을 소개하는데, 이는 1931년 7월 2일 중국 지린성, 장충현, 만보산, 삼성보에서 발생한 만보산(완바오산) 사건이다. 그런데 다음 날 〈조선일보〉가 조선농민과 중국농민의 충돌로 수명의 농민이 사망했다는 오보를 내어 7월 내내 평양 등에서 중국인에 대한 집단 폭행으로 127명이 사망하는 사건이 발생하였다. 이 사건은 김철이 말하는 대로 식민지 민족주의가 보이는 집단적 가학-피학 심리의 폭발적 노출 사례로 간주할 수 있다.[18] 김철은 이태준의 『농군』이 이 사건을

18 '조선일보의 허위 보도로 촉발된 중국인 화교에 대한 살상 행위는 제국주의 피지배 집단의 정

배경으로 썼고 따라서 '농군에서 완바오 산의 기억은 제국주의자의 시선으로 재현'(이영훈 · 박지향 편, 2006, 494쪽)되었다고 한다. 그리하여 결국 『농군』은 '만주 경영이라는 제국주의의 새로운 시대적 흐름에 편승한, 당대의 국책에 적극적으로 부응한 소설(이영훈 · 박지향 편, 2006, 481쪽)'이라는 것이다.

이러한 인식이 가능하기 위해서는 당시 조선 농민이 만주를 '피식민지인으로서의 조선인이 제국의 일등국민으로 도약할 수 있는 현실을 제공하는 공간'(이영훈 · 박지향 편, 2006, 485쪽)으로 파악했다는 전제가 필요하다. 만주사변(1931.9.18) 이후 만주가 일본 제국주의의 새로운 식민지 영토로 전락하고 이에 조선인을 동원한 것은 사실이며 일부 조선인들이 이를 제국의 2등 시민으로 도약할 기회로 간주했다는 것 또한 이광수 등의 예에서 알 수 있듯이 사실이다. 하지만 조선 농민의 농업 이민을 반제국주의 운동의 방벽으로 사용하려는 일본 제국주의의 정책 역시 또 다른 사실인 것이다.[19] 그런데 김철은 '식민지 조선인에게

신분열적 가학성이 극단적으로 표현된 사례였다. 더불어, 이 사건의 책임을 일제의 간교한 음모로 돌리는 것 역시 사건을 은폐하는 것 못지않게 떳떳하지 못한 행위다.'(이영훈 · 박지향 편, 2006, 493쪽)

19 '농업 이민은 토지소유를 기반으로 하는 식민지 이주 및 정착이기 때문에 식민지 인민의 반제국주의 운동에 대한 최대의 방벽이다. 식민지에 정착한 농업 이민은 … 최후까지 식민지를 사수하려 하고, 식민지 인민과 대결하려 하기 때문이다.'(이영훈 · 박지향 편, 2006, 1권, 515쪽 재인용) 김철은 동일한 논문에서 조선 농민의 만주 이민에 대한 일본인의 보고 내용을 언급하고 있다. 만주 조선 농업 이민이 활발했던 '이 기간(1910~1922)의 … 계기가 되었던 것은 동척(동양척식회사)의 영업개시에 따라 농민들이 토지로부터 유리된 것이다. 동척이 영업을 개시한 1910년 이래 1920년까지...일본 내지에서 이민을 끌어들인 수는 겨우 3,900호에 지나지 않지만, 그 사이에 16만 정보에 달하는 토지 매수 때문에 강제로 퇴거 요구를 받은 조선 농민은 2만 3,900호에 이른다 … 토지로부터 쫓겨난 이들 농민에게는 만주만이 유일한 활로였다고 할 것이다.'(이영훈 · 박지향 편, 2006, 517쪽 재인용) 그럼에도 불구하고 만주 이민이 가진 강제적 속성에 대해서는 눈을 감고 있다.

식민지적 무의식과 식민주의적 의식이 실현되는 공간으로서의 만주'라는 관점에만 주목하였다.

이 때문에 하정일(2007)은 김철의 논평이 피식민 민족주의에 대한 단순화라고 한다. 하정일에 의하면 이 소설이 인종차별적이고 종족주의적 시각이 있는 것은 사실이나 식민주의에 굴복한 국책소설이라는 해석은 침소봉대라는 것이다. 또한 이 소설의 시대 배경이 만보산 사건 이전인 1920년대의 일로서 만보산 사건과 연관시키는 것이 타당하지 않고 1920년대 조선인 이주민은 중국인에 비해 열등하고, 차별적인 위치에 놓여 있었다는 것이다. 조선인이 중국인에 식민주의적 권력을 행사할 위치가 아니었다고 한다.

그런데 필자가 보기에 『농군』의 시대 배경이 1920년대냐, 1930년대냐는 것은 여기서 핵심적 쟁점이 아니다. 또한 이 글 자체로만 보아서 김철이 피식민 민족주의를 제국주의적, 팽창적, 인종주의와 동일시하는 것이 분명히 드러나는 것은 아니다. 물론 동일한 저서 2권에 있는 대담을 보면 김철의 (개인적) 시각을 좀 더 명료하게 알 수 있는데 여기서 김철은 '제국주의 지배 아래에서의 민족운동이라는 것은 제국의 체제 안에서 민족 영역을 분절하고 명료화함으로써 궁극적으로는 제국의 체제를 안정시키는 것'(이영훈 · 박지향 편, 2006, 2권, 626쪽)이라고 하여, 저항 민족주의를 제국주의의 파생물로서, 그리하여 식민주의 헤게모니에서 벗어날 수 없는 것(하정일, 2007, 348쪽)으로 볼 뿐 아니라 사실상 저항적 민족주의의 제국주의 민족주의와의 차별성을 무시한다.

이는 식민지 시대의 이중성을 본다는 일견 타당한 문제제기에서 너무나 벗어난 놀라운 주장이라고 아니할 수 없다. 이러한 주장은 '탈식민주의'를 희화한 것이라 생각된다.

왜 이런 식의 이해가 초래되는 것일까? 식민지 시대의 이중성에 대한 이해는 오히려 '중국 농민과 조선 농민의 투쟁이라는 현실은 제국주의자들의 분할 통치 정책'이라는 시각에서 포착되어야 하는 것은 아닐까? 당연히 민족의 시각만으로는 계급으로서의 농민의 고난과 갈등을 포착할 수 없다. 하지만 조선 민족의 민족주의가 일본 민족의 민족주의와 같다고 주장하는 것은 제국주의-피식민지라는 사회 역사적 차이를 무시하는 견해에 다름 아니다. 이는 마치 지금 예컨대 노동자들이 분절화되어 있는데 이로부터 조직 노동자들이 비정규 노동자를 착취한다고 말하는 것과 같은 논리가 되지 않은가?

이어서 나오는 『재인식』에 수록된 「'신인간'-해방 직후 북한 문학이 그려낸 동원의 형상」이라는 신형기의 글은 북한 문학을 검토하여 북한 문학에서 그려낸 신인간이란 상상화된 인간주의의 주체이며 그 주체는 민족의 이름 하에서 구성된 억압의 대주체라고 설명하고 있다.

> "신인간은 단지 상상적 형상이라는 이유에서가 아니라 자신의 존재성을 스스로 부정한 점에서 가상이었다. 그런데 이 가상이 유력한 형상으로 내세워졌던 것이다. 그들은 하나같이 도덕적이었지만 아무도 자기 성찰의 능력을 갖지 못했다. 그것이야말로 가상에 의한 지배의 조건이었다."(이영훈 · 박지향 편, 2006, 736쪽)

신형기의 글 뒤에 이어진 기무라 미쓰히코의 「파시즘에서 공산주의로-북한 집산주의 경제정책의 연속성과 발전」이라는 글 역시 동일한 논조의 맥락을 가지고 있다. 이 글은 파시즘과 공산주의의 유사성을 집산주의(하이에크)라는 점에서 찾는다. 이 글 역시 『재인식』의 논리 구조 하에서는 반공주의 저서가 되고 만다.

하지만 「민족 이야기를 넘어서」(『당대비평』, 겨울호)에서 신형기(2000)는 탈근대적 요소를 보여주고 있다는 점에서 주목할 만하다. 신형기는 "민족 이야기가 우리를 해방시킬 수 있는 것일까?"(신형기, 2000, 185쪽)라고 묻고 다음과 같이 말하고 있다.

> "이야기의 서술은 세계를 규정하는 것이다. 서술의 구조가 상상의 범위를 제한할 뿐 아니라 사고와 행위를 지배하는 법칙을 표현하며 .. 결과적으로 이야기를 장악하는 것은 과거를 장악하는 것이며 하나의 현실을 부여하는 억압의 방법이라고 말할 수 있다. 민족 이야기는 그것의 절박함을 통해 지배적인 것이 되었다. 민족 이야기의 억압성은 저항의 도덕성에 의해 은폐되고 정당화되었다."(신형기, 2000, 181~182쪽)

신형기의 서사구조에 대한 이러한 이해는 탈근대주의의 역사관과 부합한다. 이러한 관점에서 볼 때 "해방 후 북한 소설은 성장의 윤리학을 제시했다. 주인공들은 '고상한' 신인간이어야 했는데, 그들의 성장은 토지 개혁과 같은 새 시대의 기적에 감응한 결과"(신형기, 2000, 186쪽)일 뿐 아니라, "남한의 경우 민족 이야기에 대한 국가적 개입의 정도는 북한에 비해 상대적으로 낮았다고 말할 수 있(으나) … 민족 이야기의 구속을 넘는 것은 어려운 일이었다."(신형기, 2000, 189쪽)

그렇다면 하나의 질문이 제기된다. 오늘날 민족 이야기는 어떤 의미를 가지는가? 혹시 민족 이야기의 중요성이 저하되고 있는가? 오늘날과 같은 세계화의 시대에 민족 담화는 사라질 수 있을까? 신형기는 월러스틴을 원용하여 세계화 과정으로서의 통합과 배제의 과정이 자본의 집적을 최대화하기 위한 것(신형기, 2000, 192쪽)으로 이해한다. 신자유주의하 세계는 통합되는 것이 아니라 오히려 유토피아-디스토피아의 양극화로 전개될 것이며 줄곧 변방이 되는 현실 속에서 민족주의는 계속 재생산된다는 것이다. 애초 민족 이야기가 세계체제라는 이 시스템을 파괴할 수 있는 것이 아니었다면, 두 현상(세계화와 민족주의-인용자)은 대립하는 것이라기 보다는 의식적으로든 아니든 공모의 관계를 갖고 있게 된다. 따라서 민족 이야기를 이끌어 내는 것은 세계주의 이데올로기로 넘어간 결과가 된다(신형기, 2000, 193쪽).

이 공모의 고리를 끊기 위해 우리는 '우리'의 상상으로부터 벗어나...타자의 관점에 설 기회 … (신형기, 2000, 200쪽, 강조는 인용자)를 포착해야 한다. 신형기는 그러한 공모적 사유의 한 예로서 통일지상주의를 든다.

> "통일은 상대를 없애는 통합론이며 … 타자를 부정하는 민족 이야기의 극단적 표현"이었으며, 이렇게 볼 때, "연방제가 되었든 연합제가 되었든 상당 기간 서로의 체제를 인정한다는 최근의 논의는 고무적인 것"(신형기, 2000, 202쪽)

신형기(2000)의 글은 사실상 문학 속의 민족주의를 탈근대주의적 시각에서 비판한 모범적인 분석 예에 속한다.

그러나 전체 논지는 위태위태하다. 그 위태로움의 징표가 『재인식』에 수록된 글이다. 『재인식』에 수록된 이 글에는 「민족 이야기」에서 다룬 민족주의 전반에 대한 비판 중 북한 소설에 해당하는 부분만 분리되어 있다. 여기서는 국가주의=파시즘(일제)에서 '친일 민족주의'(이광수)로 이어지는 민족주의를 동일시하며 게다가 민중의 저항적 민족주의까지 모두 본질에서는 동일한 텍스트라고 주장하고 있다.

"이런 점에서 남북한의 동원 체제는 모두 민족주의에 의존하지 않을 수 없는 것이었다."(신형기, 2000, 196쪽)

신형기는 남한에서의 민족이야기의 대표적 사례로서 신동엽(「껍데기는 가라」, 「금강」의 시인)의 인민주의적 상상력을 든다.

"이 상상력은 근대 자본주의가 써 낸 민족 이야기의 문법에서 벗어난 것이 아니었다. 신동엽이 이상화한 농업적 공동 사회는 훼손되지 않은 먼 과거에 대한 상상으로서의 기억이 그려 낸 것이나....흔히 제3세계에서 민중 개념의 바탕이 되는 '농민성'은 민중, 나아가 민족이 자연의 산물이라고 보는 근원주의와 관계한다. 민족을 땅이라는 더럽혀지지 않은 자연성의 범주로 상상하는 것이다."(신형기, 2000, 204쪽)

이러한 사고 유형은 탈근대주의적 사고를 극단화한 것일 뿐 아니라 민중 개념 역시 민족 개념과 마찬가지의 억압적 개념으로 환원하는 논리다. 이를 따라가 보면 공동체성 → 통합성 → 억압성이라는 논리가 만들어 진다. 신형기(2000)는 반민족주의와 반자본주의를 결합한 듯하지만, 신형기(2006)는 반민족주의와 무엇을 결합시킨 것일까? 왜 신형기(2006)에서는 타자의 관점이 없으며, 덧붙여 민중이 타자에 속하지 않은 것으로 간주하는 것일까? 그에게 타자는 무엇일까?

권김현영(2007)은 『문화과학』(49호)에 쓴 「민족주의 이념논쟁과 후기 식민 남성성」이라는 글에서 이러한 민족주의 비판의 허구성을 비판한다.

> "후기 근대를 주장하려면, 일단 국가주의와 주인공 욕망부터 벗어나야 한다. 나는 이러한 욕망들이 '차이'에 대한 문제제기들이 한국사회에서 계속 빛 좋은 개살구처럼 급진화되지 않고 미끄러지는 이유였다고 생각한다."(권김현영, 2007, 54쪽)

그는 『재인식』의 민족주의 비판은 탈근대의 탈을 쓴 국가주의라고 본다. 『인식』의 민족주의는 노무현 정부의 '동북아 중심국가로서의 대한민국'라는 슬로건으로 현대화하는 한편, 『재인식』 류의 탈근대론자들은 신자유주의 시장경제를 통한 세계화를 추구한다는 것이다. 따라서 진보적 민족주의의 폐쇄성을 비판하지 않을 수 없으나 그 안티테제인 신자유주의는 국가주의적 민족주의를 뒷구멍으로 끌어들인다는 것이다. 이 역시 거대 담론으로서 근대의 문제설정에 다름 아닌데, 그 이유를 주인공 욕망에서 찾는다.

다른 한편 『재인식』에 숨어있는 탈근대주의, 즉 근대를 비판하는 논리는 탈자본주의적 대안을 찾는 것이 아니다. 탈근대주의에서 찾고자 하는 타자는 현실의 존재에 없으며 이론적 허구로서, 또는 낭만적 상상의 산물로서만 남아 있을 뿐이다. 아무런 구체적 대안이 없는 반대로서의 탈근대를 우리는 낭만주의적 반동이라 부른다. 그런데 이 낭만주의 역시 근대의 산물인 것이다. 따라서 『재인식』의 많은 논자들이 기대고 있는 '탈근대주의'는 진정한 의미에서의 탈근대주의도 아니며 근대주의의 한 변종으로서만 기능하고 있다.

4절 식민지 사회성격 논쟁: 민족주의, 마르크스주의, 서발턴의 역사학에 대하여

『재인식』의 전체 논지가 민족주의 비판에 할애되고 있지만, 실제로는 실체가 없는 추상적 민족주의 전체가 타겟이 아니다. 민족주의는 시대의 산물이므로 시대마다 구체적 형태가 달리 나타날 수 있다. 또한 한 시대를 평가할 때 불가피하게 민족주의 뿐 아니라 다른 사유형태도 같이 평가하지 않을 수 없다. 보수주의적 국가주의와 낭만주의적 탈근대주의가 결합한 『재인식』의 역사인식을 우리 시대에 정당하게 위치지우기 위해서는 사회이론적 맥락을 파악해야 한다.

배성준(2000)은 『당대비평』에 실린 「식민지근대화 논쟁의 한계지점에 서서」라는 글에서 탈근대주의 또는 탈식민주의가 등장하는 이론적 맥락인 식민지근대화론에 주목한다. 이른바 식민지 근대화 논쟁은 토지조사사업(1910년대 말), 식민지공업화(1930년대)를 둘러싸고 식민지에서의 자본주의 발전과 근대 발전의 문제를 다룬다. 한편에서는 국사학계를 중심으로 한 식민지수탈론(이는 식민지 이전 조선말기의 자본주의 맹아론, 즉 내재적 발전론을 포함한다)과 경제사학계를 중심으로 한 식민지근대화론으로 대립하고 있다. 특히 후자는 최근 등장한 이해로서 종속으로 설명되는 한국자본주의상에 반대한다.[20] 이들은 토지 조사 사업이 농업에서 근대적 지주제를 확립했다는 점, 1930년대 공업화가 근대적 산업 구조의 확립이라는 점에서 주목한다.

이 논쟁은 역사를 가지고 있다. 1930년대에는 식민지사회 성격논쟁에서 반봉건적 지주제의 본질이 무엇인가를 둘러싸고 외관상의 변화에 불과한 봉건적 농노적 관계라는 입장(인정식 등)과 토지 조사 사업은 본원적 축적이므로 자본주의적 전화의 과정에 있는 반봉적적 · 반농노적 관계라는 입장(박문규 · 박문병 등)이 대립했다. 해방 이후 산업화가

20 이후 중진자본주의론 → 신우파로 발전한다.

진행된 후 1980년대 제기된 사회구성체 논쟁에서 부록 형식으로 식민지 시대 사회성격 논쟁이 진행되었는데 여기서 안병직, 장시원 등은 식민지 반봉건 사회구성체론(지주제=전자본주의적 생산관계의 바탕 위에서 근대적 상품경제에 포섭된 지주제)을 제기하였고, 이진경, 김석민 등은 자본주의적인 반봉건제(토지조사사업=본원적 축적)로 파악해야 한다고 주장했다. 1980년대까지만 해도 식민지에서 자본주의 발전을 부정하고 봉건제의 온존을 강조했던 안병직 등은 1990년대부터 식민지에서 근대화를 인정하는 입장으로 바뀌게 되는데 이것이 식민지근대화 논쟁의 시작이다. 식민지에서 근대화와 자본주의 발전이 이루어졌다는 이들의 연구는 사실상 식민지의 자본주의 발전을 긍정하는 점에서 정통파 마르크스주의자의 자본주의 발전 설명과 크게 차이가 없다. 하지만 이들은 당시의 정통파 마르크스주의의 입장인 국가독점자본주의론과 구별되는 중진자본주의론을 제시하였다. 배성준(2000)은 이러한 차이는 자본주의 발전에서 모순과 변혁의 전망을 보려는가, 아니면 1960-70년대 고도성장의 역사적 기원을 찾으려는가의 차이의 문제라고 규정한다. 결국 지양의 대상인가, 지향의 대상인가라는 자본주의 인식 문제라는 것이다. 그런데 이 논쟁에서는

> "근대화론이 제기하는 공업화 문제가 식민지 사회 성격 논쟁에서 제기한 자본주의 발전사에 대한 인식의 진전이라기보다는 전환 혹은 수정이라는 점이며, 이 과정에서 핵심적 쟁점이었던 반봉건 문제는 사라져 버렸다."(배성준, 2000, 170쪽)

결국 식민지근대화론은 식민지의 자본주의 발전의 인정 유무라는 역사적 사실의 평가가 아니라 그 정치적 지향이 문제되고 있다는 것을 알 수 있다. 진보적 이론 내에서도 민족주의적 해석(반제반봉건 과제)에 반대하여 식민지 자본주의 형성을 강조하는 견해가 있는데 이들과 어떤 차이를 보이는가? 식민지근대화론은 한편에서는 식민지 사회의 정체성론을 비판하여 저항적 민족주의를 비판한다. 다른 한편에서는 파시즘, 사회주의, 전체주의를 모두 같은 것으로 간주하여 사회주의를 비판한다. 그러한 비판의 결과로 제출하는, 더욱 적극적인 역사인식으로 제시한 이영훈의 문명사적 시각이란 반사회주의적, 반저항적 민족주의이므로 결국 국가주의로 귀결한다.[21]

그렇다면 『재인식』에서 언뜻언뜻 보이는 탈근대주의적 역사 인식은 어떻게 평가해야 할 것인가? 우선 탈근대주의 자체가 문제될 수 있겠고, 다음으로는 『재인식』이 탈근대주의를 어떻게 왜곡하고 있는가의 문제가 있을 것이다.

경제사학계에서 근대화 논쟁이 제기됨과 동시에 역사학계에서는 1990년대 임지현 등을 중심으로 민족주의를 비판하는 탈근대주의가 등장한다.[22] 사실상 근대화론과 수탈론이 공유하는 기반은 근대화론과 민족주의인데 이들은 목표로서의 근대화는 모두 동의한다는 점에서 공유점이 더 많다는 것이다. 결국 탈근대주의의 이론적 기획은 근대성

21 이러한 인식에 대해서는 『재인식』 2권의 좌담 656쪽과 653쪽 참조. 이 인식의 비판에 대해서는 이영호의 비판(임지현 편, 『국사의 신화를 넘어서』, 460쪽)을 참조하라.

22 『당대비평』과 임지현 등의 기타 저작을 참조하라.

비판에 있고, 양자가 공유한 기반을 비판함으로써 근대란 계몽의 기획이 아니라 지배의 담론이라는 것을 강조하고자 했다. 하지만 역설적으로 탈근대주의의 등장으로 "자본주의와 사회구성체, 민족과 계급 등 사회 성격 논쟁을 지배하던 개념 자체가 위기"(배성준, 2000, 174쪽)에 처하게 되었다.

따라서 배성준에 의하면

> "탈근대주의나 탈식민주의가 근대의 부정적 측면을 드러내는 데에는 큰 기여를 하였지만 자본주의 역사의 재구성과 관련하여 주체 형성의 문제를 풀어가기 위해서는 다른 지반이 필요하다."(배성준, 2000, 174쪽)

그리하여 "근대에 대한 비판적 논의가 열어 놓은 새로운 지평 위에서 식민지 근대화 논쟁의 한계 지점, 나아가 식민지 사회 성격 논쟁의 한계 지점을 넘어서기 위해서는 무엇을 어떻게 해야 할 것인가?"라는 질문을 제기하였다. 이것은 탈근대주의 자체의 한계에 대한 지적이다.

이에 대해 전 지구적 관점에서 근대 자본주의·식민지 민족을 사유한 월러스틴의 관점이 도움이 된다. 월러스틴에 의하면 세계경제(자본주의로 읽어라-인용자)는 출발부터 식민지를 전제하고 근대의 모든 민족은 식민화의 산물이다. 식민지와 근대의 동시대성을 주장하고 있는 월러스틴의 세계체제론은 민족국가의 형성과정을 해명하는데 도움이 된다.

> "자본주의 역사를 볼 때, 민족 형성의 과정은 개인을 민족 공동체의

구성원으로 만들어 냄으로써 다양한 사회적 갈등을 조정 · 통합하는 과정이며, 지방의 계급 투쟁을 통제하면서 정치적 경제적 문화적 헤게모니를 행사하는 국가 부르주아지가 만들어지는 과정이다."(배성준, 2000, 177쪽)

자본주의는 단지 세계시장만으로 구성되지 않고, 국가의 재배분과 통제 기능을 필수적으로 요청하기 때문에 세계적 차원과 국민적 차원을 모두 가지게 된다. 특히 국민적 차원은 국가의 재분배 기능 뿐 아니라 공동체 구성원에 대한 정치, 경제, 문화적 통제를 가능하게 하는 이데올로기를 필요로 하는데 그것이 민족주의다. 그리하여 자본주의=국민(민족)=국가(Capitalist Nation State)의 삼위일체(가라타니 고진, 2006)가 형성되는 것이다. 따라서 자본주의, 국가주의, 민족주의는 같은 것은 아니나 동시대적 산물이며 서로 견제하면서도 서로를 보충하는 역할을 하게 된다.

근대에 대한 비판적 논의, 이른바 탈근대주의의 한계는 이 인식의 부족에 있다. 진정한 의미의 탈근대주의는 근대의 극복을 위해서는 자본주의에 대한 비판만으로는 부족하고, 국가주의와 민족주의에 대한 비판이 동시에 필요하다는 인식이어야 하는 것이다. 그런데 『재인식』의 탈근대주의는 민족주의만 비판하지, 국가주의와 자본주의는 비판하지 않는다. 이 점에서 『재인식』류의 낭만주의적 탈근대주의는 비판의 발톱이 빠진 순치된 탈근대주의라 할 수 있다.

김택현(2000)은 「식민지 근대사의 새로운 인식, 서발턴 연구의 시각」(『당대비평』 겨울호)에서 역사학의 진화과정을 통해서 탈근대주의적 역사학의 위치를 자리잡고자 했다. 그에 의하면 민족주의 역사학은 민족 구성에 초점을 둔다는 점에서 제국주의 역사학의 변종으로 파악할 수 있다. 민족주의 역사학은 식민화된 민족 개념으로 제국주의에 대항하고자 한 것이다. 반면 민족해방혁명의 시기에 민족주의 역사학의 강력한 경쟁자로 부각된 마르크스주의 역사학은 민족 범주로의 통합을 비판하고, 이를 다시 계급 범주로 분리하여 국민국가 내의 통일성을 부정한다. 그러나 근대화=자본주의화=유럽화를 자명한 역사발전 방향으로 상정하였고 발전과 진보(근대성 담론)의 개념을 민족주의와 공유했다. 김택현이 마르크스주의 역사학을 민족주의와 동일한 근대의 역사학으로 보는 이유는 마르크스주의 역사학의 역사관이 근대 자본주의를 중심으로 한 근대로의 이행을 역사로 본다는 것과 관련된다. 물론 마르크스주의 역사학은 근대 자본주의의 극복을 목표로 제시하고 있지만 근대 자본주의를 인류사가 회피할 수 없는 필수적인 통과경로로 포착한다는 점에서 근대의 사상, 서구중심주의 사상이라고 보는 것이다.

탈근대의 역사학, 탈식민주의 역사학은 원래 인도역사학에서 나타난 것인데, 한국의 민족주의 사학, 마르크스주의 사학에도 동일한 해석이 적용될 수 있다고 보았다. 한국의 역사학은 내재적 발전론과 역사주체로서의 민중관으로 주류적인 실증주의 역사학을 공격하였지만, 탈식민주의 역사학은 민족, 국가 권력 자체를 비판하고 근대 자체를 문제제기한다. 이는 근대의 거시담론을 대체하고 민중의 개별 삶에 주목한다는 점에서 서발턴(subaltern)의 역사학이라고 불린다. 서발턴의 역사학은 목적론적 역사의 거시적 역사보다 민중의 구체적 삶의 미시적 역사에 주목하여 차이의 정치학을 제기한다. 문제는 이 서발턴의 역사학이 역사의 발전, 합법칙성에 의문을 제기한다는 점이다.

서발턴의 문제를 최초로 제기한 사람은 이탈리아의 마르크스주의자인 그람시다. 그가 역사발전의 목적과 합법칙성을 의심한 것은 아니나, 통상의 마르크스주의가 상정했던 계급 위주의 분석과 계급 공동체의 추구가 단순한 문제가 아니라는 문제의식을 가지고 있었다. 그람시에 의하면,

> "서발턴 집단들은 종종 지배 집단들과 원래 인종이 (또 문화와 종교가) 다르고 노예들이 그랬듯이 종종 다양한 인종들의 혼합체이다...고대 국가 및 중세 국가에서는 정치, 영토면에서나 사회면에서나 집중도가 미미했다... 어떻게 보면 국가는 사회 집단들의, 때로는 다양한 인종들의 기계적 블록이었다. 특정한 경우에만 가혹하게 행사되는 정치적 · 군사적 억압의 범위 내에서 서발턴 집단들은 그들 나름의 생활을 하고 나름의 제도 등등을 지녔다. 때로는 이들 제도가 국가의 기능을 해서 국가를, 기능이 다양하고 종속되지 않은(non subordinate) 사회 집단들의 연합체로 만들었다. 나름대로 조직화된 집단생활이 박탈된 유일한 집단이 고대 세계에서는 노예(및 비노예 프롤레타리아트)였으며 중세에는 프롤레타리아트와 농노와 콜로누스(Colonus: 로마의 소작농)였다...근대 국가는 사회집단(초고는 서발턴 계급)들의 기계적인 블록 대신 지도적, 지배적인 집단의 적극적인 헤게모니에 대한 그들의 종속을 가져오고 따라서 일체의 자율을 폐지하지만 그럼에도 불구하고 그것

은(초고: 서발턴 계급들의 내적 생활의 어떤 형태는) 정당, 노조, 문화 단체와 같은 다른 형태로 부활한다."(그람시, 『옥중수고』, 제3권노트, 제18절 -> 제25권노트, 제4절 - 강조는 인용자)

그람시의 문제제기는 지배계급의 문화와 언어에 끊임없이 규정당하면서도 그 틈을 비집고 나오는 민중의 독자적인 세계관을 보고자 하는 것이며, 여기서는 민중의 종속과 자율의 복합성을 파악할 수 있다. 서발턴에 대한 그람시의 언급이 민중의 미시사(微視史)에 대한 관심을 의미한다는 점에서는 탈근대적이나, 그러한 미시사가 아무런 방향 없이 구술될 수 있다고 보지 않았다는 점에서는 탈근대주의와 구분된다.

원래의 탈근대주의가 전망에서 한계를 보여주고 있음에도 불구하고 탈근대주의 자체는 매우 비판적 논리다. 하지만 『재인식』의 탈근대주의는 원래의 탈근대주의가 가진 비판성의 발톱을 빼 버린 탈근대주의, 즉 반동적 낭만주의에 불과한 논리라고 볼 수 있다. 『재인식』의 탈근대주의가 구체적으로 무엇을 지향하는지 이야기 하고 있는 글은 하나도 없다. 그 이유는 민중의 구체적 삶에 대해서는 도무지 관심이 없기 때문이 아닐까? 민족주의를 왜 비판하는가에 대해 스스로 질문을 해보아야 할 것이다.

5절 해방 後 한국사회 이해: 민주주의와 민생

『재인식』 서문의 저자들이 민족주의를 비판하면서 논의의 대상을 식민지 시대에만 국한하지 않는 것은 논리적으로 당연할 뿐 아니라, 정치적으로도 바라는 바다. 식민지근대화론을 중심으로 식민지 이론을 구성한 시각에서 이승만 시대를 어떻게 볼 수 있을까? 이미 '균형잡힌 역사서술'이라는 명제 앞에서 대강의 서술 방향을 예측할 수 있지만 식민지 시대와 달리, 이승만, 박정희 시대에서 '균형잡힌 역사서술'의 사료적 근거를 제시하기는 쉬운 일이 아니다. 왜냐하면 자료의 독점성은 현대로 오면 올수록 없어지고 대신 자료를 바라보는 정치적 입장이 선명히 드러나기 때문이다.

해방 직후의 국내정치 상황에 대한 이완범(2006)의 「해방 직후 국내정치 세력과 미국의 관계, 1945~1948」[23]은 해방 이후 한국의 정치정세는 미국과 소련의 분할지배 통치 체제에 귀속시킬 수 없다는 주장을 하지만 구체적 내용에서는 국제적 요인이 우세한 복합형으로 설명하고 있다. 미국이 한국 정치를 바라보는 태도에 있어서도 '독립을 최우선으로 고려하기 보다는 현상 유지를 선호하였으며 이것은 결국 미국 지배의

23 흥미로운 것은 그는 문제가 되는 『인식』의 저술에도 참여했다는 점이다. 이완범(1987), "한반도 신탁통치 문제", 강만길 외 『해방전후사의 인식』3권, 한길사

장기화라는 결과를 낳았다'(이영훈 · 박지향 편, 2006, 2권, 81쪽)라고 파악한다. 그는 다음과 같이 평가하여 해방 직후 정국에서 미국의 지배성을 인정하고 있다.

> "미국이 지지한 좌우합작(1946년의-인용자)이란 좌우를 통일시키는 전략이 아니라 반공 전략의 일환(이영훈 · 박지향 편, 2006, 2권, 90쪽) 이었으며 미군정의 무원칙적인 정책 선회나 비일관성(합작 지지 정책에서 좌익 탄압 정책으로의 전환-인용자)은 오로지 공작(전술)의 원칙 아래서 설명될 수 있다. 미군정은 미시적인 전술 면에서는 일관성이 결여된 것처럼 보이나 더욱 큰 차원인 전략 면에서 볼 때는 반공 정부 수립이라는 일관성에 충실했다고 평가할 수 있다. 이는 국무부 내 자유주의적 국제주의자(internationalist)들이 추진한 전략으로서 좀 더 국가주의적(nationalistic) 입장에 서 있었던 미군정은 수동적으로 추진할 수 밖에 없었던 정책이었다"(이영훈 · 박지향 편, 2006, 2권, 91쪽)

이 논문은 해방 후 정치에 대한 『재인식』의 이해방식을 지지하거나 논증하는 글이 아니다.

반면 한국전쟁 중 발생한 이승만의 부산정치파동에 대한 김일영(2006)의 「전시 정치의 재조명-부산 정치 파동의 다차원성에 대한 복합적 이해」는 『재인식』의 정치적 목적에 부합하려는 노력을 의식적으로 하고 있다. 하지만 이 글 역시 일정한 균열, 즉 논증의 실패를 보여준다. 김일영은 이 글에서 한국전쟁 기간 이승만의 정치행위를 1) 권력을 장악하기 위한 정쟁 차원만이 아니라, 2) 한국의 적합한 권력구조의 논쟁, 3) 전쟁 정책을 둘러싼 한·미간의 갈등이라는 삼차원의 다층구조로 이해해야 한다(이영훈·박지향 편, 2006, 2권, 217쪽)고 주장한다. 그러나 본문은 오히려 미국 내의 강온 갈등을 상세히 보여줌으로써 한국의 정치정세가 미국의 의도대로 완성되었다는 것을 보여주고 있을 뿐이다.

> "미국은 처음에는 장면 옹립 세력의 편을 들었으나 어느 순간부터 중재라는 이름으로 이승만 세력에게 기울었다. 결과는 미국의 지원을 받은 이승만 세력의 승리였다."(이영훈·박지향 편, 2006, 2권, 244쪽).

하지만 부산정치파동에 대한 미국의 (도상) 방안 중의 하나에 불과한 Plan Everready (1953.5)의 등장과 이의 포기과정에 대한 과도한 강조는 이승만의 정치적 역량을 보여주는 증거로만 제시될 뿐이다.

김일영의 글은 한국전쟁 중 이승만의 정치행위에 대해 다차원적 차원에서 접근할 기회를 제공하고 있으나 왜 이러한 다차원적 접근이 필요한가에 대한 질문이 없다. 만약 이러한 다차원적 차원에 대한 문제제기가 한국 민주주의의 압살과정이라는 관점에서 포착된다면 미국의 지배정책에 대한 비판적 접근이 가능했을 것이다. 김일영은 내각제를 주장하고, 이승만의 북진통일론을 지지하는 야당세력은 결과적으로 한국전쟁 시기의 시대 정신(대통령중심제와 현상유지적 휴전)과 배치되는 관점으로 비판하는 반면, 대통령제와 북진통일론을 주장한 이승만에 대해서는 시대정신과 '정치를 전쟁 정책의 연장선상에서 이해한 유일한 정치가'(이영훈 · 박지향 편, 2006, 2권, 257쪽)로 격상한다.

이승만이 단순히 친미주의자가 아닌 것은 분명하다. 하지만 그의 반공 · 반일 노선은 정치적 지배욕망의 산물로 보는 것 외에 다른 어떤 것으로 해석하기 불가능하다. 즉 이승만은 미국의 이해에 의해서가 아니라 자신의 이해에 의해서 그 자신의 예측불가능성이라는 성격을 만들어 냈던 것이다.

동일한 저자의 농지개혁에 대한 논문인 김일영(2006)의 「농지개혁을 둘러싼 신화의 해체」(『재인식』 2권 수록)은 그 시대착오성이 뚜렷이 드러난다. 저자는 농지개혁에 대한 기존의 신화를 해체한다고 하면서 다음의 여섯 주장을 제시한다.

1) 이승만은 농지개혁과 귀속 재산 불하에 적극적이었다

2) 전쟁 발발 전 70~80%의 농지 분배가 단행되었다

3) 이 효과로 50년 5.30 선거에서 민주국민당이 패배했다

4) 농지를 분배받은 농민은 전쟁 전부터 보수화되기 시작했다

5) 지주의 몰락, 정치 의존적 자본가의 등장, 농민의 보수화는 의회에 대한 행정부의 우위와 사회에 대한 국가의 우위를 야기했다.

6) 1960년대의 발전국가는 이러한 토대 위에서 등장한 것이다.

물론 이 주장 모두가 단순히 긍정될 수 있다거나, 논증되고 있는

것은 아니나, 이러한 주장의 배후에 있는 '신화'가 상당부분 불식된지 오래인 상황을 무시하고 있다는 점에서 논문의 의도가 무엇인지 의심을 하지 않을 수 없다. 왜냐하면 농지개혁의 의의를 과소평가하는 견해는 오늘날 다수의 견해가 아니기 때문이다(조석곤, 2001). 당시의 농지개혁 방안에 대해서는 지주의 이해를 대변하는 민국당 측과 농민의 이해를 대변하는 국회의 소장파 그리고 정부 내의 다양한 입장들이 있었지만 어느 누구도 농지개혁 그 자체에 대해 반대하지는 못하였다. 그리고 역사학계의 연구 결과는 다음과 같다.

"…5월경 토지분배예정통고서를 발부하여 전쟁이 발발하기 이전에 대부분 분배"되었으며, "1950년 전쟁이 나자 인민군이…토지개혁을 실시하였으나, 이미 농지개혁이 실시되어 북의 토지개혁이 미친 영향은 미미했다…토지 방매와 농지개혁으로 수천 년간 존재했던 지주계급은 영원히 한국사에서 소멸했다…이런 여러 변화는 산업화로 나아갈 큰 길을 열어놓았다."(서중석, 2007, 41쪽)

또한 이승만이 농지개혁에 적극적이었다는 점 역시 학계의 대체적 인식이다. 이는 이승만 최대의 정적인 한민당의 후원세력인 지주계급을 무력화할 수 있는 조치이기 때문이다(한국농촌경제연구원, 1989). 결과적으로 이 글은 학계에서 이미 퇴조한 이론을 '신화'로 지칭한 후 이를 비판하는 논의를 통해 이승만을 복권시키고자 하는 논문이라고 볼 수 밖에 없다. 이들은 이승만 시대를 이해함에 있어 민주주의와 독재의 이분법을 넘어야 한다고 하지만, 민주주의는 독재의 대당 개념 이상의 것이다.

6절 이승만 시대는 어떠했던가?

『재인식』의 저자들의 궁극적 방향은 단순히 해방전후사에 그치지 않는다. 현재의 정치적 상황 속에서 이 이념은 국부(國父)로서의 이승만과 근대화의 화신(化身)으로서의 박정희에까지 이른다. 고등학교의 7차 『한국현대사』 교과서에 대한 좌파시비와 수정 요구로까지 진행된 이 논쟁에서 증명하고자 하는 질문은 무엇일까? 그것은 이승만 시대 '대한민국'이 형성되었으며 역사는 여기서 시작한다는 점이다. 이 점을 부인하는 논리는 모두 좌파로 매도되고 있다. 하지만 이러한 주장 자체가 한국사회의 전통적 주장은 아니었다. 우파는 반공이데올로기로 무장했고 친미적이지만, 친일적이지는 못했다. 따라서 민족주의를 부정할 수 없었고 그 정통성을 임시정부에서 찾았던 것이다. 만약 국가 건설이 1948년에 시작한 것이라면 조선시대 이후 일제 식민지 시대가 설명이 되지 않고, 또한 일제 식민지 시대를 긍정할 수 밖에 없기 때문에 앞뒤 모순적이다.

이승만 정권의 이데올로기 역시 북진통일(반공), 반일운동에 기초하고 있었다. 하지만 그 내용을 보면 반공을 정권 연장에 이용한 것에 불과했고, 한미상호방위조약 이후에도 동원정치를 계속했다. 다른 한편 친일파 관료를 기반으로 한 정권이었으므로 외관상의 반일운동에 치우쳤다. 이승만에 대한 평가에서 분단 국가를 건설한 주도자라는 점은 역사적 사실이지만 분단 국가의 건설 자체가 민족의 국부로서 평가할 수 없는 근거가 된다.

한편 경제적 여건은 어떠한가? 『재인식』의 서술은 당시 경제가 생각보다는 성장했다는데 방점을 두고 싶어 한다. 하지만 다음 〈표〉에서 알 수 있듯이 1950년대 경제의 전반적 추세는 상대적 정체기였던 것은 분명하다. 물론 우리는 이 시기가 1960년대 성장의 기초였다는 것은 인정할 수 있다. 문제는 그 내용이다. 가장 중요한 성장의 토대는 토지개혁과 귀속재산 불하였는데 토지개혁의 경우 유상몰수 유상분배였으나 1.5배 보상(지가증권, 5년분할 지급조건)의 지급방식과 전쟁 중 초인플레이션으로 인해 지주로부터 사실상의 몰수라는 특징을 갖는다. 그것은 지주 계급을 없앰으로써 자본축적에 좋은 조건을 준 것이다. 다른 한편 귀속재산의 불하는 미군정에 의해 인수된 일본인 기업 600개 (48년 기준, 제조업 종업원의 48.3% 차지)에 대한 특혜금융과 특혜분할(실제가격에 밑도는 분할가격, 15년 분할납부, 장기체납)로 특징지워진다.

「경제성장률 데이터」

년도	GNP 지수 (1948=100)	성장률 (전체)	성장률 (1차산업)	성장률 (2차산업)	성장률 (3차산업)
1948	100				
1949	109.7	9.7	4.7	30.1	10.9
1950	93.2	-15.1	-10.5	-34.2	-15.3
1951	87.5	-6	-15.2	15.6	4.8
1952	94.5	18	-6.1	46.1	14.4
1953	118.7	25.7	29.5	60.3	15.4
1954	125.9	6	7.5	16.7	2.3
1955	133.9	6.3	2.5	17.9	6.2
1956	135.6	1.3	-5.8	9.9	4.1
1957	145.4	7.2	8.2	16	3.6
1958	154.2	6.1	7.9	6.6	4.6
1959	161.3	4.6	-0.5	10.6	6.2
1960	164.3	1.8	0.1	6.3	1.3
1961	172.2	4.8	12.7	2.9	0.2

출전: 구본호 편(1991), 『한국경제의 역사적 조명』, 135쪽, KDI

또한 당시 경제에 크게 영향을 미친 미국원조(1948.12, 「한미경제원조협정」)는 농산물과 소비재 중심이었고, 자본재는 14%에 불과했다. 즉 경제원조가 경제안정이라는 단기 목적에 편중되었다. 특히 원조물자판매의 원화수입으로 인한 대충자금(counterpart fund)은 사회기반투자기금이었으나 그 분배가 향후의 재벌중심의 경제체제의 기초를 놓았다고 할 수 있다.

「1950년대 10대 대자본의 축적기반(1961년 기준)」

회사명	계열기업수	창립연도	주요산업	귀속재산 불하여부	원조물자 배정여부
삼성	13	1938	무역,식료품,섬유,금융	○	○
삼호	7	1950	무역,섬유,금융	○	○
개풍	9	1949	무역,시멘트,금융		○
대한	5	1946	무역,시멘트,섬유	○	○
럭키	4	1947	무역,화학		○
동양	4	1953	시멘트,식료품	○	○
극동	4	1947	무역,조선	○	○
한국유리	2	1954	무역,유리		○
동립	2	1949	식료품	○	○
태창	2	1916	무역,섬유	○	○

출전: 변형윤(1995), 『한국경제론』, 유풍출판사, 74쪽

또한 1950년대의 경제정책은 3저 정책이다. 저곡가는 농민의 생산의욕을 저하시켰고, 저금리는 차입자를 보조했다. 명목금리 20% 라는 이자제한법은 초인플레 하에서는 음(-)의 실질이자율을 낳았다. 이는 귀속재산의 헐값불하로 인한 우연이윤에 더하여 저리대출이라는 특혜였던 것이다. 위 〈표〉에서 알 수 있듯이 저환율 정책은 국내통화의 과대평가를 통한 원조물자 배급기업에게 우연이윤의 원천이 되었다. 그리고 은행융자의 편중지원을 통해 3백산업(면방업, 제분업, 제당업)이 발전했다. 1950년대 경제의 이러한 소묘로부터 우리는 이승만 정부에서 이루어진 것은 결과적으로 폭력적인 부의 재분배였다는 점을 알 수 있다. 다만 그 분배가 지주에게 가지 않고 자본가에게 간 것은 향후의 자본축적에 크게 기여했다.

7절 현재성
:『재인식』에서 배우지 말 것과 배워야 할 것

지금까지 『재인식』의 논리적 문제점을 살펴보았다. 이 책의 분석에서 필자가 관심있게 규명하고자 한 것은, 첫째 『재인식』의 서문에서 드러나는 강한 정치적 지향성을 볼 때 진짜로 추구한 방향은 무엇일까라는 점이고 둘째는 그 추구하는 것의 내용이 무엇이냐는 점이다.

필자가 보기에, 『재인식』의 편집자들은 식민지 조선, 이승만 시대에 대한 연구성과물을 집대성함으로써 한국 사회를 바라보는 보수주의 이데올로기를 구축하고자 한 것이다. 보수주의 이데올로기의 역사관은 여기에 어느 정도 드러나 있고 또 현실 정치에서 맹위를 떨치고 있기도 하다. 이런 점에서는 성공했다고도 할 수 있겠다.

하지만 보수주의가 체제의 유지와 변화의 억제를 추구한다는 윌러스틴의 정의를 고려해보면 보수주의의 정치적 지향 외의 구체적 형태는 아주 다양할 수 있다. 그런데 그 구체적 형태라는 측면에서 『재인식』의 보수주의는 가멜레온 같다. 적극적인 차원에서는 전혀 명료하지 않은 것이다. 이를테면 한국사회의 긍정성을 보자는 것 등이 그러한 예일텐데, 자신들이 이야기하는 '균형잡힌' 시각에는 명 · 암이 같이 있는 것이므로 암(부정성)에 대해서는 어떻다는 것인지가 없다. 이러한 편중된 이론으로서 한국사회에서 지배적인 보수주의가 될 수 있을까?

우선 이 질문에 답하기 위해서는 『재인식』에서 추구하는 '그' 보수주의의 내용은 무엇인가를 규명해줘야 한다. 필자는 두 가지 요소의 결합물이 아닌가 한다. 첫째는 (보수적) 국가주의다. 이는 비교적 논증하기가 어렵지 않다.

> '이영훈 - 저는 오늘날의 대한민국, 그 역사적 성립과 관련하여 신흥중산층의 실용주의적 민족주의에 관심을 갖습니다.(민족주의를 부정하는 것이 아니다-인용자)'
>
> '박지향 - 바로 그 맥락에서 조관자 선생이 분석한 이광수의 친일 내셔널리즘 이라는 것이 현실에 상당히 맞아떨어지는 유형이라고 생각합니다…주저하는 협력자'
>
> '김철 - 이광수, 김성수가 급진적 민족주의자다' (이영훈 · 박지향 편, 2006, 2권, 628~629쪽)

『재인식』2권 말미의 토론은 논문에 숨어 있던 원망이 좀 더 솔직하고, 명료하게 드러나 있다는 점에서 주목할 만하다. 이 세 코멘트에 이들의 이데올로기가 숨어 있다. 이들의 이데올로기가 바로 중산층의 민족주의, 제국주의적 민족주의인 것이라고 한다. 따라서 이광수의 친일행위에 대해 큰 관심과 애착을 갖게 된 것이다. 그 지향이 진정으로 중산층의 민족주의일지는 모르겠으나 오늘날 드러나는 수구적 애국주의와 일정한 연관을 가지는 사상임에는 틀림없다고 판단된다.

두 번째는 (반동적) 낭만주의라는 점이다. 『재인식』에 들어 있는 탈근대주의는 근대 사상의 변종물에 불과하다. 탈근대주의 자체에는 국가주의에 대한 강한 거부감이 존재하고, 민족주의를 광의로 규정하고 전복하고자 하기 때문에 앞의 국가주의와 양립할 수 없다. 이 문제에 대해서는 이남희의 코멘트를 진지하게 고민해야 한다.

> "포스트 식민주의를 비롯한 많은 문화사들이(아시아적 전망, 미국에서 출발한 식민지 근대성론의 경우)…폭주하는 세계화의 응원단이 되어 그와 함께 경계선 넘기를 이야기하면서 권력의 담론과 또는 파편적 주체들에 치우치다 보면 어느새 국가와 자본주의의 막강한 힘은 사라지고 베네통 광고의 다양한 색깔들처럼 문화적 다름만을 경축하는 게 아닌가하는 우려를 낳게 한다."(이론 및 민족국가-최근 아시아학의 이론적 동향, 임지현 · 이성시 편, 2004)

그는 한국사에서 새로이 출현하는 탈근대주의적 시각이 자본주의 자체에 대한 인식이 없음을 걱정한다.

> "자본주의야 말로 식민주의 과정에서 세계적 시장의 성장 안에서 태동했으며 비자본주의적 사회까지도 그 과정에 포함시킴으로써 전 세계적 규모에서 사회의 상호의존성의 체계적인 관계를 성립함으로써 그 후 역사를 일반화했다… 한국의 식민지 시기의 근대성에 대한 연구물들에서 그 근대성의 기저를 이루고 있는 자본주의에 대한 논의가 빠져 있는 것은 어떤 함의를 담고 있는가"(이남희, "역사, 이론 및 민족국가-최근 아시아학의 이론적 동향", 임지현 · 이성시 편, 2004, 434쪽)

이 논쟁에서 우리가 얻을 것은 무엇일까? 만약 『재인식』의 문제제기에서 얻는 것이 없다면 논쟁을 할 필요도 없을 것이다. 두 가지의 교훈적 영감(배우지 말 것과 배워야 할 것)을 제시하고자 한다.

첫째는 지식인의 자기 정체성을 자문해봐야 한다는 점이다. 이는 이 책이 이른바 우파 결집의 계기와 정당화를 제공했다는 점과 관련된다. 『재인식』의 논지에 환호하는 일반 시민들이 이 책을 열심히 탐독하고 하나하나 분석해보지는 않았을 것 같다. 그렇다면 의외성이 존재한다는 것을 알 수 있기 때문이다. 우파 이데올로그들이 이 책을 상징화하여 하나의 계기로 활용했을 뿐이다. 그러나 다른 한편 지식인에 미친 영향은 매우 크다. 일견 정당해보이는 문제제기에서 출발하였기 때문에 제대로 된 재비판을 수행하지 못하였고 이는 진보적인 지식인 '대중'의 무장해제로 이어진 것이 아닐까? 그런데 여기서 필자가 '지식인의 자기 정체성'이라고 이야기 하는 것은 지식인의 이론과 이념이 가진 기반이 무엇인가를 비판적으로 반성해봐야 한다는 뜻이다. 이 책의 다수 저자들이 민족주의를 비판할 때 '이성'에 의해서가 아니라 '정직한 마음의 목소리'에 의해서 자신에 내재한 엘리트주의적인, 반민중적인 역사관을 정당화하는 방식으로 환호한 것은 아닐까?

둘째는 민족주의는 더 이상 진보를 '담보'하는 담론은 아니라는 점이다. 그렇다면 무엇이 이를 대체할 것인가? 예를 들어 보자. 이광수를 복권해야 하느냐고 물으면 어느 누구도 그렇다고 말 못할 것이다. 하지만 놀랍게도 이 책에서는 복권이 되어 있다. 왜 그럴까? 그것은 이광수를 비판한 기론의 논리가 민족주의에 기초했기 때문이다. 요컨대 이광수를 민족주의로 비판(반민족주의자)한 상태에서 이광수가 민족주의자인 것이 논증되면 이광수는 자연 복권되는 것이다. 그러나 우리의 마음에서 직관적으로 이광수는 복권될 수 없다는 것을 안다. 따라서 우리의 진정한 마음에 있는 목소리는 민족주의가 아니지 않을까? 지식인으로서가 아니라 민중의 일원으로서는 이 마음의 목소리가 도대체 무엇일까를 자문해 봐야 할 것이다. 이미 많은 논의에서 이광수는 반민족주의자로 비판할 것이 아니라 전범으로 비판해야 한다는 주장이 되어 왔다. 전범은 인류성의 이름으로 심판하는 범죄행위다. 민족주의가 아니라 인류성과 민주주의가 우리의 마음 속에 있는 것이 아닌가? 그래야 우리 사회에서 근대 계몽주의의 밝은 면을 더 진화시켜 나갈 수 있지 않을까? 이런 점에서는 신우파에 대응하는 신좌파는 이미 존재한다. 광범위한 의미에서의 진보는 인류성과 민주주의, 다수 대중의 삶의 기반에 대한 인식에 기초하고 있다.[24]

24 이는 구체적 상으로서의 진보이념 모두를 규정하지는 못한다. 이념과 이데올로기는 사회를 진보적으로 바라보는 방법이며, 진보를 달성하는 전략과 정책에 대한 것이므로 목표는 공유하나 수단에서 달라질 수도 있고, 마음은 공유하나 이성에서 달라질 수도 있는 것이다. 여기서 다수의 진보이념을 인정하고 연합할 필요가 제기된다.

3. 사회구성체 논쟁: 민족경제론

1절 맥락: 민족경제론 내의 민족주의

2장에서는 신우파의 민족주의 비판이 가진 보수적 국가주의와 반동적 낭만주의를 살펴보았다. 결론은 신우파의 민족주의 비판 역시 민족주의에서 벗어나지 못하였고 탈근대주의 역시 자본주의를 비판하지 못하는 사이비 탈근대주의에 불과했다는 것이다. 3장에서는 저항적 민족주의의 경제학이라 할 수 있는 민족경제론의 민족주의 문제에 좀 더 집중하여 살펴보고자 한다. 사실상 저항적 민족주의는 2장에서 살펴본 신우파의 민족주의 비판에서의 주요 타겟이었다. 하지만 신우파의 민족주의 비판은 우익 민족주의로 좌익 민족주의를 비판하는 오도된 비판에 불과했다.

저항적 민족주의 자체의 문제점은 신우파의 관점에서가 아니라 새롭게 조명될 필요가 있다. 저항적 민족주의의 내재적 비판은 이미 사회학(임지현, 1999), 역사학(윤해동, 2003), 정치학(김보현, 2006)에서 탈근대주의의 문제틀 속에서 많이 논의되었다. 경제학에서도 종속문제와 관련하여 민족경제론을 비판한 논의(양우진, 1996)가 있었지만 그러한 문제제기의 이론적 실천적 함의가 지속적으로 발전되지 못하였다. 그러나 경제학계에서도 인접 학문분과에서 발견되는 탈근대주의적 논의가 진행된 바 있는데 이를테면 1990년대 진행된 시민사회와 그람시에 대한 논의가 그 대표적인 사례라고 할 수 있다.[25]

그러나 민족경제론은 매우 다양한 지류를 내포하고 있다. 더욱이 앞에서 지적하였듯이 민족경제론은 단순히 학문적 영역의 논의에서 끝난 것이 아니라 이론의 발전과정에서 사회운동과 결합하는 시기를 가지는데(이른바 1980년대의 사회구성체 논쟁) 이 과정의 분석은 민족경제론의 실천적 함의(그리하여 그 실천적 편향성)를 밝히는데 도움이 될 것이다.

2절은 포괄적인 의미에서의 민족경제론의 외연을 비판적 한국경제학계가 공유했던 정서로서 정의하고 그 정서를 지배했던 민족주의를 비판한다. 3절은 학계에 머물렀던 민족경제론이 사회운동과 결합했던 1980년대의 사회구성체 논쟁을 검토하여 민족경제론에 내재한 모순과 복잡성을 살펴본다. 이러한 검토를 통해 필자는 민족경제론의 많은 논의들이 민족주의 문제설정에서 벗어나지 못하였지만, 이 논쟁 속에 새로운 진보적 요소가 숨어 있다고 주장할 것이다.

25 이에 대해서는 본 서의 제6장, 2절을 참조하라.

2절 민족경제론의 민족주의에 대한 비판

민족경제론을 어떻게 정의할 것인가는 논란이 될 수 밖에 없다. 민족경제론을 고전적 형태로 고수하고 있는 정건화(2003)는 1) 가장 넓게는 자립경제를 지향하는 비판경제학의 흐름(조석곤, 2001)부터 2) 좀 더 좁혀 민중적 민족주의, 급진적 민족주의를 지향하는 비판적 경제학(박순성 · 김균, 2001), 3) 아주 엄밀하게는 박현채의 민족경제론(이병천, 2001; 장상환, 2001)을 민족경제론의 정의로 이해하는 동심원적 정의를 제시하였다. 이러한 이해에서 민족경제론자라 함은 박현채의 입론을 중심으로 박현채의 입론에 충실한 추종자와 비판적 추종자, 비판가들로 구성되는 한국에서 (한국)경제학을 하는 경제학자들의 대부분을 포괄한다고 볼 수 있을 것이다. 뒤에서 살펴보겠지만 필자는 박현채의 민족경제론이 민족경제론에 핵심이라는 정건화(2003)의 주장을 상당부분 받아들인다. 다만 민족경제론을 박현채의 민족경제론으로 규정하고 논의한 정건화(2003)와 달리, 가장 넓은 의미에서의 비판적 한국경제론을 민족경제론으로 지칭하고, 박현채의 민족경제론은 '박현채의 민족경제론'으로 구분하고자 한다.

그 이유는 다음과 같다. 우선 박현채의 민족경제론은, 뒤에서 살펴볼 것이지만, 계급문제를 중심에 부각시키고 있다는 점에서 민족주의 경제학 이론으로 단순히 치부할 수 없다. 이럴 경우 이론적 정합성이 계속 문제되겠지만, 최소한 지향에서는 민족주의의 내재적 비판이라고 할 요소들이 계속 발견된다.

두 번째로, 이 세 가지 이해 모두 민족주의를 공개적으로 천명한다는 점에서 공통점이 있다. 한국에서 진보적인 한국경제학계는 나름대로 구별되면서도 박현채의 민족경제론에 큰 영향을 받은 일정한 방법론을 공유하고 있는데 현재적 관점에서 볼 때 민족경제론의 이러한 사고방법이 더 문제라고 보여지기 때문이다.

이 글의 분석에는 박현채의 민족경제론이 주요한 논의 소재이긴 하나, 이를 통해 한국에서의 비판적 정치경제학자들의 민족주의적 관념을 읽어 내고 비판하고자 하는 것이다. 그런데 민족경제론은, 우리가 아직도 민족주의를 필요로 한다는 점에 대해서 두 가지의 논리를 제시하고 있다. 하나는 오늘날 현 시점에도 민족 문제는 여전히 남아있으므로 민족경제론의 민족주의는 유효하다는 주장이고, 두 번째는 민족경제론이 계급적 관점의 경제정책 대안이자 구체화로서 민중의 생활상의 요구를 반영했다는 관점이다.

첫 번째 논점부터 살펴보자. 민족경제론의 의의는 민족주의의 경제학적 토착화 모델이다. "그 토착담론은 당시 한국사회에서 대중적으로나 지식인 사회에서 강력하게 제기되던 민족주의적 열망을 수렴한 것"(정건화, 2003, 427쪽) 또는 "사회과학 분야에서 한국민족주의를 위한 이론·사상체계"로서의 민족경제론(박순성·김균, 2001, 86쪽)이라는 평가가 그렇다. 그리하여 수출지향적 국가주도형 발전모델인 박정희 모델에 대한 대항담론으로서 자립경제 형성을 위한 민족경제론이라는 것이다.

여기서는 민족경제론이 완전히 민족주의 모델로서 인식되고 민족주의라는 관념으로 박정희 모델을 비판하고 있다. 이런 평가가 민족경제론의 주류적인 접근인 것은 틀림없다. 그런데 만약 박정희 모델 역시 민족주의적이었고, 전략의 차이일 뿐 목적이 같았다면 어떻게 될까? 이점에 대해서는 김보현(2006)의 『박정희 정권기의 경제개발』이 일정한 시사점을 준다. 김보현은 박정희 시대에 대한 평가를, 주류적인 근대화론을 제외하고 다음과 같이 네 개의 견해로 분류한다.

1. 비판적 평가 A: 진보적 민족-자유주의
2. 비판적 평가 B: 1990년대 이후 자립화경향, 대중독재론자
3. 긍정적 평가: 발전국가론
4. 절충적 평가: 국민경제수립의 성공을 성취로, 그리고 냉전주의, 국가주의, 재벌 등을 부정적 유산으로 분리하여 후자를 비판.

이중 첫번째 경향이 민족경제론의 경향이라 할 수 있는데, 이에 대해 김보현은 반민족적, 외세의존적, 종속적 발전이라는 진보적 민족주의의 박정희 시대에 대한 평가를 비판하면서, 보다 넓게는 진보적 민족주의의 민족주의 그 자체를 비판한다. 그에 의하면 진보적 민족주의의 민족주의란 위로부터 구성된 형태로서, 비도구성(민족주의 자체가 선한 목적),

탈냉전주의(냉전주의는 민족주의가 아니다), 비국가주의(국가주의와 민족주의는 양립할 수 없다), 내향적 공업화(국내의 분업연관, 균형발전)를 구성요소로 한다.[26] 이렇게 규정된 민족주의는 민족주의의 한 형태일 뿐, 현실 민족주의의 다양성을 전혀 반영하지 못하고 있다. 그러나 실상 이데올로기로서 민족주의는 복수의 프로젝트로서 하나의 민족주의가 다른 민족주의를 가짜로 규정하고, 착한 민족주의와 나쁜 민족주의를 구분하여 서로 대결하는 것이다. 그럼에도 불구하고 이들이 모두 민족주의적이라고 할 수 있는 것은 민족주의 담론의 생산, 유포라는 공통성을 가지기 때문이다. 결과적으로 민족주의 이론들은 민족이라는 단위를 최우선화하도록 규범화함으로써 사회, 정치적 억압성을 가진다는 것이다.

이광일(1998)은 박정희 체제의 본질에 관한 비판적 이론의 논점을 일별하면서 박정희 체제를 반민족적 정권으로 규정하는 비판인문사회과학의 '정통적'입장과 이를 비판하면서 오히려 박정희 체제를 4 · 19의 시대정신을 수용한 민족민주정권(박동철, 1992)이라는 규정을 소개하고[27] 이 두 입장 모두 민족주의냐, 반민족주의라는 틀로서 박정희 체제를 평가하는 한계를 가지고 있다고 비판한다. 이광일은 박정희 체제의 초기는 4 · 19의 민족주의 요구를 계승했다는 점을 부정하지 않는다.

---

26 이에 대한 탈근대주의의 비판은 다음과 같다. 첫째, 민족주의는 사회운동 내에서 사회주의와 경쟁하는 부르주아의 대중동원 이념이었다. 둘째, 민족주의는 소비에트 민족주의에서 보이듯이 종종 냉전의 수단이 되었다. 셋째, 민족주의는 중심부와 제3세계에서 국가주의로 전화되었다. 넷째, 내향적 공업화는 1945년과 1960년대 말까지만 사실이었고 이후 세계화 과정에서 불가능하게 되었다. 다시 말해서 역사적으로 관찰한 민족주의는 진보적일 수도 있고 보수적일 수도 있다.

27 이는 근대화론과는 구분된다.

다만 한일협상을 계기로 '민족적 민주주의'를 최종 포기하였다는 점을 강조한다. 이후 박정희의 민족주의는 쇼비니즘적 국가주의로 변질되었다는 것이다(이광일, 1998, 278쪽). 그러나 이는 민족주의를 어떻게 이해할 것인가와 연관된다. 비록 박정희 체제가 민주주의를 부정하였다 하더라도 민족주의 요소를 포기하지 않았다고 볼 수 있고 그 결과 민족적 독재정권으로 규정한다 하더라도 민족주의는 여전히 남는다. 요컨대 민족주의와 민주주의가 항상 결합되어야 할 필연적 이유가 없는 것이다.

박정희 체제의 지배이데올로기를 반민족주의로 단정하고, 대항이데올로기를 민족주의로 규정하는 경향은 멀리는 식민지 시대 근대화 논쟁으로 이어진다. 식민지 근대화론에 맞선 수탈론이 그것으로 이 역시 민족주의라는 틀을 벗어나지 못하였다는 것이다(배성준, 2000). 이런 점을 고려할 때, 박현채의 입론이 민족경제론 전반의 고유의 문제설정에서 벗어나지 못하였다는 증거는 자립경제론에 있다. 민족경제론의 민족주의가 경제정책으로 구체화된 형태가 자립경제론인데, "민족경제론은 왜 자립경제론에 집착한 것인가? 그에 대한 해답 역시 민족경제론의 '민족주의 문제'에 닿아있다."(정건화, 2003, 434쪽). 하지만 이에 대해, 민족경제론의 지지자들은 식민지, 종속국에서 민족주의적 문제의식의 과잉(배성준, 2000)을 인정하더라도, 종속은 문제 아닌가라는 반론을 편다. 하지만 종속, 지배라는 문제 틀 자체가 민족국가를 공동체적 단위로 간주할 때 발생하는 것으로서 민족 대 민족의 지배 문제로 파악하는 경향을 탈피할 수 없게 만든다.

이에 대해 민족경제론을 지지하는 입장에서, 여전히 민족 이슈가 중요하다는 견해가 있다. 이 견해는 '민족경제'를 초역사적으로 설정하고('체제 관통적인 즉 특정한 생산양식과 분리된 민족경제', 타키자와 히데키, 1995, 79-80쪽, 정건화, 2003, 451쪽 재인용), 민족과제가 현실적인 과제라는 증거로서 통일 문제를 제시한다. 우리나라 상황에서는 민족주의 입장에서 볼 때, 통일이 종속 외에 남아있는 민족문제인 것은 분명하다. 그러나 한국경제의 정세적 과제인 통일과 연관된 민족경제론, 또 이를 구체화한 개념으로서 민족경제 개념은 현재 『한반도경제론』(이일영, 2002)으로 이어진다. 시장교란 요인의 제거와 내수시장 확대라는 이중의 효과를 거둘 수 있다는 관점에서 남북한을 아우르는 한반도경제권을 추구하자는 주장은 통일이라는 민족문제가 진화하고 있는 현재적 양상을 잘 보여주고 있다.

이제 두 번째 문제로 넘어가보자. 박현채의 민족경제론에 대하여 이병천(2001)은 '민족문제를 정치경제학의 이론체계 속에 통합시킴으로써 식민지 종속형 한국경제의 문제를 민중적 민족주의라는 역사적 과제의 실현이라는 관점에서 설명하고 그 해법을 제시하려 한 이론체계'라고 해설하고 있다. 이는 마르크스 경제학의 한국경제에 대한 적용이라는 해석이다. 왜냐하면 '민족주의는 여전히 자유와 평등을 실현할 필연적인 중간항'(이병천, 2001, 67쪽)이기 때문이다. 또한 "민중적 이해와 민족적 이해를 접목시키는 이 논리는 그람시적 의미에서 민족적-민중적인 역사적 블록의 형성론을 이끌어낼 수 있는 경제적 토대이론이 될 법하다.”(이병천, 2001, 62쪽). 그러나 마르크스주의 이론의 구체화로서의 민족경제론이라는 해석은 그 구체화의 단위가 민족, 국민이어야 할 이유가 무엇인가라는 문제를 제기한다. 한편 유사한 관점에서 류동민(2001)은 민족적 생활양식 개념은 ‘계급적 문제가 민족적 차원의 문제로 나타나는 현실의 모순을 포착하기 위해’ 설정한 것이라고 해석한다. 이는 민중의 삶의 조건이 지역성(locality)에 의존한다는 현실을 지시한 것으로서 이런 한에서는 사회운동이 민족운동 또는 민족주의를 회피할 수는 없을 것이다. 하지만 민족 문제에 직면한다는 것과 해결의 대안을 민족으로 개념화하는 것은 다른 문제가 아닐까? 왜 민중의 삶의 조건을 ‘민족적 생활양식’이라고 표현해야 할 것인가? 오히려 민중의 삶의 조건이 처한 지역성 문제로서 파악해야 할 것인데, 이런 점에서 볼 때 ‘계급문제를 이해하는 물질적 기반으로서’ 민족 또는 민족적 생활양식이라는 해석은 과도한 해석이거나, 현재적 관점에서는 포기해야 하는 용어가 될 수도 있다.

민족경제론이 마르크스로 대표되는 사회주의 이론의 구체화가 되기 위해서는 이론 내의 모순 · 불일치 · 난점을 어느 정도는 인정해야 할 것이다. 하지만 그러한 이론적 곤란함이 극대화한 사례로 초기에는 식민지사회구성체론, 주변부자본주의론으로, 후기에는 식민지근대화론, 중진자본주의론 등으로 나타나는 안병직(2002), 이대근(1985)을 들 수 있다. 이 이론은 박현채의 민족경제론과 일정한 맥을 같이 하고 있다. 그런데 현재는 2장에서 살펴본 바와 같이 민족주의를 비판하고 세계화에 영합하고 있으나 사실상 팽창적 민족주의, 즉 우익 민족주의로 전환되었다고 봐야 할 것이다.

> "중진자본주의론은 일제 식민지 시기 자본주의화 연구에서도 '국민경제보다 기초적인 범주인 본원적 축적 개념을 분석도구로 할 것을 제기'하면서 자본과 임노동자의 형성을 중심으로 자본주의화 과정을 파악하고 있다. 그러나 이들 연구에서 자본-임노동 관계의 계급모순 구조는 자본주의적 분업관계 형성에 대한 강조만큼 연구의 중심에 서 있지 않다."(신용옥, 1998, 249쪽).

신용옥은 민족경제론과 중진자본주의론의 공통점을 자본주의 발전의 긍정에서, 그 차이점을 지향점이 궁극적으로 다른 것에서 찾고 있다(신용옥, 1998, 253쪽). 즉 전자는 노동자의 당파성을 후자는 부르주아의 당파성을 지향한다는 것이다.

이에 의하면 박현채의 민족경제론은 사회구성체논쟁의 개입과정에서 기본인식은 국가독점자본주의를 받아들여 자본주의 발전을 인정하면서도 (이런 점에서 식민지반봉건사회론과 주변부자본주의론에 대한 비판은 일관되어 있다) 여전히 민족적 과제(통일) 및 재생산구조에서 분업관계가 결여 등을 이유로 하여 한국사회의 성격을 종속적 식민지 경제로 규정하고, 그 역사적 목표로서 반제반독점(반봉건)민주주의 변혁이라는 명제를 제시하게 된다.

그러면 국가독점자본주의 규정은 이러한 민주주의변혁의 주체를 획정하는 의미를 가진다. 하지만 여기서 피지배계급으로서의 민중은 노동자 · 농민 · 도시빈민을 기본으로 하여 쁘띠부르주아지, 중소자본, 민족자본으로서의 거대 독점자본까지를 포괄해서 설정하여 매판적 정치세력 및 매판자본과 대립하게 된다. 이것이 민족경제론에 내재한 '봉건파'적 편향이라고 불리는 것이다(윤소영, 1994).

이병천(2005)은 중진자본주의론이 후발화의 이점에 주목하고 산업화와 자립적 국민경제 달성에 성공할 수 있다는 점을 인식한 것에 그 의의를 두면서도 한국자본주의가 자립화 경향에도 불구하고 양극화와 불평등 심화경향이 있음을 간과하였으며, 결국 신자유주의(시장자유주의, 워싱턴컨센서스)와 동일한 논리라고 비판하였다. 왜냐하면 박정희 체제의 성공은 탈민족주의에 의해서가 아니라 민족적 동원에 의한 것이기 때문이라는 것이다(이병천, 2005, 77쪽). 그렇다면 양극화와 불평등이 어디에서 유래하였는가? 종속이 아니라 자본주의 그 자체에서 찾아야 하는 것이 아닌가? 박현채의 민족경제론이 민족주의와 계급성이라는 두 개의 이질적 요소를 접합시키고 있고 그 접합 자체가 이론의 약점이라고 볼 수는 없다. 하지만 내부의 민족주의적 관점이 식민지성, 신식민지성, 종속성에 대한 이론적 강조를 낳았고 종속이라는 이론과 자립화라는 현실 속에서 중진자본주의론은 신자유주의로 투항한 것이 아닐까?

결국 민족경제론에서의 민족주의는 종속의 문제설정에서 자유로울 수 없다. 민족경제론은 이 점을 아주 명시적으로 드러낸다. "민족경제론 자체가 학문에서 민족주의를 위한 실천이었다. 박현채는 경제학에서 선진자본주의 국가의 지배력을 분명하게 표현해 두었다"(박순성 · 김균, 2001, 101쪽) 이는 박현채의 다음 인용의 해석이다.

> "한 시대의 경제이론 또는 경제사상의 형성에 있어서 세계경제의 주도적 국가의 역할은 중요한 의미를 지니고 있다."(박현채 편저, 1982, 368쪽)

주도적 국가(열강)의 역할과 주도적 국가의 지배력(종속)은 구별될 수 있다. 이는 종속적 자본주의 발전이라는 이론적 과제 속에 이미 드러나 있다. 종속에도 불구하고 발전되는 자본주의를 규명해야 한다는 문제의식이 그것이다. 여기에서 종속은 자본주의 발전을 저해한다는 인식이 불식된다. 만약 종속이 자본주의 발전을 저해하지 않는다면, 우리는 자본주의 자체에 대해서만 질문하면 될 것이다. 문제는 현상 속에 나타나는 양극화, 궁핍화를 종속의 결과(周邊化)로 이해하는 것이다. 이것이 민족주의의 '이론적 효과'인 것이며, 모순의 원인이 국가적 지배 · 종속의 문제로 환원된다.

민족주의가 좌파의 전유물이 아니라는 점은 민족주의에 관한 많은 연구의 결과다. 민족주의는 정확히는 근대적 국민(주체) 형성의 도구이자 이데올로기인데, 식민지 사회에서 민족주의가 진보적이었던 것은 식민지에서는 자본주의 형성과 근대적 주체가 형성되지 못하였기 때문이다. 여기서 역사적 주체는 구성된 것이다. 따라서 민족은 '상상된 공동체'(Anderson, 1991)인데 민족주의는 자본주의와 시장의 등장으로 인해 분리되고 찢어진 사회를 재통합하고 이를 가능케 하는 단위(공동체)를 인위적으로 창출한 결과이다.

겔너에 의하면 식민지국가의 민족주의는 제국주의의 민족주의와 투쟁하면서 반제민족주의로 출현하였다. 하지만 근대화라는 측면에서 그 과제는 동일하다. 또한 민족주의 기능으로서 민중의 동원이라는 메카니즘도 동일하다. 식민지 시기에는 지식인 또는 부르주아지와 무산자는 동일한 이해관계를 가지지만, 독립 이후 근대화와 민주화가 괴리되기 시작할 때 민족주의는 보수화된다(Gellner, 1964; 백낙청 편, 1981, 154쪽).

이렇게 형성된 근대국가는 선진국과 제3세계를 막론하고 자본주의=국민(민족)=국가 (Capitalist Nation State)다. 자본의 자유로운 축적이 자본주의의 핵심이라면 이 자본주의가 야기하는 사회적 불평등과 적대(계급적대)는 상상적 공동체인 민족(국민)의 이름으로 통합하고, 이것도 부족할 때는 국가의 이름으로 재분배를 통해 해소한 것이다. 앤더슨에 의하면 종교 이후 종교의 역할을 대신한 것이 민족개념이다. 그리고 앤더슨은 민족과 국가의 결혼이 바로 국민국가(Nation State)라고 한다. 하지만 가라타니 고진(柄谷行人)은 민족과 국가의 결혼 이전에 국가와 자본의 결혼이 선행했다고 한다. 봉건시대에 상호 분리되어 있었던 이 세 요소는 절대주의 국가가 상인자본과 결탁하여 봉건영주를 타파함으로써 국가와 자본의 최초의 접합이 일어났고, 이로 인한 농업공동체의 해체에 따른 공공성과 호혜의 결여는 민족 개념에 의해 상상적으로 복원되었다는 것이다(가라타니 고진, 2001, 462-463쪽).

가라타니 고진에 의하면 사회주의 운동이 격렬할 때 자본주의=국민(민족)=국가라는 근대국가가 형성된 곳에서는 파시즘에 의한 민족주의의 호소가 발흥하였고(이탈리아의 예), 근대국가가 형성되지 못한 곳에서는 사회주의 혁명이 민족주의를 이용하였다(러시아 및 민족해방혁명을 수행한 제3세계의 예). 사회주의 혁명은 민족주의와 결합하여 현실화했지만, 이미 자본주의 국민국가가 형성된 나라에서 이 국가에 대항하는 전략이 어떤 형태여야 할지는 답이 주어지지 않았다는 것이다(가라타니 고진, 2001, 467-468쪽). 이러한 근대국가에서는 자본에 대한 대항이 민족과 국가에 대한 동시적 대항이지 않으면 그 혁명은 필연적으로 실패한다.

3절 박현채의 민족경제론과 '사회성격논쟁'

이제 박현채의 민족경제론이 가진 마르크스적 요소(사회주의)와 민족주의적 요소간의 접합과 긴장에 대해서 좀 더 살펴보기로 하자. 이

긴장은 1980년대 중후반부에 시작하여 80년대 말에 종결된 '사회성격논쟁' 또는 '사회구성체논쟁'에서 분명하게 드러난다. 단순하게 말하면 이 논쟁에서는 박현채의 민족경제론에서 접합된 민족주의 요소와 계급주의 요소가 개별화되어 튀어나오거나, 이종접합들을 양산해 냈다.

박순성 · 김균(2001)은 박현채 민족경제론을 1980년대 중반을 기준으로 크게 두 단계로 나누어 전 단계를 민중적 민족주의에 기반한 '민족경제론I'이라고 부르고, 그 핵심을 자립경제론으로 해석했다. 여기서는 경제적 민족주의의 실현, 국민 일반의 생존권 및 생활권의 보장 이라는 목표를 제시하였지만, 민족주의라는 점에서는 김일성 노선이나 박정희 노선과 큰 차이를 보이지 않는다.

> "박현채 노선이 분명 박정희 노선과 김일성 노선에 대해 차이를 보여주고 있음에도 불구하고, 그들이 공유하고 있는 국가의 경제에 대한 개입, 계획의 적극적 활용, 중공업우선발전전략의 중시, 그리고 민족주의의 강조는 그들이 식민지 지배를 벗어난 후진국의 문제점과 가능한 발전전략의 기본성격에 대해 동일한 인식을 갖고 있었음을 보여준다."(박순성 · 김균, 2001, 94쪽)

그러나 1980년의 광주민주항생을 겪으면서 박현채는 종속적 근대화를 대체할 자립적 민족경제 건설의 가능성을 단순히 모색하는 것을 넘어선다(박순성 · 김균, 2001, 94쪽). 그리하여 복권된 마르크스주의와 민족주의의 접합이 시도되며 이것이 국가독점자본주의론과 결합한 민족경제론(민족경제론II)으로 나타났다. 즉 민족경제론I의 이론적 한계인 일국주의 관점, 변혁전망의 부재를 타파하는 방법으로 마르크스주의 방법론과, 그 구체적 논리로서의 국가독점자본주의론의 도입이다.

여기서 민족경제론I이 가진 자기 한계란 민족경제론I이 근대화론(우파 민족주의)에 대항한 즉자적 결과로서 종속과 발전의 한계 테제를 고수하는 것으로는 근대화론으로 대표되는 우파 민족주의를 극복하는 새로운 전망을 구할 수가 없었다는 점이다. 즉 민족경제론I 자체가 식민지반봉건사회론과 근대화론에 대한 동시 비판이지만, '종속적 자본주의 발전'의 논리를 세우기는 쉽지 않다는 점이 문제이다. 민중적 민족주의의 귀결점이 무엇이며, 이를 어떻게 구체화할 것인가? 또 식민지 반봉건론으로부터 유도되는 정치적 결론인 반제반봉건혁명론과 어떻게 구별 정립할 것인가?

이를 위해서 박현채는 민족경제와 국민경제를 구분 하였다. 국민경제는 국경적 구분으로 민족경제는 '민족공동체의 물적 기초로서, 민족적 생활양식 위에 서는' 생활적 구분으로 제시하였지만 이 두 개의 용어, 특히 그 중에서 국민경제와 구분되는 민족경제 개념은 용어의 사용법과 번지를 잘 못 찾은 것이다. 일단 영어로 번역할 때, ethnic, national 어느 것으로 할 것인가? 당위로서의 민족경제는 궁극적으로 '국내적으로 완결된 자율적 재생산구조'라는 구호로 귀결되고 만다. 여기서 민족경제 개념의 적실성에 대한 비판이 제기된다. 결국 민족경제 개념은 '이론적 방법이며, 특정한 모습을 가진 실체가 아니다'(타끼자와 히테끼, 1995, 80쪽)라거나, 칸트적 개념이라는 해석까지 나오게 된다. 여기서 박현채가 말하는 민족경제, 민족적 생활양식을 모두 민중적 생활양식으로 번역할 때 국민경제(민족경제, national economy)와 확실히 구분지울 수 있다. 국민경제(민족경제)를 비판함으로써만, 지역사회에 뿌리 박은 민중적 생활양식이라는 개념을 복원할 수 있는 것이다.

박현채는 "(식민지종속형적) 자본제화 과정에 있어서 민족공동체 안에서의 계급적 모순은 더욱 첨예하고 계급적 모순에 대하여 민족적 모순이 중첩됨으로써 그 적대성을 더욱 심화시키게 된다"(박현채, 1989, 60쪽)고 하여 계급모순을 더욱 강조하지만, 계급적대에 의해 찢겨진 민족공동체가 과연 공동체일 수 있는가라는 질문은 하지 못했다. 그런데 박현채는 이 질문 대신 민족경제와 국민경제를 구분함으로써 이 난점을 탈출하려 했던 것으로 보인다. 그러나 이 개념 구분이 "근대화론과 식민지론의 단순한 절충을 벗어날 수 있는 이론적 계기를 확보"하게 되는가는 의심스럽다.

이 난점에서 박현채는 당시의 정통이론인 국가독점자본주의론의 형태로 마르크스주의를 명시적으로 도입하여 좌파민족주의의 정치이론으로서 식민지반봉건사회론과 우파민족주의의 정치이론으로서 박정희의 근대화론을 동시적 비판하는 방법론을 구축하게 된다. 국가독점자본주의론을 도입한 민족경제론II는 다음의 구성을 갖는다.

① 역사발전의 부차적 발전동인으로서의 민족적 생활양식

② 민족자본론

③ 자립경제론

④ 민족주의론

⑤ 민중론

⑥ 국가자본주의와 경제계획론

⑦ 사회구성체와 발전단계론

여기서 ①~⑤는 민족경제론I, ⑤~⑦은 민족경제론II의 새로운 도입이라고 해석가능하다. 여기서 ⑤민중 개념이 민중적 민족주의론에서 사회주의로의 이행 경계점인 것은 민중 개념의 이중성과 관련된다. 박현채는 민중 개념을 정치적 피통치집단이자, 생산자이며 피지배집단으로서 한 사회의 정치적·경제적 힘을 생산하지만, 경제발전이나 성장으로부터 소외되어 빈곤에 시달리는 사회집단으로 규정한다. 이는 계급개념이 아니며, 다양한 계급의 통칭이다. 하지만 민중(people)은 사회운동의 기원이 된다. 또한 민중은 민족주의의 동원 대상으로 등장하는데, 이는 민족주의 역시 하나의 반체제운동이기 때문이다. '민중적인 것이 바로 민족적'이라는 민중민족주의는 민족경제의 형성은 민중 외의 세력이 할 수 없다는 점에 근거하고 있고, 민중 외의 세력(지배세력, 부르주아지나 지주)은 민족경제에 질곡으로 작용할 것이라는 전망을 가진다. 결국 종속심화가 무엇을 귀결하느냐에 대한 전망과 관련된다. 그런데 여기서 모든 진보적 요소가 민족으로 종합되고 있기 때문에 민족주의가 우파의 전유물이 되는 순간, 진보성을 유지할 수 없게 된다(예: 중진자본주의론).

국가독점자본주의론은 이러한 맥락에서 민중의 구성을 분명히 하고, 민중 중에서 주도세력(노동자계급)을 명확히 하는 장점을 가지고 있다. 즉 민중 내에 계급론을 도입하는 것이다. 이것이 민족경제론 내 이론적 긴장을 야기하고 사회구성체 논쟁을 촉발했다. 물론 이것은 국가독점자본주의론의 문제점을 무시하자는 주장은 아니다. 국가독점자본주의론 역시 오늘날의 관점에서는 소비에트민족주의의 영향 속에서 해석되거나, 서구의 민족중심주의적 관점에서 도출된 것으로 해석될 수 있다. 다만 여기서 지적하고 싶은 것은 박현채 민족경제론I의 난점을 치유하는 1980년대적 형태로서의 국가독점자본주의론이다.

박순성 · 김균은 이것이 약점이라고 해석하고 있으나, 어떤 면에서는 민족경제론의 발전(민족경제론의 해체)이다. 만약 국가독점자본주의론을 통한 민족주의의 탈출이 이론적 후퇴라면 민중적 민족주의관은 과연 여전히 유의미한 것일까? 민중적 민족주의는 좌파민족주의의 이념적 지향이며 오늘날에도 유의미하다고 주장되고 있다. 그 유의미성의 근거는 다음과 같다.

①진정한 민족해방의 실현에 의한 자주독립, ②민주주의 실현, ③분단상황의 극복(박현채, 1983, 60쪽).

이 세 가지 목표가 민중적 민족주의 이념의 뿌리이자 현실 근거인 것이다. 그런데 ①은 종속심화론을 통해 논증하고자 하였으나 현실적으로 점차 부정되고 있는 중이다. 여기서 종속이라는 현상이 문제가 아니다. 오히려 종속으로 인한 질곡이 증명되어야 한다. 현재는 한국자본주의의 질곡으로 표현되는 양극화가 외적 조건(종속)에서가 아니라 내적 조건에서 확대재생산되고 있는 점이 주목되어야 한다. 내적 조건이라 함은 여기서 일국적이라는 뜻이 아니라, 세계적 규정성이 내부화되었다는 뜻이다.

② 두 번째 민주주의 실현을 보자. 1989년 민주화투쟁 이래 형식적 민주주의는 확산되고 있다. 선거주의(electoralism)가 확립되고, 반체제적인 혁신적 노동운동이 의회주의 내에 포함되었다. 그러나 사회성을 핵심으로 하는 실질적 민주주의의 완성에서는 실패하였는데, 이는 계급성과 관련되지, 민족성과 관련되지는 않는다.

③ 세 번째 통일만이 유일하게 미해결된 과제이다. 이것도 만약 남한 부르주아지의 선도적 역할에 의해 수행된다면 민중적 민족주의의 근거는 없어지게 되는 셈이다. 뿐만 아니라 통일은 북한 민중의 삶의 질곡을 해소하지 못할 것이며, 이른바 한반도경제권의 구축으로 인한 한국자본주의의 질적 도약의 계기가 되는 것에 불과할 것이다.

"남한만의 근대화, 남한중심의 자립화로 인해 경제성장과 통일의 괴리를 크게 하고, 역설적으로 민족경제론이 여전히 유효할 수 밖에 없는 근거를 제공"(조석곤, 2002, 18쪽)한다는 민족경제론의 입장은 결국 새로운 민족경제론, 진보적 민족주의의 구체화로서의 '한반도경제론'(이일영, 2002)으로 귀결할 것이며, 이 때 진보적 민족경제론은 이론적 목표를 상실하게 될 것이다.

그러나 민족경제론II를 박현채 민족경제론이 민족주의에서 탈피하려는 노력으로 파악해보자. 그러면 사회구성체 논쟁이 왜 그렇게 난맥상을 보였는지를 이해할 수 있다. 난맥상의 단적인 예는 다음과 같다.

> "국가독점자본주의론에 의한 주변부자본주의 비판은 이해하기 어려운 점이 있다. 왜냐하면 종속이론 및 주변부자본주의론은 종속성에 대해 민족경제론과 유사한 인식을 하고 있었기 때문이다."(이병천, 2005, 74쪽)

여기서는 사회구성체 논쟁이 수입정통(국가독점자본주의론) 대 토착정통(식민지반봉건사회론)의 대립으로 이해된다. 하지만 사회구성체 논쟁의 시발로 알려진, 『창작과 비평』의 박현채(1985) 논문인 「한국사회의 성격과 발전단계에 관한 연구(Ⅰ)」를 검토해보면, 그의 논의는 결국 주변부자본주의론의 종속 문제 의식을 인정하나 종속성을 자본주의의 일반규정(노동과 자본의 계급대립)에 버금가는 새로운 규정으로 이해하려는 시도를 비판하고 있다.

> "전체적으로 주변부자본주의의 구조나 주변부 사회구성체에 대한 이러한 논의는 그것이 더욱 정밀화된다 할지라도 우리가 흔히 말하는 '사회적으로 생산된 경제잉여의 일상적 누출 메카니즘의 정착화로서의 식민지 경제구조' 그 이상은 아니니다. 그리고 이것은 굳이 사회구성체라고 성격지을 만한 조건을 지니고 있지 않다...사회구성체는 한 사회의 경제적 기초인 일정한 생산양식

이 자기에게 알맞은 상부구조를 가질 때 지배적인 생산양식에 따라 사회구성체 또는 경제구성체로 된다."(박현채, 1985, 208쪽)

또한 식민지반봉건사회론에 대해서도 마찬가지다. 비판이 되고 있는 식민지반봉건사회구성체론은 주변부자본주의론의 전사로 위치지워진다.[28] 가지무라(梶村秀樹)는 국제분업의 3단계(경공업-농업, 중공업-경공업, 기술 · 지식집약산업-기타의 세 단계)에 따른 중심국과 주변국의 분화에 조응시켰기 때문에, 식민지반봉건사회구성체가 자본주의가 아닌 새로운 사회구성체라는 인식을 비판하게 된다. 박현채는 식민지조선이 1918년 토지조사사업~1924년 임야조사사업 이후로 자본주의로 전화했다고 주장했는데(박현채, 1985, 218쪽), 이는 총독부를 통해 규정되는 본국 자본주의(일본)의 이식형태로서의 식민지자본주의적 생산관계라는 이해다.

요컨대 박현채에 따르면, 식민지사회는 기본적으로 자본주의이나, 식민지반봉건적 규정이 있기 때문에 노동자계급이 중심이 되어 반제반봉건 민족혁명을 해야 한다는 실천명제를 낳게 된다. 박현채의 민족경제론II는 완전한 의미에서 민족주의를 탈피한 것은 아니다. 과제가 여전히 민족민주혁명이라는 점에서는 민족주의의 유제를 간직하고 있다. 하지만 주체 규정에서는 크게 변화하였다고 할 수 있고 이러한 계급성에

28 梶村秀樹의 「구식민지사회구성체론」은 중국혁명기 또는 중국사회성질논쟁에서의 식민지반봉건사회론과 다르다.

대한 강조가 민족경제론II의 결정적 차이라고 보여진다.

반면 이대근(1985)은 『창작과 비평』 동일호에 실린 논문인 「한국 자본주의의 성격에 관하여-국가독점자본주의론에 부쳐」에서 식민지 사회를 자본주의로 볼 수 없고 (봉건사회로도 볼 수 없기 때문에) 식민지 반봉건 사회, 특히 새로운 역사적 발전 단계로서 식민지반봉건사회구성체로 인식한다. 이때 이대근은 자본주의를 경제적 관계로만 이해하는 전제 위에서 식민지에서 반봉건적 생산관계가 더욱 광범위하므로 자본주의적 생산관계가 지배적이라고 할 수 없다고 주장한다.

> "식민지 정치권력(총독부)의 비호를 받는 경제제도(우클라드)의 성격에 의하여 기본적으로 그 사회구성이 규정된다는 원칙론에 우선 문제가 있다고 생각한다. 기본적으로 사회구성의 성격은 이러한 상부구조의 이데올로기적 성격에 의해 규정될 것이 아니라 그 사회의 직접 생산담당자인 노동의 사회적 존재양태에 의해 규정되어야 하는 것으로 믿기 때문이다. 이 경우 다(多) 우클라드 사회에서 어떤 노동의 존재양태를 지배적인 것으로 보느냐에 있어서는 대다수 식민지 민중의 생활과 결부되는 양적 측면이 중시되어야 할 것이다."(이대근, 1985, 237쪽)

그런데 이는 자본주의 자체에 대한 관점이 박현채의 입장과는 다르기 때문에 자본주의 이해에 대한 방법론이 먼저 고려되어야 한다. 그것은 이대근의 입장이 경제(학)주의라는 점에서 그러하다. 이대근은 박현채가 정치적 규정을 우선시하였다고 하지만, 박현채는 정치적 규정, 이데올로기적 규정을 우선시 한 것이 아니라 사회운동의 관점에서 접근한 것이다.[29] 동일한 관점에서 해방 후 한국자본주의를 국가독점자본주의로 보는 것도 비판된다. 왜냐하면 국가독점자본주의는 자본주의 단계 중에서도 고도의 발전단계를 지칭하는 것으로서 한국 사회가 그러한 단계에 접어들었다고 볼 수 없기 때문이라는 것이다(이대근, 1985, 246쪽).

이후 이대근은 식민지반봉건사회구성체론과 주변부자본주의론의 논리를 완성하기 위해 자본주의화의 두 가지 길, 즉 중심부(서구적) 자본주의화의 길과 주변부자본주의화의 길을 제시하며, 동시에 이 입론에 의해 식민지반봉건사회론의 이론적 위상과 실천과제의 문제를 제시하는데 이는 고유의 경제(학)주의적 방법론의 자연적이고 필연스러운 귀결이다.

첫째, 식민지반봉건사회론은 주변부자본주의와 前자본주의 사이의 중간항으로서 제시된다. 즉 자본주의 발전의 주변부적 특성을 추출하기 위해 前자본주의-식민지반봉건사회(구성체)-주변부자본주의사회(구성체)라는 논리가 그것이다. 둘째, 주변부자본주의는 해방 이후 성립하는 것으로 파악되며 이는 세계자본주의 체제 내에서의 규정, 즉 종속성을 그 주요 특성으로 한다. 종속되었다는 사실이 중요한 것이 아니라 그 규정성이 문제인데, "변경혁명론의 불가피성과 관련하여 주변부사회가 중심부로 진입할 수 있는 길이 차단되어 있다"(이대근, 1985, 255쪽)

29 경제주의적 입장은 경제와 정치를 통합적으로 인식할 수 없다. 사회과학이 정치, 경제, 사회를 분리시켜 이해하고 이에 따른 사회과학의 분과학문을 구축함으로써 자유주의의 체계화를 구성한다는 점에 대해서는 월러스틴(1991b)을 참조하라.

반면 박현채는 자신의 민족경제론에서 민족주의의 위상을 떨어뜨리기 위해 노력한다. 박현채(1988, 박현채 · 조희연 편, 1989, 530쪽)에 의하면, "민족경제론은 ①새로운 체계의 구상은 아니다. 그것은 기존의 제 이론(사회주의 이론-인용자)을 현상의 창조성과 다양성에 비추어 구체적인 현실인식을 위한 보완적 수단으로 덧붙인 것이다. ②민족경제론은 사회적 실천상의 요구에 답"하는 것인데, 이것은 이중의 의미에서이다. 하나는 역사에서의 진보의 기준, 다른 하나는 민족주의적 요구다. 이는 박현채의 민족경제론이 기본적으로는 마르크스주의(사회주의) 이론에 입각하고 신식민지적 상황(민족주의적 요구)이라는 구체적 정세적 과제를 결합한 것이라고 해석되어야 할 것이다.

이어서 그는 "민족경제론에서 사회구성체와 발전단계론이 갖는 위치는 그것이 자립적 민족경제의 실현을 위한 노력에서 한 사회의 상황이나 경제제도적 구성의 해명을 기초로 민족경제를 둘러싼 차원 다른 모순관계(강조-인용자)를 밝힌다는데 있다."(1988, 박현채 · 조희연 편, 1989, 534쪽)고 하며 이런 맥락에서 한국 사회에서 자본주의 규정은 일제 초기부터 적용가능하다고 판단하는 듯하다. 단, 이는 제국주의 국가의 규정성이 우선된다는 점에서 식민지종속형 자본주의라는 것이다. 해방 후는 자본주의라는 '사회구성체'의 관점에서는 "한국자본주의의 독자적 전개"(1988; 박현채 · 조희연 편, 1989, 538쪽)라고 규정한다.

다만 여러 군데에서 "민족경제론 구성 제 범주간의 상호관계는 민족경제론이 아직 완성된 체계가 아니고 완성된 단일의 논리체계를 의도하지 않는 데서 현상적인 관계 이상의 것은 아니지만…" 민족주의 논의가 당 시대의 부인할 수 없는 '민중적-민족적 요구'라는 인식이 엿보인다. 사회주의란 본질적으로 자생적 사상이 아니기 때문에 자생적 사상(예: 민족주의)에 일정한 해석과 색깔을 부여하는 것이 과제라는 생각을 하고 있는 듯하다. 그러나 박현채는 민족주의가 자생적 사상이 아니라, 만들어지는 사상이라는 점을 간과하고 있다. 이는 박현채의 '민족' 개념이 혈연적이고, 문화적으로 이해되고 있는데서 유추할 수 있다.

그럼에도 불구하고 민족경제론II의 단계에 오면, 박현채의 한국자본주의에 대한 생각은 다음과 같이 요약된다.

① 종속으로부터 정체론을 끌어내지 않았다.[30]
② 국가독점자본주의를 단계론으로 생각하지 않았다. (국가의 규정성)
③ 세계자본주의의 규정성을 인식하고 있다.

박현채의 문제제기는 한국 사회 성격에 대한 규정이 식민지반봉건사회론이나 식민지반봉건사회구성체론 등에서 결국 자본주의 일반의 발전에 대한 부정, 따라서 계급역관계의 발전에 대한 부정으로 이어질 것을 우려한 문제제기라고 보여진다. 1985년 논쟁을 촉발한 논문에서 주변부

30 "한국자본주의는 이제 세계자본주의가 구조적 불안정기로 이행함에 따라 (당시는 1988년-인용자) 오는 만성적 불황 속에서 새로운 위기에 직면하고 있다. 그리고 이와 같은 위기는 쉽게 극복될 것 같지 않다. 불황과 외채의 누적 속에서 주어지는 위기는 그간의 한국자본주의의 전개가 가져온 비자립적 경제구조의 위기이고 파국이다. 그런 의미에서 위기는 민족의 위기라거나 한국자본주의 그 자체의 위기는 아니다."(박현채 · 조희연 편. 1989, 554쪽).

자본주의론을 비판한 논점은 이것이 전부다. 즉 주변부자본주의 구성체라는 것이 자본주의 발전의 다른 길, 그리하여 종국에는 자본주의가 가는 길(사회주의 혁명)과 다른 길을 갈 것이라는 사고를 유발한다는 점에 대한 비판이었던 것이다. 그 이상의 구체적 논점은 없었으며 여기에 민족문제라는 당시의 '당위적 주제'를 결합시킨 결과가 『민족경제론』의 7가지 구성요소에 대한 논의라고 봐야 한다.

이후 2단계에 접어든 사회구성체 논쟁은 학계의 논쟁(국가독점자본주의론 vs 주변부자본주의론)에서 벗어나 당시 성숙하고 있던 급진적 사회운동의 전략적 목표와 연관을 맺게 되었다. 학생운동을 중심으로 하는 급진적 사회운동은 한편으로는 노동운동을 중심 축으로 생각하면서 다른 한편으로는 조직화를 통한 사회변혁의 주체로서 스스로를 자기매김하는 단계로까지 접어들게 된다. 따라서 혁명목표에 대해 탐구하는 것은 당연한 것이었는데, 당시의 조직, 사상, 실천의 발전 수준으로 보아 정교하고 구체적 실천적 목표라기 보다는 내부조직을 통합하기 위한 이념적, 최대강령적 차원의 논의라고 봐야 할 것이다.

사회구성체 논쟁은 정확히 박현채의 입론 위에서 구체화되었다고 해석할 수 있다. 다만 박현채가 제기한 논의가 다소 혼란에 빠지게 된 것은 북한의 존재와 NLPDR(민족해방민중민주주의혁명)론이다. 한국 사회를 발전한 또는 모순이 성숙한 자본주의로 보지 않고 반봉건사회로 보는 관점은 해방 직후의 정치적 견해에서 정지한 논의이나 이 견해는 한편에서는 민족주의 정서(반봉건=분단)와 사회운동 주체의 쁘띠부르주아적 속성(학생), 북한의 존재라는 세 가지 요소로 말미암아 매우 강력한 실천이념이 되었다. 학술논의의 맥락에서는 다소 황당할 수 밖에 없는 NL(National Liberation)의 등장으로 말미암아 2차 논쟁은 식민지반봉건사회론으로 우편향을 가진 상태에서 출발하였다. 하지만 이론 논쟁의 지형에서는 여전히 박현채의 문제의식이 주류라고 할 수 있는데 그 이유는 식민지반봉건사회론의 이론적 번역이라고 할 수 있는 식민지반봉건사회구성체론, 주변부사회구성체론이 중진자본주의론으로 정리되면서 사회운동의 이론전선에서 이탈했기 때문이다. 따라서 한편에서는 NLR(National Liberation Revolution)을 중심으로 하는 이론적으로는 매우 취약한 식민지반봉건사회론과 다른 한편으로는 PDR(People's Democracy Revolution)을 주장했던 국가독점자본주의론이 논쟁했고 국가독점자본주의론은 당시의 발달한 자본주의적 모순(즉 노동운동)에 착목하고 있었다는 점에서 진리의 한 끈을 쥐고 있었다. 그러나 국가독점자본주의론의 논의가 최대강령의 수준에 머무르고 있었기 때문에 구체화의 과제에서 민족문제, 즉 종속문제를 어떻게 다룰 것인가가 국가독점자본주의론 내에서 해결해야 할 과제였다.

박현채의 민족경제론을 둘러싼 2차 사회구성체 논쟁을 주변부자본주의론과 식민지반봉건사회론을 제외하고 민족경제론의 관점에서 재배열하면 민족경제론의 좌파(정건화, 정태인), 종속독점자본주의론(이병천), 신식민지국가독점자본주의론(윤소영)으로 스펙트럼이 전개되었는데, 윤소영은 1985년의 논쟁의 의의를 '정치경제학적 전통의 복원'(=마르크스주의의 복원, 사회주의 사상의 복원)에 두고, '민족경제론과 국가독점자본주의론을 결합'시키는 것이 박현채 민족경제론 문제의식의 비판적 (합리적) 계승이라고 보았다(윤소영, 1988, 613쪽). 윤소영이 독점강화=종속심화의 신식민지국가독점자본주의론이 박현채의 적자라고 본 것은 이상의 논의 맥락에서 볼 때 정확하다. 신식민지국가독점자본주의론이 지시하는 계급문제와 민족문제의 통합이 절충이라는 정성진의 비판을 반비판한 것은 이런 맥락에서 파악될 수 있다.

그러나 정성진 비판의 핵심은 종속독점자본주의든, 신식민지국가독점자본주의든 결국 선진 독점자본주의로의 특징이므로 종속약화와 자립화를 주장할 것이라는 점에 있다. 그리하여 정성진은 독점강화=자립화라는 이론적 지향을 가진 국가독점자본주의론 대신 세계체제의 틀 내에서 지배-종속관계를 보는 주변부자본주의론이 더 정당하다고 보았다. 종속을 논의하기에 주변부자본주의론이 더 적합하다는 것이다. 이에 대한 윤소영의 대답을 오늘날의 관점에서 해석하자면 강령의 구체화에서 민족문제(종속문제)는 피할 수 없는 현실 아니냐, 따라서 국가독점자본주의론(사회주의이론)은 이 문제를 이론 내에 포괄할 수 밖에 없다는 해석이다. 흥미로운 것은 두 주장 모두 종속약화는 논외로 하고 종속문제를 어떻게 일반이론 내에 포괄할 것이냐는 문제의식을 갖고 있었다는 점이다. 윤소영의 경우 일반이론에 미치는 영향이 없기 때문에 종속심화는 정세론의 차원에서 고려해야 한다는 주장이며, 정성진의 경우 세계체제에서 종속이 심화되므로 일반이론은 수정되어야 한다는 점이다

(영구혁명론으로). 정성진은 신식민지국가독점자본주의론이 이론적으로는 노동계급에 우위를 두지만, 실천에서는 반외세 민족운동을 강조하는 모순에 빠졌다고 비판한다(정성진, 1987, 635쪽). 다만 당시에 정성진 역시 종속 문제에서는 동일한 지평에 있었고, 민족문제를 어떻게 다뤄야 할지에 대해 구체적 안이 없었던 것은 분명하다.[31]

여기서 국가독점자본주의론과 결합한 박현채의 민족경제론II를 둘러싼 논쟁은 온통 종속 문제를 중심으로 전개되었다는 점을 알 수 있다. 자본주의 정체는 더 이상 논점이 아니다. 따라서 이 쟁점에서 종속약화론이 등장하는 것이 이상하지 않다. 종속독점자본주의론은 독점강화=종속약화론을 주장함으로써 일부 중진자본주의론과 같은 것으로 비판받았지만, 사실상 중진자본주의론과 같은 함의라기 보다는 선진자본주의 국가의 유로공산주의와 같은 정치적 함의를 가졌을 것으로 생각한다.

> "종속심화경향은 그것이 아무리 주요한 경향이라 하더라도 유일한 경향, 전일적 경향은 아니다. 종속적 축적의 논리에는 단순히 종속심화 경향만으로 해소될 수 없는 별개의 경향이 존재한다."(이병천, 1988, 585쪽)

첫째는 세계체제 내에서 종속국의 지위상승 도모, 둘째는 실제로 나타날 수 있는 종속약화 경향. 즉 유사(또는 하위) 제국주의의 가능성을

31 당시 논쟁에 대한 최근의 소회로는 정성진(2007)과 윤소영(2006) 참조. 두 논자들은 현재 공히 세계체제론에 대해서는 우호적이다.

지적했다.

결국 국가독점자본주의론 자체는 최대강령적 요소를 많이 가지고 있었기 때문에 당시에 국가독점 규정이 단계냐, 정세냐 등에 대한 논쟁이 있었지만 지금 시점에 볼 때는 불필요한 땀, 종이, 잉크의 낭비였다. 합리적 핵심은 국가독점자본주의론을 통해서 사회주의 혁명-이것이 무엇인지 몰랐다고 하더라도 최소한 반제반봉건 혁명은 아니라는 것-을 이야기하고자 했던 것이었을 것이다. 그러나 현재적 시점에서 우리가 주목해 봐야 할 부분은 식민지반봉건사회론, 민족경제론, 국가독점자본주의론 모두 일국주의적 관점에 서 있었다는 점이다. 민족주의로부터 탈피하지 못하였고, 민족문제가 당면 과제인 것을 모두가 동의하고 있었다. 국가독점자본주의론이 일국주의라는 점이 의아하게 생각될 수 있다. 하지만 국가독점자본주의론은 국가의 경제개입, 국유화 등을 특징으로 하고 있는데 여기서의 국가는 구체적 실체로서의 국가, 즉 자본주의=민족=국가인 것이다. 이때의 가장 큰 특징이 케인즈적 일국주의 정책 속에서의 국가개입이었던 점을 고려해야 한다. 식민지, 후진국의 민족주의냐, 선진국의 민족주의냐의 차이일 뿐이지 민족주의, 즉 일국주의인 것은 동일했다.

4절 주변부자본주의론과 세계체제론

그런데 이상하다고 생각되는 것은 주변부자본주의론이 1차 사회구성체 논쟁에서 일찌감치 탈락했다는 점이다. 한 참 후에 정성진(1987)에 의해 복권이 시도되는데 주변부자본주의론은 우파와 좌파로 나뉘어 우파는 중진자본주의론으로 이탈하였기 때문에 좌파적 해석, 계급지향적인 주변부자본주의론이 남게 되고 이 이론이 영속혁명론을 받아들이게 된다.

박현채가 주변부자본주의론으로 규정한 세 이론 (세계체제론, 부등가교환론, 생산양식접합론) 중에 현재까지 살아남은 이론은 세계체제론뿐이다. 세계체제론은 부등가교환, 생산양식접합론(이것도 광의의 세계체제론의 일부이다)과 달리 마르크스주의에서만 영향을 받은 이론이 아니며, 아날학파(브로델의 역사학)에 기초를 두고 있어 학계에 이미 자기 기반이 있고 시야 및 관찰 범위가 광범위하므로 사회과학적 접근을 주로 하는 마르크스주의에 보완적 역할을 해 줄 수 있었다. 하지만 중심부-주변부 논리는 당시의 맥락에서 종속이론의 한 조류로 포함됨으로써 종속이론과 같은 취급을 받기에 이르렀다. 물론 종속이론 역시 하나의 조류만 있는 것은 아니고 우파와 좌파의 스펙트럼이 광범위하며 합리적 핵심으로는 남미의 고유한 정치경제적 특질을 반영한 사회주의 전략이라는 점에서 찾을 수 있을 것이다.

정성진은 "종속이론은 과학적 세계관에 잠재되어 있던 주변부자본주의론적 인식이 2차대전 이후 제3세계의 경험을 배경으로 하여 상당히 경험주의적으로 편향되어, 때로는 부르주아 사회과학자들에 의해 왜곡・훼손되어 현재화된 이데올로기"(정성진, 1987, 640쪽)라고 평가하지만 종속이론이 우파와 좌파의 다양한 버전이 있는 것과 마찬가지로 주변부자본주의론도 다양한 이데올로기적 스펙트럼이 있을 것이다. 정성진은 여기서 우파 종속이론을 배척하면서 종속이론의 좌익적 버전(영속혁명론, 변경혁명론)을 옹호한다. 정성진은 세계체제론을 포함한 종속이론 또는 주변부자본주의론의 의의를 사회주의 혁명론에서 찾고 있으나, 종속이론의 우파는 사회주의 혁명이 정치적 목표는 아니고 민족주의적 목표를 가지고 있었다고 봐야 할 것이다. 때문에 정성진은 1980년대말에는 주변부자본주의론 자체의 복권을 주장하였지만 이후에는 주변부자본주의론의 좌익적 해석인 영속혁명론만 받아들인다.

정성진이 윤소영의 신식민지국가독점자본주의론을 스탈린주의로 비판한 것(정성진, 2006, 259쪽)은 부당하다 할 수 있지만, 국가독점자본주의론이 일국주의적 편향을 가지고 있는 것은 사실이다. 국가독점자본주의론 자체가 케인즈주의 국가에 대한 좌파적 규정이기 때문에, 국가독점자본주의론이 정세(=사회주의의 전 단계)로 인식되든 자본주의의 고도의 단계(=독점자본주의 이후의 새로운 단계)로 인식되든 어떤 경우에도 일국주의적 관점에서 탈피한 것은 아니었다. 따라서 박현채의 민족경제론이 민족문제와 계급문제를 통합하는데 있어 국가독점자본주의론을 도입하였다는 것은 이론적으로는 (동일한 일국주의 관점이라는 점에서) 나름대로는 정합성이 있다. 하지만 윤소영(1994)은 「PD의 진실」에서 박현채 민족경제론의 합리적 핵심의 계승으로서 제시한 신식민지국가독점자본주의론은 한편에서는 독점강화=종속심화론을 통해 박현채의 민족경제론을 계승하지만 다른 한편으로는 민족주의 혁명이 아닌 사회주의 혁명이라는 최대강령에서의 새로운 인식을 보여주고 있다. 윤소영은 명시적으로 민족주의를 비판하지 않지만, 사회구성체 논의가 종료된 후 이를 반성하는 글에서는 민족주의를 명시적으로 비판하였다. 따라서 현재 시점에서 볼 때, 나는 신식민지국가독점자본주의론과 PD론은 민족주의와 연관된 것이 아니라(종속과 연관된 것이 아니라고 읽을 수 있다) 결국 사회주의와 연관되었다고 생각한다. 오히려 PD론의 문제는 민족주의가 아니라 최대강령주의라는데 있다고 할 수도 있다. 민족주의가 민족적 과제 그 자체의 문제가 아니라, 민족적 과제로 인한 계급적 과제의 억압에 있다는 점을 고려하면 민족주의 비판에 관한 한 정성진과 윤소영은 크게 차이나는 것은 아니다.[32]

이제 민족경제론의 민족주의는 민족운동과 사회(주의)운동과의 관계 속에서 파악할 필요가 있다. 월러스틴에 의하면 자본주의세계체제는

32 물론 당사자는 동의하지 않을 것으로 생각한다. 필자가 이렇게 평가하는 것은 1) 월러스틴에 대한 긍정적 평가, 2) 민족주의에 대한 비판적 평가가 동일하다는 점에서이다. 물론 양자는 1) 트로츠키즘, 2) 영속혁명론에 대해서는 첨예하게 대립할 것으로 본다. 굳이 비교하자면 윤소영의 월러스틴에 대한 선호도가 더 높다.

지속적인 조직운동으로 형성된 반체제운동을 양산했는데 1848년 이래 형성된 반체제운동은 사회(주의)운동과 민족(주의)운동이 경쟁하는 두 가지 조류로 구성되었다. 반체제운동이 이전의 비조직적이고 일시적인 (따라서 성공할 수 없었던) 민중의 봉기과 구분되는 것은 국가권력을 장악하는 것을 명시적 목표로 한다는 점과 관료적 체계를 갖추고 있다는 점이다. 사회운동은 1917년의 러시아에서 성공하였고, 민족운동은 제3세계의 민족해방운동의 형태로 현실화했다. 그러지만 월러스틴에 의하면 사회운동과 민족운동은 동일한 목표를 지향했기 때문에 서로 경쟁했고, 또한 서로를 이용했다. 특히 사회운동이 민족운동을 결합시킨 것은 자본주의 중심국의 사회민주주의 운동, 러시아를 비롯한 제2세계의 공산주의 운동에서 확연해졌다.

『공산당선언』의 분석으로부터 월러스틴은 마르크스의 원래 생각은 자본주의가 국가에 의해 규정되는 경제적 공간에서 세계경제적 공간으로, 다른 한편으로는 시장에서 작업장으로 초점을 이동한다고 평가한다. 이러한 관심의 이동은 결국 민족국가를 구식의 것으로 만드는 효과를 가진다(Arrighi et. al., 1989, 22쪽). 이와 같이 마르크스는 자본의 세계화 추세를 인식함으로써 세계체제적 관점을 선취하였다. 하지만 이념적 세계주의가 현실화하는 과정은 민족주의와의 결합이 필요했다.

"모든 역사적 마르크스주의들은...그 국제주의적 형태에서조차도, 넓은 의미의 민족주의(서양의 종족중심주의[ethnocentralism] 나 그 안티테제인

제3세계주의와 같은 확장된 민족주의)에 의해 침투되어 왔다."(Balibar, 1997, 428쪽)

그러나 이후의 마르크스주의는 이러한 결합을 정세적, 전술적 필요에 의해서가 아니라 이론적 차원으로 격상시켰다. 레닌의 독점자본주의론과 제국주의론은 혁명의 성공을 위해 바로 자본의 세계성을 일국주의적 정치경제학으로 환원시킨 사례다. 중국혁명 역시 동일한 문제에 직면했는데, '민족민주혁명은 사회주의혁명을 위한 필수적인 준비이다. 그리고 사회주의혁명은 민족민주혁명의 필연적인 귀결'이라는 방식으로 민족운동과 사회운동의 정치적 결합을 시도하였다.

"그렇지만 (1) 민족해방투쟁과 그 성과가 규정하는 역사적 대안들, (2) 세계적 차원의 계급투쟁과 그것이 개념적으로 수반하는 역사적 대안들 사이의 유사성을 끌어내는 것은 아무런 이론적 장점도 없을뿐더러 오히려 큰 혼동을 빚을 뿐이다…이론적으로 민족해방운동들이 … 그들이 지금까지 기대한 것보다 훨씬 더 많은 것을 성취할 수 있었던 것은 아니다. 그렇지만 국가간체제 안에서 그러한 국가권력을 얻는 데 더 이상 전략적 우위를 부여하지 않는다면, 훨씬 더 많은 것이 역사적으로 가능해지며, 또 그럼으로써 역사적으로 현실적인 대안들의 영역 안에서 이론적으로도 가능해진다. 이런 점에서 민족해방이…세계경제의 혁명적 변화의 충분조건이라는 주장은 도저히 옹호할 수 없는 것이다."(Arrighi et. al., 1989, 89쪽).

이제 박현채가 제기한 논점에서 시작한 '사회구성체론'은 민족경제론을 둘러싸고 진행되었으나 민족경제론의 범위를 넘어선 문제제기, 즉 민족문제와 계급문제의 결합이라는 문제의식을 넘어선 문제제기가 나타나고 있음을 알 수 있다. 이는 최초에는 계급의식을 일방적으로 강조하는 최대강령주의적 경향을 보였고 1990년에 이르러 노동운동의 퇴조와 더불어 파탄에 이른다. 다른 한편 포스트마르크스주의적 경향과 시민사회론의 부흥으로 이 논점은 이론지형에서 완전히 잊혀지게 되었다. 1997년 경제위기 이후 새로이 제기된 대안경제 찾기흐름은 다분히 민족경제론의 의의를 다시 살리는 계기가 되기도 했지만, 박현채의 민족경제론이 낳은 씨앗과 맹아들을 올바로 평가하지 못한다면 새로운 문제의식은 과거 논점의 무시로 인한 퇴보가 되기 쉽다.

나는 이 논점을 탈근대, 탈식민주의의 문제의식이라고 부를 수 있다고 본다. 그런데 발전 개념과 근대 개념을 이와 같이 비판할 때 오히려 마르크스주의의 근본적 변혁론도 비판된다는 문제제기가 있다. 탈식민주의적 관점이 탈근대주의적 관점과 연동되어 제기되는 질문, 즉 탈근대주의(포스트모더니즘)를 어떻게 해석할 것인가의 문제인데, 이는 마르크스주의 재해석의 문제로서 간단한 문제가 아니다. 우리가 '사회구성체' 논쟁에서 발견한 탈근대 논점의 맹아란 계급문제의 제기가 아니다. 계급문제의 제기는 탈근대적 논점이 아니다. 우리가 발견하고자 하는 것은 계급문제를 민족문제에 접합시킴으로써 일정한 이론적 긴장이 발생했고 여기서 나타난 민족주의 비판의 과정이 탈근대적 요소의 맹아라는 것이다. 다른 한편 탈식민주의, 탈근대주의는 근대관의 부정적 측면을 비판하는데는 성공했으나, 자본주의 역사 속에서 그 대안을 재구성하고, 대안의 주체를 형성하는데는 기여하지 못하였다는 비판 역시 상당 부분 맞다. 계급의 강조는 구 사회운동의 핵심 요소의 하나이고, 탈근대의 요소란 비계급적 측면으로 구성된다고 하면 그것은 바로 민족문제와 계급문제의 동시적 기각일 것이다. 이것은 하나의 문제이다. 새로운 반체제운동이 민족운동과 사회(주의)운동과 확연히 다른 환경, 소수자, 인권 등의 문제로 산발화되어 나타나고 있으나 아무런 구심점 없이 흘러가고 있는 것이 이 점과 관련된다.

그럼에도 불구하고 우리가 지금까지의 논의에서 발견한 것은 더 이상 일국주의적 관점이 아니라 글로벌한 관점, 발리바르의 표현에 의하면 '대안의 세계화'의 관점에서만 대안적 주체 형성을 고려해야 한다는 점이다. 이러한 미래적 인식 속에서 볼 때, 민족경제론의 민족주의는 계속 비판되고 정정되어야 한다.

5절 포스트자유주의, 포스트사회주의 시대의 한국에서 정치경제학을 한다는 것.

1989년 사회주의 붕괴 이후 한국의 진보적 비판경제학은 마르크스의 영향을 제거하기에 여념이 없었다. 마르크스가 제거된 이후의 민족경제론은 민족주의의 고유한 문제를 증폭시키게 될 것이다. 이는 박현채의 민족경제론이 민족문제와 계급문제를 결합시키려고 한 노력 조차도 무산시키는 효과를 가진다. 그런데 오늘날의 탈근대주의, 탈식민주의의 문제의식에서 보면 박현채의 민족경제론에 내재한 민족문제와 계급문제 접합의 모순성은 더 깊이 다루어져야 한다.

필자가 이 논문에서 주장하고자 하는 것은 그 모순의 양태들이다. 민족경제론을 매우 포괄적으로 파악했을 때, 이는 다음과 같이 구분된다.

첫째, 민족경제론 우파는 근대화론이다. 근대화론이 민족경제론이 아니라는 견해가 주류적 견해지만 오늘날의 관점에서 볼 때 박정희 체제의 대중동원은 바로 민족주의를 이용한 것이라는 점에서 민족주의적이었다는 점을 인정하지 않을 수 없을 것이다.

둘째, 민족경제론 중도파는 박현채에 의해 본격적으로 비판받은 논리로서 처음에는 일제시대에 대한 식민지반봉건사회구성체론, 독립 이후의 주변부사회구성체론이었으나, 이어 중진자본주의론로 발전하였다.

이들은 오늘날 신우파를 구성하며 세계화를 주장하나, 본질에서는 인종중심주의라는 의미에서 팽창적 민족주의다.

셋째, 민족경제론 좌파가 있다. 박현채 민족경제론의 첫 번째 버전의 충실한 복원으로서 오늘날 한반도경제론으로 구체화되고 있다. 이 관점은 한미FTA와 남북평화협정을 패키지로 묶어 남북한 경제권을 미국경제와 연동시키는 새로운 발전전략을 제시하고 있다.

이에 대한 탈식민주의적 비판, 탈근대주의적 비판은 민족주의의 문제의식을 발본적으로 포기할 것을 요구한다는 점에서 본질적인 비판이나, 대안에서는 취약한 논리라는 문제가 있다.

새로운 사회운동과 일정하게 연관되는 이 논점은 월러스틴에 의해 새로운 반체제 운동으로 규정된 바 있다. 그렇다면 민족적, 일국적 관점 대신에 채택된 세계체제적 관점은 동일한 문제를 어떻게 파악하는가? 그것은 국가간체제라는 개념이다. 국가간체제로서 국민국가와 주권을 이해한다면 반체제 운동은 지역성과 세계성을 동시에 가짐을 알 수 있다. 여기서 저항운동의 딜레마가 필연적으로 제기된다. 그러한 새로운 반체제 운동이 어떻게 전개될 것인가는 지금 선험적으로 이야기할 수 없지만, 여기에 민족의 문제가 아니라 민족 내의 문제가 중요한 지점이라는 것을 박현채의 민족경제론에서 배워야 할 것이다.

4. 1987년과 1997년 체제: 불확실성과 양극화

1절 1997년 이전의 한국경제(론)
: 민족주의와 신자유주의

2장에서는 민족주의를 비판하는 신우파의 입론이 국가주의적 민족주의와 탈근대주의의 비판성이 순치된 탈근대주의로 구성되어 있지만 사실상 그 이론이 지향하는 세상은 결과적으로 신자유주의에 종속된 경제라는 점을 주장했다. 3장에서는 민족경제론으로 대표되는 진보적 민족주의의 정치경제학은 민족주의와 사회주의의 결합이지만 민족주의의 주도성 하에서 자립적 국민경제를 꿈꿀 뿐이었다는 점을 보았다. 이 대립은 얼핏 보면 세계화와 민족주의의 대립인 것처럼 보인다. 하지만 양쪽 모두 민족주의적이며 양쪽 모두 진정한 의미의 국민국가를 구축하고자 한다. 그만큼 민족주의는 쉽게 탈각할 수 있는 사상이 아니다. 뿐만 아니라 양쪽 모두 세계체제에 조응하려고 노력했다. 전자의 경우 미국 중심의 세계 질서에 편입됨으로써, 후자의 경우 한반도경제권을 중심으로 한 세계화라는 차이가 있을 뿐이다. 어떤 입장에서도 대한민국 경제의 장래를 위한 전략이라는 점에서는 한치의 양보도 없을 것이다.

그렇다면 도대체 보수와 진보의 갈래는 어떻게 나뉘는 것일까? 이전의 사유 체계에서는 민족주의와 반민족주의로 나뉘었지만 보수적 사유도 진보적 사유도 결과적으로 민족주의로서는 판별되지 않다. 이는 민족과 국민국가의 본질이 무엇인가라는 질문으로 이끈다.

이 문제를 이해하기 위해서는 2장과 3장의 논의를 회고할 필요가 있다. 민족경제론은 1970년대 민주화 운동의 경제정책적 대안으로 기능했다. 이후 이 이론은 1980년대 급진적, 변혁적 민주화 운동의 경제이념으로서 당시 이른바 식민지반봉건사회론과 국가독점자본주의론 간의 사회구성체 논쟁의 시발점이자, 핵심으로 기능했다. 그러나 당시의 어떤 급진적 논의도 한국자본주의의 매판성과 종속성 자체는 부인하지 못하였다.

사회성격논쟁이 지나간지 몇 년 후 양우진(1996)은 「한국경제론의 대상과 방법에 관한 소고」라는 글에서 '민족경제론=박정희의 국가자본주의론'이라는 도식을 제기하여 큰 논란을 불러일으켰다. 이 도식은 당시의 좌 · 우 대립이 모두 같다, 또는 최소한 같은 인식틀을 가졌다는 해석으로서 한국 자본주의 발전의 현실성을 인정하고 긍정하자는 주장을 담고 있다.

이 긍정을 『해방전후사의 재인식』(2006)과 같은 류로 취급하는 것이 옳을 것인가, 아니면 다른 것으로 봐야 할 것인가? 여기서의 진정한 쟁점은 한국자본주의의 발전을 인정하느냐, 부인하느냐의 문제가 아니라, 어떻게 해석하느냐의 문제다. 즉 『재인식』과 양우진(1996)의 입장을 같게 볼 수 없는 것은 자본주의를 가치적으로 긍정하는가, 비판하는가라는 점에서 갈라서 있기 때문이다. 즉 『재인식』의 이념은 신자유주의의 수용이다. 그럼에도 불구하고 민족경제론은 자본주의 발전을 긍정한다는 점에서 『재인식』의 입장과 양우진(1996)의 입장을 같게 본다.

이는 역설적이게도 민족경제론이 어떤 인식론적 지반에 기초하고 있는지를 알려준다. 그것은 종속과 붕괴론이다. 첫째, 민족경제론은 1970년대 자본주의 발전의 불균등성으로 말미암은 외채문제, 소득불평등, 지역·산업간 격차확대를 종속성 또는 매판성, 결국 본질적으로는 식민성에서 찾았다. 왜 식민성과 자본주의라는 것이 서로 모순된 것이냐는 생각도 있을 것이다. 이는 식민지자본주의론이라는 당시로서는 우스운 조어도 만들어 냈지만,[33] 결과적으로 우리의 인식틀이 식민주의, 민족주의를 결코 벗어날 수 없었다는 것을 보여주는 사례로 생각된다. 왜일까? 그것은 민족적 종속에 대항하는 민족주의라는 담화체계가 아닌 대중적인 이념(이데올로기)을 생각할 수 없었던 것에 있지 않았을까? 오늘날 시점에서 자본주의 발전을 부인하는 것은 현재적 이슈가 아니다. '그러나 자본주의 발전에서 반자본주의 운동을 생각하기에는 너무 근본적이지 않은가? 대중(민중)은 노동자만 있는 것도 아니고, 농민도 있으며, 소생산자도 있고, 중소기업도 있잖는가? 노동자 조차도 블루칼라와 화이트칼라로 구분되어 있고, 오늘날은 비정규직 노동자라는 새로운 불완전 노동자도 존재하지 않은가? 이러한 복잡한 계급적, 계층적 구조를 자본주의와 반자본주의라는 명제로 단순화할 수 없지 않을까'라는 우려가 민족이라

---

33 이 조어가 우스운 이유는 식민지반봉건사회론(민족해방론)에 내재한 "자본주의 발전의 한계 테제" 때문이다. 식민지에서도 자본주의가 발전할 수 있다는 의미에서의 식민지자본주의론은 아마도 『재인식』의 문제의식일 테지만, 이 양자 사이의 공유점을 찾으라면 진보로서의 자본주의관이다.

는 새로운 집단개념을 가져오는데 다소간의 정당화 역할을 했을 것이다. 그러나 그 효과는 장대하다. 현재의 모순이 민족의 관점에서 해석됨으로써 모든 당면문제와 당면과제의 초점이 여기에 맞춰지게 되었다.[34]

민족경제론의 두 번째 인식론적 특징은 종속적으로 발전하다가, 결국에는 발전이 중단될 것이라는 파국론이다. 즉 자본주의 발전의 한계 테제인데, 종속론의 한계를 실증적으로 연구하던 한국경제론의 연구자들은 『한국자본주의의 분석』(양우진 외, 1991)에서 종속론을 비판할 뿐 아니라, 독점이론의 정체론도 비판하였다. 그런데 민족경제론의 두 번째 효과(정체론)는 첫 번째 효과(종속론)와는 차원이 다른 이론적 문제와 밀접히 연관된다. 이는 자본주의 그 자체의 발전을 어떻게 파악할 것인가라는 원론적인 문제와 관련된다. 여기서도 물론, 발전의 한계 테제의 비판은 결과적으로 자본주의 비판이론의 포기로 이해되기도 한다.[35] 하지만 자본주의가 초래하는 공황은 자본주의 변화의 계기로서 파악해야 할 것으로 생각된다. 자본주의 (주류) 경제학 자체가 시장근본주의와 국가개입주의로 나뉘어져 있는 것이 그 반영이다. 자본주의란 이론적 이념이면

34 이병천(2001)은 '박현채의 민족경제론'이 소시민적 민족경제론을 민중저 민족경제론으로 발진시킨 짐과 마르크스주의 정치경제학의 추상 이론을 국민경제 개념을 이용하여 한 시대와 지역에서 구체화 시킨 것을 이론적 발전으로 파악하고 있다. 그리하여 민족경제론은 마르크스 정치경제학의 구체화의 방향이 민중적-민족적인 것의 결합형태라는 것이다. 그러나 그 결과 나타난 대안은 '민주적이고 자주적인 민족경제론' 이자 '민주적 내포적 국민경제 발전론'(이병천, 2001, 73쪽)이다.

35 김보현(2006, 70쪽). 이는 마르크스의 자본주의관, 즉 공황론과 궁핍화론에 대한 해석과도 관련된다. 만약 공황이 파국적 공황이고, 궁핍화가 절대적 궁핍화를 말하는 것이라면 마르크스의 자본주의 분석은 일정부분 폐기되어야 할 것이다. 하지만 마르크스는 자본주의가 '공황'을 통해서 진화할 것이며, 그러한 진화의 결과로 다른 사회로 대체될 것이라고 말했다는 점에서 자동붕괴론을 이야기 한 것은 아니다.

서 동시에 구체적 시기와 장소를 점하는 하나의 체제이자, 전략이라는 관점이 도입된다면 파국론적, 종말론적 사고를 피할 수 있다.

4장은 1987년 체제와 1997년 체제를 비교하여 신자유주의의 한계를 비판하고, 동시에 민족경제론의 민족주의와 경제주의를 올바로 비판함으로써 한국경제론을 급진적으로 재구성하는 단초를 마련하고자 한다. 이러한 목적을 달성하기 위해 이 글은 1987년 체제가 1997년 위기를 통해 어떤 구조적 문제를 드러냈는지를 분석하여 한국경제론의 정치경제학은 민족주의를 뛰어 넘어야 할 뿐 아니라, 경제주의 - 경제학적 사고 - 또한 뛰어 넘어야 함을 주장한다.

2절 1997년 체제의 형성과정 : 지배블록 분열이라는 국면적 위기[36]

각종 통계는 우리 사회에서 양극화 현상이 1987년의 민중운동과 1997

36 여기서 분석의 방법론으로 채택한 '유기적 위기'와 '국면적 위기'의 구별은 Gramsci(1971)에서 유래한다. 그람시는 이 구별을 통해 경제주의(대기주의)와 개량주의를 효과적으로 비판할 수 있었다. 그람시에 대한 보다 자세한 논의는 본서의 제6장을 참조다.

년의 경제위기라는 두 계기를 통과하면서 시작했다는 점을 보여준다. 소득분배의 악화와 소득 양극화, 노동-자본 소득분배율의 추이, 정규직-비정규직의 양극화, 대-중소기업의 양극화[37] 등이 대부분 1990년대 말을 기준으로 변화하였다. 이 상황은 1987년 전후로 진행된 축적체제가 1997년의 경제위기를 거치면서 나타난 어떤 특징에 의해 구조화되었다고 보아야 할 것이다. 무엇이 한국의 축적체제를 이러한 방향으로 구조화하였는가? 다양하게 언급될 수 있지만 한마디로 요약하면 신자유주의이다.

신자유주의로 인해 각국의 경제정책은 보호주의냐, 개방이냐를 선택하는 기로에 서게 되었고 대부분의 국가는 개방을 선택하였다. 그러나 개방은 구조적으로 불균형적이고 통제할 수 없는 자본주의적 세계화 속에서 '국가경쟁력'을 위한 무한 경쟁의 사슬 속에 들어가는 것을 의미한다. 일단 이 사슬 속에서는 어떠한 진보정책도 무화되는 효과를 가지는데, 이를테면 개방경제형 사민주의의 '진보적인 경쟁력확보', '고통분담', '국제적 케인즈주의' 정책은 모두 신자유주의로 수렴되었다.[38]

---

37 대-중소기업의 양극화는 한국경제의 구조적 문제로서 별도의 연구를 요한다. 현재의 연구성과에 따르면 1) 성장률(매출액성장율)과 이윤율의 관점에서 볼 때 대기업과 중소기업의 양극화가 심화된 것은 아니다(다만 일반적으로 이윤율은 중소기업이 대기업보다 높기 때문에 1990년대 이후 나타나는 이윤율의 수렴현상은 중소기업의 쇠퇴현상으로 볼 수도 있다). 2) 지본장비율, 노동생산성 증가율은 1990년대 이후 중소기업은 생산성증가율이 지체되고, 대기업은 노동절약적 투자를 통한 노동생산성증가율이 급격해져 양극화의 시초를 이룬다. 이 두 가지 조건을 조합하면 결국 중소기업이 둔화되는 노동생산성 증가율을 상쇄하고도 이윤율을 유지할 수 있을 만큼의 이윤몫을 가져갔다는 것이 되고, 중소기업 부문의 낮은 임금은 바로 이러한 구조의 전제조건이다(안현효 외, 2007).

38 개방형 사민주의의 세 가지 유형은 다음과 같다. 첫째, 진보적 경쟁력 확보 정책은 경쟁력 향상을 임금인하(비용)보다는 생산성 향상에 초점을 맞춘다. 둘째 고통분담 전략은 소득정책을 통해 협의를 통한 임금억제로 경쟁력을 확보한다. 셋째, 국제적 케인즈주의는 모든 국가들이 유효수요 확대정책을 펴서 시장을 확보한다. 그러나 각 정책들은 고유의 난점을 가지게 되는데 예를 들어 진보적 경쟁력 확보 정책에서 생산성 증가는 곧 노동력의 방출을 의미함으로써

이와같이 우리나라에서 신자유주의의 경제이념은 외부에서 주입된 것으로 보이지만, 다른 한편에서는 내생적으로 발전한 면도 있다. 국내적으로 신자유주의는 1987년 민주항쟁과 노동자대투쟁에 의해 박정희 체제가 몰락한 이후 등장한 이념이다(김수행, 2006, 453쪽). 어떤 과정을 거쳐 박정희 시절의 개발독재적 이념(정책 · 체제)이 신자유주의 이념(정책 · 체제)으로 변화되었는가? 개발독재 이념의 담지자는 이른바 '산업화' 세력으로 불리고 있는데 정치적으로 수구보수적 경향을 띤다. 1979년 박정희가 죽고 나서 집권한 전두환의 정책에서 신자유주의 정책이 발견되기는 하지만 이 시기를 신자유주의 시기라고 보기는 어려울 것이다. 비록 개방과 자유화로 대표되는 재벌의 정치적, 경제적 지배는 강화되고 있었지만 정부관료는 여전히 독점적 권력을 가지고 있었고 1980년대 초반의 구조조정 과정에서 보이는 것처럼 정치적, 경제적, 사회적 영역에서의 의사결정과정에서 여전히 강력한 영향력을 행사했기 때문이다(최병두, 2007, 89쪽).

이런 점에서 볼 때 1987년은 정치적 차원 뿐 아니라 경제적 차원에서도 한국 자본주의에 매우 중요한 분기점이 되었다. 민주화에 의한 정치권력의 약화는 결과적으로 박정희 체제의 특징인 국가-재벌-금융의 삼각 지배블록을 해체시켰고, 이는 한국 자본주의의 장래를 둘러싼 투쟁을 야기했다. 경제적 차원에서 1987년이 갖는 의미는 특이하다. 한국 자본주

이를 극복하기 위해서는 보다 높은 성장률을 확보해야 하는 문제를 가진다. 보다 근본적 문제는 경쟁력 논리는 결과적으로 구성의 모순과 零合的(zero sum) 상황에 빠지게 한다는 점이다(김수행, 2006, 499~501쪽).

의 축적체제의 역사에서 1987년은 축적위기의 시기가 아니었다. 이런 점에서 최병두(2007)는 「발전주의에서 신자유주의로의 이행과 공간정책의 변화」라는 글에서 1987년 이후의 신자유주의 등장이 여타의 자본주의 국가에서는 포드주의 위기 이후 등장한 것인데 반해, 한국의 경우 포드주의 성숙의 결과로 등장하였다고 보고 있다. 왜냐하면 1987년 이후 노태우-김영삼 정부의 신자유주의 정책은 1980년대 한국경제의 호황에 기반하고 있기 때문이다. 즉 1980년대의 3저 호황을 거쳐 내수기반이 확충되고, 대량생산-대량소비의 선진국형 포드주의 경제형태가 나타났다. 그러나 동 시기는 개발독재의 경제정책이 가진 모순을 은폐하거나 계속 누적해가는 시기였다. 3저 호황은 한편으로는 1970년대의 축적 위기 이후 자본의 구조조정의 결과이기도 하지만 상당 부분 외적 요인에 기인한 것이었기 때문이다. 다른 한편 동 시기는 개발독재의 경제체제가 서서히 잠식되는 시기였다. 개발독재의 축적기조인 저임금과 노동억압적인 체제로는 더 이상 축적을 지속할 수 없다는 점이 그 위기의 내용이라면 3저 호황으로 인한 재벌의 자신감은 자발적이자, 주도적으로 체제변화를 시도할 수 있는 조건이었다고 볼 수 있다. 이런 점에서 한국의 경우에도 축적 위기의 결과로 신자유주의가 등장했다고 볼 수 있다. 순수히 거시경제적 성과만으로가 아니라 정치경제적 차원에서 본다면 1980년대의 경제상황은 1970년대 말 축적 위기의 연장이었다. 여기서 축적 위기는 박정희 체제로 불리는 개발독재의 자본주의(이를 주변부포드주의이든, 종속적 독점자본주의이든 뭐라고 부르든 간에)의

축적위기이다.[39]

그러한 축적위기의 내용은 87년 노동자 대투쟁과 과잉인구 소멸로 인한 임금상승의 새로운 국면, 또 그러한 국면을 국가장치를 통해 통제·억압할 수 없는 국가권력의 연성화였다. 이에 대한 재벌의 대응전략은 인적자본투자와 숙련향상을 위한 품질개선이라기 보다는 가격경쟁력을 중심으로 하여 저임금 노동력의 활용을 극대화하는 低進路(low-road)전략이었다. 이 전략이 박정희 체제의 저임금 체제와 구분되는 점은 산업구조 내에서의 통합과 배제(양극화)전략이라는 점이다. 기술자와 중간관리자는 통합하고 생산직 노동자는 배제하는 전략을 취하는 것이 재벌의 새로운 전략이었고 이 전략은 1987년 이후부터 나타나기 시작한 각종 통계에서 드러난다. 제조업 대기업의 고용규모는 1987년을 기점으로 축소되는 반면, 중소기업의 고용규모는 급격히 팽창하는 것이 그 예다(홍장표, 2007).

한편 정치이념이라는 면에서도 1987년은 중대한 기점으로 작용하였다. 박정희 체제를 비판한 세력은 노동자, 학생, 자유주의 정치인 등의 느슨한 연합체였는데 이들은 '민주화' 세력으로 불린다. 민주화 세력은 계급운동으로서 정립되지 못하였으므로 분열이 필연적이었다. 하지만 급진적 노동운동의 합법화를 제외하면 민주화 세력은 대체로 진보적 민족주의의 이념틀 속에서 크게 벗어난 것은 아니었다. 회고하자면

39 물론 각국 별로 발견되는 이러한 축적 위기 내용의 상이함(한국의 경우와 선진 자본주의 경우)은 향후의 신자유주의 확산에도 차이를 유발할 것이다.

포스트 박정희 체제에서 진보적 민족주의 또한 시대착오적인 '산업화' 세력과 마찬가지로 정치적 헤게모니를 쥐지 못하였다. 노태우-김영삼의 3당 합당은 일부 민주화 세력과 산업화 세력의 연합, 이른바 보수대연합으로서 산업화 세력에게 생존기간을 늘려주었다. 그러한 생존의 최종결과가 1997년의 경제공황이라 할 수 있다.[40]

1987년 체제와 1997년 경제 공황 사이의 10년의 기간을 신자유주의로 규정할 수 있을까? 필자는 그러한 규정이 가능하다고 생각한다. 김영삼 정부의 '세계화' 구호는 신자유주의 정책을 은폐하는 것으로 내적 도전에 직면한 지배블록의 자발적인 축적체제 변화의 시도로서 파악할 수 있다. 최병두(2007, 101쪽)는 Peck & Tickell (2002)의 논의를 이용하여 1987~1997년의 시기를 신자유주의1기, 즉 소극적 신자유주의로 규정하고, 1997년 이후의 시기를 신자유주의2기, 즉 적극적 신자유주의로 규정한다. 하지만 그 과정은 상이한데, 1기의 특징은 자발적이고, 명시적인 신자유주의(세계화론)이며 공격적 목적(수출증대, 경제성장)의 신자유주의인데 반해, 2기의 특징은 강제적이고 묵시적이며, 내향적 목적(경영과 시장 합리화)의 신자유주의라는 특징을 가진다.

---

40 이런 점에서 필자는 1997년의 경제공황에 관한 내인론과 외인론이 부분적인 진리를 가지고 있다고 생각한다. 즉 내인론은 개발독재의 시대착오성(또는 개발독재의 한계에 대한 저진로 대안의 모순)을 외인론은 '세계화'론의 시대착오성을 지적한 것이다. 1997년 경제공황에는 이러한 두 요인이 착종되어 있다.

「1987년 체제의 형성과 1997년 체제의 본질」

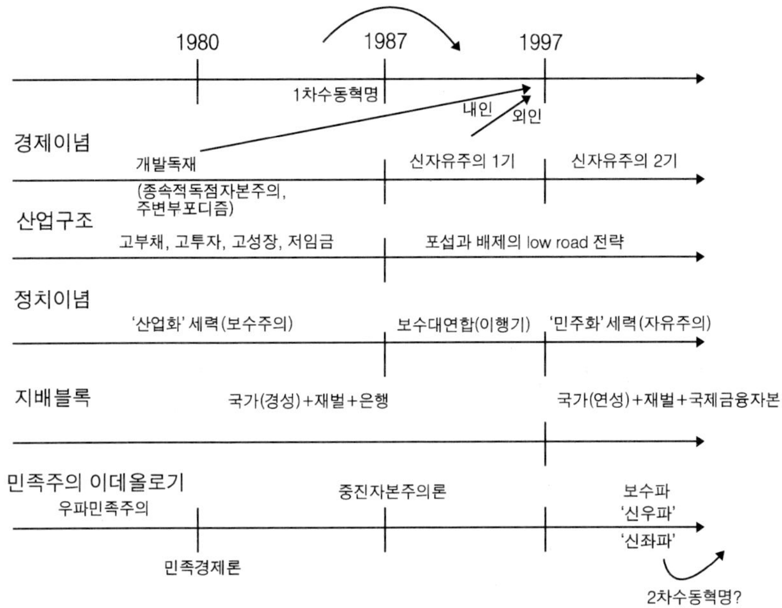

그러므로 1997년의 경제공황은 박정희 체제(1962~1987)-민족경제론-도 부정했을 뿐 아니라 이행기적인 보수대연합의 '세계화'론(1987~1997)-신자유주의-도 부정한 것이다. 하지만 경제위기 이후의 정책은 놀랍게도 신자유주의의 변형판(신자유주의2기)으로 굳어졌다. 이를 테면 김대중 정부의 경제정책은 질서자유주의(보다 개입주의적)와 민주적 시장경제(보다 방임주의적) 중에서 신자유주의에 보다 가까운 민주적 시장경제로 정해졌고, 노무현 정부의 경제정책 역시 초기의 사회정책적 지향에도 불구하고 신자유주의적 구조조정을 계속 밀어 붙였다.

따라서 한국에서의 신자유주의는 신자유주의의 세계적 보편화와 더불어 한국 내 정치지형에서 계급적 진보세력이 효과적으로 진출하지 못한 결과이기도 하다. 진보세력 내의 계급성은 계속 고립되었으며 그 결과 진보적 민족주의의 무능한 대안만이 난무하였는데 이념적으로 신자유주의에 대항할 수 없었다. 이미 신자유주의가 대세로 굳어지자, 누가 신자유주의를 잡느냐의 문제만 남았다. 보수파 중에서 신자유주의를 내세운 세력은 '신우파'(New Right)로 불린다. 신우파의 정치이데올로기는 매우 복잡하지만 과거의 민주화 세력과 심지어 친북좌익 세력까지 전향하여 결합했다는 특이성이 있다. 여기에는 여러 가지 버전이 있을 수 있는데 우리가 관심을 갖게 되는 부분은 민족경제론의 민족주의관이 어떻게 신우파와 결합하게 되는가라는 부분이다. 민족경제론에서 개발독재가 자립적 발전(민족적 발전)을 가능하게 하지 못할 것이라는 가정을 깔고 있었기 때문에, 현실의 자본주의 발전에 직면하여 두 가지의 선택에 놓였다. 즉 현실을 부정하여 여전히 한국의 자본주의 발전은 불가능하다고 하거나, 현실을 긍정하고 진보는 자본주의 발전을 통해서 가능하다고 믿는 것이다(중진자본주의론). 현실이 점차 강화되면 될수록 전자는 약해지고 후자는 강해질 것이다.

신우파에는 과거의 민주화 세력 일부가 포함되어 있지만 결코 주도적이지는 않다. 한국에서 신우파 이데올로기는 이념적 지향성이 불분명하다. 시장주도적, 재벌용인적, 민족주의적이면서 세계화론자인 것이다. 이러한 요소의 결합이 우파의 대표 이념이 될 수 있을까? 무언가 변화를 인정한 것 같지만, 사실상 그 본질에는 변화한 것이 없다. 그것은 한국의 지배블록의 현재를 그대로 용인하기 때문이다. 이병천(2005)이 『역사비평』에 기고한 「전환시대의 한국자본주의론-61년 체제와 87년 체제의 시험대」라는 글에 의하면 국가-은행-재벌로 이어지는 박정희 개발독재 체제의 구 지배블록이 1997년 위기를 거치면서 국제금융-재벌-시장경쟁국가라는 형태로 변화했다. 이 지배블록에는 국가의 정치적 지배집단의 일부만 변경되었을 뿐이고 국가와 재벌이 여전히 강고하게 자리잡고 있다.

물론 모든 민족경제론의 입론이 신우파로 넘어간 것이 아니다. 하지만 진보적 민족경제론의 나머지 부분 역시 민족과 국민경제의 분석 단위에 매몰되는 한, 1997년 이후의 한국경제의 구조적 모순을 해결할 수 없을 것이다.

3절 1997년 이후의 한국경제(론) : 불확실성과 양극화의 유기적 위기

종속과 자본주의 발전 문제를 중심으로 한 한국사회의 성격에 관한 논쟁은 사회주의 몰락(1989) 및 마르크스주의 위기(1989~1991)와 더불어 1990년대 초반 갑자기 사라졌다(전명혁, 2006). 진보진영에서 한국사회성격 논쟁의 쇠퇴와 더불어 주목할 변화는 주류 경제학에서의 동아시아 경제발전에 대한 재평가이다. 동아시아 경제발전에 대한 전통적인 견해는 동아시아의 발전은 시장경제에 충실했기 때문이라는 것이었는데(Balassa, 1988), 이에 반해 발전국가론은 시장을 왜곡하고 국가가 주도한 발전국가적 전략이 그 원인이라고 비판한다. 1993년 발간된 세계은행의 보고서는 발전국가(Amsden, 1989; Wade, 1990)론의 영향 하에서 일정정도 국가의 시장왜곡(시장증진적 정책)을 긍정한다(World Bank, 1993). 이후 1997년의 아시아경제위기를 계기로 논쟁의 축은 주류경제학으로 넘어갔다. 위기 원인에 대한 시장주의적 입장과 발전국가적 입장이 대립한 가운데 진보진영은 양 논쟁 사이에서 동요하면서 침묵할 수 밖에 없었다.[41] 한국사회 성격 논쟁에 참여했던 논자들은 대체로 발전국가론의 입장에 선 위기론에 기울어져 있었고, 이에 의하면 1997년의 경제위기는 전통적 정부-재벌-노동의 관계가 해체된 발전국가의 단계에서 새로운 규제체제를 만들지 못한 상태에서의 개방 효과로 요약된다. 한편에서는 수익성악화와 과잉투자가, 다른 한편에서는 금융자유화로 인해 대외충격에 취약해진 단기차입의 급증이 구체적 조건으로 분석되었다.

외환위기 이후 김대중 정부의 개혁정책은 적극적 재정정책이라는

41 예외적 연구로는 김수행・조복현(1999)과 정성진(2004)이 있다. 그러나 대중적 관심사 속에서 진행된 사회구성체론 논쟁과 비교할 때 영향력 면에서 일정한 한계가 있는 것이 사실이다. 필자는 1997년 위기 시 발전국가론과 시장주의 사이에서 진보적 민족경제론자들이 보여준 동요가 결국 진보적 민족경제론의 이론적 취약성의 증거라고 보았다.

문제만 제외하면 대체적으로 IMF가 제시한 워싱턴 컨센서스의 처방에 충실한 것이었고, 이로 인해 한국경제는 더욱 개방되어 신자유주의적 세계화의 영향 하에 놓이게 되었다.

그 결과 나타난 한국경제의 구조변화에 대해서는 많은 논자들이 동의한다. 그 변화의 핵은 무엇일까? 일단 현상적 지표로 언급되는 것은 1) 경제의 불안정성 강화, 2) 양극화한 성장이라는 특징이다. 그 결과 경기순환의 양상이 종전과 달라졌다.

전통적인 한국의 축적체제는 고부채 · 고투자 · 고성장의 결합으로 위기 때마다 더 높은 투자를 실행하였는데 반해, 1997년 위기 때의 정책 대응은 정반대였다. 위기 최초에는 IMF의 조치에 따라 긴축정책을 취하여 경제가 급락하자, 1998년 전통적인 팽창정책으로 회귀한다. 하지만 일시적 회복 후 다시 실시된 경제개혁정책들은 금융, 노동 부문의 혹독한 구조조정을 야기했다(이덕재, 2007). 구조조정의 결과로 나타난 것이 불안정성이다. 과거 연평균 7~8%의 성장률은 4~5% 정도로 떨어졌다. 이는 투자의 둔화가 주요한 원인이었는데, 문제는 투자 둔화가 단순한 구조조정의 결과라기보다는 축적 방식의 구조적 변화의 결과라는데 있다. 금융개방으로 주식시장 중심의 금융구조와 외국자본이 지배하는 은행산업 등은 투자에 대한 융자보다는 소비자 금융 등에 더 집중하였고, 기업의 수익은 재투자되기 보다는 이익의 실현으로 귀결되었다. 1997~2003년 사이의 국내투자 성장률은 2.2%에 불과했는데, 투자율과 성장률과의 차이는 수출의 증가로 설명된다. 이는 내수 위축의 결과이기도 하고, 내수-수출 부문의 단절을 야기하여 내수의 추가적 위축을 가져오기도 했다.

1997년 위기 이후 세계경제에 깊숙이 편입된 한국경제는 금융의 개방과 대외의존도의 심화라는 두 가지 특징을 갖게 된다. 요컨대 금융의 개방과 자본시장에 의한 금융규율의 강화는 '관리된 금융체제'와 '자유화한 금융체제'라는 아글리에타(1995)의 구분에 따르면, 관리된 금융체제의 자유화한 금융체제로의 이행이라고 볼 수 있다(이덕재, 2004, 130쪽). 그 결과 양적 성장보다는 유동성 확보 노력 등 생존 전략으로 인해 기업의 투자수요는 위축되고, 해고된 노동자와 불완전 고용의 증대는 소비수요를 위축시켜 전반적인 저성장 기조를 보였다. 강력한 구조조정의 결과 이윤율은 회복되었으나 투자는 활성화하지 않는 현상이 발생한 것이다. 결과적으로 기업의 투자 행태는 과거 박정희 체제의 특징인 '고부채-고투자-고성장'의 차입의존적 경제체제에서 질적으로 변화하여, 저투자-저소비로 인한 내수부족을 야기했다고 볼 수 있다. 부족한 유효수요는 수출이 메웠다. 전통적인 차입의존 축적체제가 유발한 수익성 위기(과잉축적)는 내부 수요 창출 능력의 부진으로 말미암아 실현위기적 성격을 띠게 되었다. 수출은 상대적으로 두드러진 역할을 하였는데 이는 역설적으로 수출부문과 내수부문의 연관의 분리를 가속화 했다. 내수의 중요한 축인 투자와 소비수요의 침체에 크게 기여한 것은 불확실성이다. 예를 들어 투자의 경우 수익률은 회복하였으나 수출 외에는 내수 수요에 대한 불확실성으로 정체되고, 소비의 경우 불완전고용의 증가로 말미암은 소비 감소가 두드러졌다(신관호 · 주원, 2002).

박정희 체제의 한국경제가 수출주도적 성장을 한 것이 아니라 투자주도적 성장을 한 것이라는 조심스런 가설(이덕제, 2004)을 받아들이지 않더라도, 1997년 이후의 한국경제에서 수출이 현재의 경제성장에 크게 기여하고 있음에도 불구하고 성장의 파급효과의 역할을 못하고 있으며, 국내 내수의 진작 없이 궁극적 경제회복은 어렵다는 주장은 쉽게 받아들일 수 있다.

지금까지의 유효수요 개념을 통한 분석은 집계적 단위로 한국경제의 문제를 파악한 것이다. 투자와 소비의 문제는 결과적으로 한국경제가 가진 불확실성에서 유래한다는 점에서 1997년 이후 한국경제의 첫 번째 특징과 저성장은 밀접한 관련을 가진다. 이것이 바로 케인즈가 말한 유효수요 부족으로 인한 불황경향인 것이다. 나는 이러한 특성을 한국경제가 가진 위기의 케인즈적 특성 또는 케인즈적 위기라고 부른다.

양극화 성장이라는 1997년 이후 한국경제의 두 번째 특징은 현상적으로는 소득 양극화이지만, 그 심연에는 산업구조의 문제가 도사리고 있다. 즉 수출-내수의 분단과 대-중소기업의 연관관계 취약화가 그 원인으로 지적된다(윤진호, 2005, 128쪽).[42] 양극화는 최근 대부분의 자본주의 국가에서 나타나는 현상이다. 특히 그 원인으로 지목되는 것은 세계화와

---

42 양극화는 일차적으로 소득양극화를 의미한다. 이는 중산층의 몰락에 주목한다는 점에서 지니계수 등으로 측정하는 분배의 불평등화와 동일한 것은 아니다. 그러나 양극화의 개념을 고용의 양극화, 자산의 양극화, 노동시장의 양극화, 주택 · 교육 · 문화 · 권리의 양극화로 다양화한다면 구조적 문제로 확장될 수 있다(윤진호, 2005, 112쪽).

기술혁신이다. 그러나 세계화와 기술혁신이 양극화를 초래하는 정도는 각 나라의 제도적, 정책적 차이로 인해 달라진다. 우리나라의 경우 1997년 이후 세계화의 영향이 급격히 커졌고, IT 산업의 발달로 기술혁신의 속도 또한 매우 빠르다.[43] 그런데 수출과 내수부문의 분단과 대 · 중소기업의 취약한 구조는 우리나라 경제의 구조적 특징이므로 세계화와 기술혁신의 외적 충격은 국내 사회경제 구조에 확대재생산되었다고 볼 수 있다.[44]

미국에서는 1990년대 경제회복기에 고용이 늘지 않는 이른바 '일자리 없는 경제성장'(jobless growth) 현상에 대한 논쟁이 있었는데, 이는 생산성 회복이 초래하는 일자리 방출의 일반적 효과와 함께 소득정책으로서의 금융정책(반인플레이션 정책)과 자본시장에서의 금융규율 강화를 구성요소로 하는 '신자유주의적 성장정책'의 산물로서 이해된다. 금융규율은 기업의 인수합병 등을 통해 이루어지는 기업가치 제고를 위한 기업 혁신 압력을 의미한다. 사모펀드에 의해 압력을 받는 기업이 순자산가치를 극대화시키는 전략적 선택을 할 경우 기업의 한계 사업과 한계 노동자는 좀 더 빨리 구조조정의 대상이 되는 경향이 있다. 문제는 이러한 지나친 혁신운동은 유효수요의 부족으로 인한 축적위기를 야기할 수 있다는 점이고, 이를 해소하기 위해 기업은 해외시장으로 눈을 돌리게

43 무역의존도가 GDP의 76.1%(2003년)에 이르며, 외국인 투자 증시 유입은 시가총액의 30%에 달한다는 사실이 세계화의 정도를 보여주는 지수들이다.

44 생산유발계수의 약화, 수입유발계수의 증가는 수출-내수 및 국내산업의 산업연관이 약화되고 있다는 중요한 증거다. "위기 이후 자본 축적의 재개방식은 수출부문과 IT 부문을 중심으로 이루어졌으며, 이들은 국내 산업연관과 지역 간 연관의 심화를 요구하지 않았던 것이다."(유철규, 2005, 155쪽).

된다(신상훈, 2005). 우리나라의 경우 아직은 총량차원에서 일자리 없는 성장현상은 보이지 않으나, 취업계수의 하락 속도가 급격해지면서 일자리 없는 성장의 경로로 갈 조짐을 보이고 있다(전병유 외, 2005, p.693). 일차적으로 나타나고 있는 현상은 외환위기 이후 고용율이 외환위기 직전의 61%를 회복하지 못하고 있다는 점과 하위 일자리와 상위 일자리를 구분한 일자리 10분위별 일자리 수의 증감이 양극화한다는 것으로 나타나고 있다(전병유 외, 2005, 699쪽). 자본주의적 경기순환 과정에서 나타나는 경기회복은 한편에서는 일자리를 늘리지만, 만약 생산성 회복을 동반한다면 일자리를 방출하는 효과도 있을 것이다. 여기에 신자유주의적 경제정책이 추가되어 기업의 자산가치극대화 전략이 수반되면 더 많은 일자리(주로 한계 일자리)가 방출된다. 한편 기술혁신은 이전의 중간급 일자리를 방출하면서 낮은 하위의 일자리를 잔존시키는 경향이 있다. 따라서 비정규직 문제 등 고용의 질 문제 역시 발생하는 것이다.

이러한 시나리오는 미국에서만 나타나는 것이 아니고 한국에서도 나타나고 있다. 특히 한국의 경우 일자리 양극화와 소득 양극화로 인한 소비 감소를 수출로 대체하는 경향이 있었다. 이는 곧 수출-내수의 분절을 의미하는 것이다.

1997년 외환위기는 이런 의미에서 새로운 축적구조를 가져왔고 이 축적구조는 양극화 해소를 위한 어떤 정책 노력도 무화시키는 효과를 낳고 있다고 볼 수 있다. 이것을 나는 한국경제가 가진 위기의 마르크스적 특성 또는 마르크스적 위기라고 부르고자 한다.

4절 국면적 위기와 수동혁명

이러한 축적구조는 한편에서는 한국 사회 내적인 투쟁의 산물이다. 1987년 대투쟁을 계기로 촉발된 한국 사회의 내적 투쟁은 신자유주의 정책으로 종합되어 일관되게 수행되었다. 1997년 위기는 이러한 경향의 문제점을 확실하게 드러냈음에도 불구하고 그 경향은 지속, 강화되었다. 하지만 1997년 체제가 마르크스적 위기와 케인즈적 위기를 계속 악화시키고 있기 때문에 지배블록 내의 분열이 현재 한국의 이행기적 정치경제 속에서 계속된다.

일부의 민주화 세력이 이른바 산업화 세력으로 불리는 박정희 체제의 산물인 신우파의 우산 밑으로 들어갔지만, 다수의 민주화 세력, 즉 사회정책 지향적, 통일지향적인 민주화 주류가 신자유주의 세계화에 대해 취한 태도는 애매했다. 1987년부터 시작한 한국자본주의의 새로운 축적체제인 신자유주의 체제는 1997년 공황을 가져왔고 이후의 보다 철저한 개방과 시장의 도입은 양극화와 불안정성의 심화를 야기했다는 점에서, 사회주의 붕괴에도 불구하고 자본주의 세계체제에서 자유주의가 종말을 고한 것과 비슷한 효과가 나타난다. 자본주의 세계체제에서 양극화가 심화되고 유지가능한 자본주의가 불가능해지는 것과 마찬가지로 한국 자본주의 역시 새로운 축적의 자원이 필요하다고 할 수 있는데,

북한은 바로 새로운 시장이면서, 새로운 생산관계의 가능성이다. 그 가능성은 이미 한국자본주의에서 박정희 체제가 종말을 고하면서부터 존재했지만 현실성으로 전화하는 과정은 간단치 않았다.

한미 FTA로 조성된 특이한 정세가 남북문제와 결합할 때 우리는 좌파 민족주의 조차 신자유주의로 전환하였다는 사실을 볼 수 있다. 놀랍게도 이러한 사고의 전환은 다름 아닌 민족경제론과 모순되지 않다. 『한반도 경제론』(이일영 외, 2006)의 이른바 '개방형 민족경제론'은 민족주의를 부정하지 않으면서도 개방을 통합하는 다자주의-지역주의-민족주의의 동심원 논리를 제시한다. 이러한 관점의 좌파 민족주의는 경향적으로 신자유주의로 전환할 수 밖에 없다. 왜냐하면 원래의 민족경제론의 문제의식에서 나타나는 민족자본은 현재의 상황에서 내수기반의 중소기업인데 내수기반의 중소기업은 양극화 발전과정 속에서 몰락과 생성을 반복하고 있기 때문이다. 요컨대 민족자본의 담지자라고 할 수 있는 내수기반의 중소기업은 아무런 안정적 실체가 없으므로 결과적으로 자율적이고 내포적인 민족경제가 아니라 개방만이 현실화될 뿐이다.

그러나 이러한 프로젝트가 원래 민족경제론의 이념적 지향(자립경제)과 맞지 않게 결과적으로 신자유주의적인 결과를 낳을 것이라는 점만 제외하면 비현실적 전망이라고 말할 수는 없다. 1987년 자발적으로 시작한 신자유주의(1기) 뿐 아니라 1997년 경제위기 이후에 강제적으로 이식된 신자유주의(2기)는 한국경제를 양극화시키고 분열시켜 장기지속성이 없는 것이었다. 그러나 좌파민족주의와 신자유주의의 결합은 남북경제권의 형성과 연계되어 한국 자본주의의 새로운 돌파구를 여는 것으로 보인다. 좌파민족주의는 친북친미 노선(북핵문제+한미FTA)을 구체화함으로써 이를 현실화하는 단계까지 구축하고 있는 게 아닐까.

문제는 이 과정이 남한 자본주의에 양극화를 심화시킬 것이라는 점이다. 1997년 이후의 경향으로 나타나고 있는 다양한 형태의 양극화는 자본주의의 내재적 발전 경향이면서 한국적 특수성으로 구조화되어가고 있는데 이는 한국자본주의가 대외의존형 자본주의라는 점에서 더 가속화되고 있다(즉 내수 진작을 위해 임금을 인상하고, 내수연관을 강화하기 위해 중소기업을 육성할 필요를 못 느낀다는 것).

그런데 친북친미 노선이야말로 그람시적으로 말하면 수동혁명적 성격을 띤 부르주아 프로젝트인 것이다. 여기에 우리의 이슈들, 참여민주주의와 실생활의 공공성이 들어올 여지는 매우 협소하다.

어떤 이론적 틀이 이러한 상황전개를 설명할 수 있을까? 다행히도(?) 아직은 노무현 정부가 지난 선거에서 패배함으로써 북미수교, 평화협정과 결합한 한미FTA 체결 등과 같은 상황이 현실화하지는 않았다. 하지만 10여년 쯤 후에 이 상황이 전개된다면 일단 극우적이고 보수적인 이념체계는 더 이상 한국자본주의에서 주류자리를 차지하지 못할 것이다. 하지만 진보적 민족주의 역시 더 이상 진보이념으로 기능할 수 없을 것이다. 이것이 민족경제론의 종착점이자, 좌파민족주의의 귀결이라고 하면 지나친 평가일까?

5절 한국경제의 정치경제학
: 민족주의와 경제주의 비판

우리는 앞에서 한국자본주의의 최근 축적위기와 세계자본주의의 신자유주의 경향은 서로 결합되어 케인즈적 위기와 마르크스적 위기라는 모순 속에서 운동하고 있다는 사실을 보았다. 하지만 신우파는 물론이고 저항적 민족주의가 기초한 민족주의로 인해 위기의 돌파와 재구성에 난점이 있다.

진보적 민족주의가 진보적인 것은 한국경제에 있는 민중의 삶에 관심을 갖기 때문이다. 그런데 이러한 민중의 삶의 질곡을 민족경제론의 민족주의로서는 해명할 수도 없고, 진보적으로 개입할 수도 없는 상황이다. 왜 민족경제론이 이 문제를 해명할 수도 없고, 해결할 수도 없는가? 사회운동의 이행전략으로서 파악된 민족경제론은 그람시적으로 번역하자면 사회운동의 헤게모니 전략의 일환으로 채택된 것이다. 다종다양한 계급, 계층과 집단을 지도하고 통합시키기 위해 이데올로기로서 민족주의가 채택된 것인데, 그 민족주의 자체가 '상상화된 공동체'(Anderson, 1991)로서 실제로 기능할 수 없다는 것이 첫 번째 문제이다. 둘째의 문제점은 민족주의는 용이하게 국가주의와 결합하여 내부의 차이를 극복 · 통합하는 것이 아니라 이를 무시하고 대내적으로는 전체주의,

대외적으로는 제국주의로 이행하는 효과를 가진다는 점이다.

다른 한편 민족경제론은 경제주의 경향을 가진다. 왜냐하면 지금까지 민족경제론의 주요 관심사는 한국사회의 성격, 즉 자본주의냐 반봉건사회냐, 종속성이 심화되느냐 자립적이냐 등의 문제로 운동의 목표였지, 과제를 달성하는 전략은 아니었기 때문이다. 이러한 사고방식으로 인해, 한국사회에서 나타난 정체와 종속으로 인한 붕괴론과 대립하는 자본주의 발전경향으로부터 이론을 버리든지, 아니면 현실을 버려야 한다는 양자택일적 문제가 발생하였다. 하지만 한국사회에서 자본주의 형성이 결코 자동적이고, 구조적으로 필연적인 과정은 아니었다. 그것은 적대적 갈등의 발전 속에서 지배집단의 실천적 전략으로 구체화되고 현실화된 것이다. 구조와 모순에 대한 논의만으로는 지배집단의 지배전략에 대한 연구, 즉 자본주의 발전의 효과성에 대한 연구를 할 수가 없다.

이 문제로부터 우리는 앞으로의 한국경제론은 민족주의적 편견 대신에 진보적 계급성을 확보해야 한다는 사실과, 경제주의(경제학주의)에서 탈피하여 명실공히 정치경제학이 되어야 한다는 교훈을 얻을 수 있다. 이를 위해서는 한국경제 분석의 영역이 역설적이게도 한국경제로 한정되어서는 안된다. 현 단계 자본주의의 경쟁력 이데올로기는 탈규제, 사유화, 공공개입의 자유화 등의 신자유주의적 보편적 지상명제를 낳지만 이로 인해 (국민)국가는 외부의 경제적 힘으로부터 국내 경제를 완충하는 기능을 탈각하고 국내 경제를 지구적 경제의 요구에 적응시키는 기관으로 변질되고 있다. 그리하여 시장이 국민국가의 사슬을 뚫고 세계로 뻗어나가고 있는데 그 결과 생산의 재구조화가 발생하여 일국적 단위의 생산이 글로벌 생산과정의 합리성에 복속된다. 이는 이전의 중심/주변부 국가의 위계적 질서가 사회적 관계로까지 확산되는 결과를 초래했고 이는 노동조직을 1)상대적으로 소수의 안정적인 영구고용직과 2)다수의 불완전한 취업자, 3)마지막으로 세계 도처에서 발견되는 생산에서 분리된 실업자라는 세 그룹으로 분절시키고 있다(Cox, 2005, 28~30쪽). 그리하여 결국 폴라니가 19세기 영국에서 본 것과 마찬가지의 현상, 즉 빈부의 양극화, 기존 사회적 유대의 해체와 소외의 발전이 나타나고 있다. 따라서 한국경제의 문제를 해결하는 방안을 이해하기 위해서는 세계 자본주의 질서에 대해 이해해야 한다. 제2부의 주제는 바로 세계자본주의의 모순과 동학이다.

제2부 세계자본주의의 정치경제학

5. 자본주의 세계체제: 월러스틴

1절 세계체제론: 신과학에 기초한 마르크스주의

필자는 지금까지 한국경제의 대상과 이론을 검토하면서, 1) 저성장이라는 케인즈적 위기와 2) 양극화라는 마르크스적 위기의 상태가 중첩된 것으로 현재 한국경제의 핵심을 요약하였다. 이는 이미 한국경제를 바라보는 프리즘을 자본주의의 일반적 특성으로부터 도출하고 있는 것이다. 이는 과거 진보적 민족경제론이 한국경제의 종속과 저발전의 문제를 제기하였던 것과 전혀 다른 관점에서 접근하고 있는 것이다. 종속과 저발전이라는 문제설정은 현재의 세계화 현상을 설명할 수 없을 뿐더러, 더 이상 진보적 이념도 아니다. 이와 같이 한국경제의 문제는 세계경제의 문제와 동형성을 띠고 있기 때문에 세계경제에 관한 이론, 즉 세계체제론을 검토할 필요가 있다.

우선 세계체제론의 이론적 위상을 분명히 할 필요가 있다. 세계체제론에 대한 통상의 비판은 ① 실증주의자로부터의 비판, ② 국가주의자로부터의 비판, ③ 정통적 마르크스주의자로부터의 비판, ④ 포스트주의자로부터의 비판 등으로 나누어 볼 수 있는데 그 비판을 살펴봄으로써 세계체제론의 이론적 위상을 규명할 것이다.

월러스틴은 최근 발간된 세계체제의 이론적 구성에 대한 개론서 격인 『월러스틴의 세계체제 분석』(2004, 54~59쪽)에서 세계체제론에 대한 위의 다양한 비판을 언급하면서 이를 다시 재반박하고 있다. 우선 실증주의자들은 세계체제론이, 지금까지 사회과학(경제학)이 경제사 영역에서 확립한 통계학적 방법을 무시하고 반증불가능한 개별기술적 서술에 치중한다고 비판하고 있지만, 실증과학 그 자체의 고유한 방법은 '가로등에서 열쇠찾기'에 불과하다고 반비판하고 있다. 즉 실증주의 과학은 열쇠 자체를 찾는 것이 아니라, 이론의 틀 내에 포착된 또는 이론의 틀 내에서 해결가능한 열쇠만을 찾는다는 것이다. 따라서 실증주의 과학에서 해결해야 할 이론적, 실천적 문제는 사회적으로 가장 중요한 이론적, 실천적 문제가 아니라 그 학문에서 중요하다고 보는 이론적, 실천적 문제가 된다. 따라서 이러한 접근은 사회의 진보적 대안을 탐구하려는 실제적 학문으로 볼 수 없다.

국가주의적 접근은 월러스틴이 세계체제론을 통해 국민국가의 중요성과 그 독자적 역할을 무시하고 있다고 비판한다. 하지만 월러스틴의 세계체제론은 분석단위로 세계경제를 상정하지만 세계정부를 상정하는 논리가 아니다. 월러스틴은 경제의 영역과 정치의 영역이 공간적으로 일치하는 세계체제를 세계제국이라고 부른다. 이를테면 로마제국 등이 그 예가 된다. 하지만 현재 우리가 사는 자본주의세계체제는 세계경제의 공간과 정치적 공간이 구분된다. 월러스틴은 그러한 정치적 공간을 국민국가라고 부르는 것이 아니라, 국가간체제로 부른다. 이는 필연적으로 국가가 가지고 있다고 간주되는 주권의 문제에 대한 대안적 이해를 야기하게 된다. 즉 주권은 통상 국민국가의 내부에 대해 행사하는 것이라고 생각하기 쉬우나 그 근본은 대외국가로부터의 승인이라는 점이다.

세 번째로 정통적 마르크스주의자들은 월러스틴의 유통주의를 비판한다. 즉 자본주의의 개념이 다르다는 것이다. 정통적 마르크스주의의 경우 자본주의는 자본-임노동관계로 정의된다. 하지만 월러스틴은 자본주의를 상품교환관계로 정의한다는 것이다. 이 문제가 제기되는 이유는 자본-임노동관계가 정립되지 않은 상품교환관계를 자본주의로 볼 것인가 아닌가의 문제 때문이다. 이 논점에서 핵심은 자본주의 정의 그 자체라기 보다는 자본-임노동관계로 파악한 자본주의 개념이 일국주의적 관점을 깔고 있었다는 것이 문제다.[45] 정통적 마르크스주의자의 자본주의관은 자본주의적 국민국가를 당연한 분석단위로 전제한다. 하지만 월러스틴은 자본주의 분석의 단위는 국민국가의 범주가 아니라 세계경제의 범주에서 접근해야 한다고 보며, 자본주의의 본성은 끊임없는 자본의 축적에서 찾아야 한다고 본다. 그리하여 자본은 그 자체가 세계성을 추구한다는 점을 강조한다.

네 번째의 비판은 탈근대주의자로부터의 비판이다. 탈근대주의자들은 월러스틴이 여전히 거대담론에 집착하고 있고, 문화의 자율성을 무시하고 있다고 비판한다. 이에 대해 월러스틴은 구조 개념은 여전히 유용하고 필요하다고 반박한다. 다만 그러한 구조는 무시간적 구조가 아니라 생성, 발전, 소멸하는 구조다. 하지만 월러스틴의 구조 개념은

45 마르크스주의자의 비판은 월러스틴의 재해석에서 중요한 부분이므로 이 장의 마지막 절에서 다시 다룰 것이다.

목적론적이고 종말론적 의미의 역사적 구조가 아니라, 각 구조가 고유의 역사적 시간을 가진 구조다. 물론 이 구조 개념은 브로델의 장기지속의 개념에서 유래하여 구조조의자들의 구조개념과 다르다. 브로델은 구조주의자들의 구조 개념은 비록 통시적인 것과의 균형을 유지한다고 해도, '아주 길고', '너무 길어서' 사실 영원하다고 비판하였다. 그러한 시간은 사실 존재한다 하더라도 '현자들의 시간'에 불과하다(Hopkins & Wallerstein, ed., 1996, 234쪽, 주23).

이러한 논점들은 각각의 비판자들과 세계체제론이 형성하고 있는 차이를 부각한 것에 불과한 것처럼 보인다. 즉 서로의 관점의 차이만 나타나 있다. 그러나 이러한 차이만 비교한다면 세계체제론 그 자체의 이론적 통합성을 무시하게 된다.

월러스틴은 세계체제론이 위에서 검토한 비판적 접근과 완전히 다른 방법론적 기반위에 있다고 말한다. 월러스틴이 세계체제론적 사고방식의 의미를 사회과학의 위기와 연관시켜 근대 학문 이후의 학문으로 간주한다. 사실 월러스틴이 『근대세계체제』(I, II, III) 시리즈로서 사회과학과 역사학의 발을 디뎠지만 1980년대 이후부터는 '지식의 구조에 대한 인식론적 글쓰기'에 집중하여 세계체제론의 인식론적 지형(인식층)을 명확히 하고자 하는 경향을 보인다.

월러스틴이 강조하는 것은, 세계체제론이 지적 역사와 구조 속에서 새로운 혁신이라는 점이다. 월러스틴에 의하면 1500년대부터 시작한 근대세계체제(즉 자본주의세계체제)는 1789년 프랑스 혁명을 거치면서 동요하였지만 1848년에 이르면 중도자유주의적으로 대대적으로 개편되었는데 이 때 사회과학도 출현하게 된다. 사회과학은 자신의 학문적 방법론을 자연과학의 법칙정립적 학문체계와 인문학의 개별기술적 방법론 사이에서 계속 동요하면서 발전해왔다. 그 발전의 과정에서 세계체제론은 1968년 혁명을 통해 변화한 근대세계체제의 구명을 위해 1970~80년대에 구축된 새로운 이론체계라는 것이다. 1960년대에 새로운 인식층의 형성을 야기한 지적 혁신 가운데 세계체제론의 형성과 연관된 이론적 논쟁으로는 종속이론, 아시아적 생산양식논쟁, 자본주의 이행논쟁, 아날학파 역사학의 4가지가 있다.

주지하듯이 종속이론은 중심부-주변부에 관한 이론으로 알려져 있다. 세계체제론은 물론 중심부-주변부의 논리를 받아들인다. 하지만 이를 기존의 국민국가적 틀 속에서 파악하면 잘못된 것이다. 중심부-주변부는 중심부'국가'에 주변부'국가'가 종속된다는 이야기가 아니다. 그것은 세계체제 속에서의 분업을 이야기 하는 것이다. 제국주의 시대의 사회운동, 즉 사회주의와 민족주의 운동에서 유포한 관념인 국가가 국가를 지배한다는 사고는 당시에도 오류였지만 지금은 더욱 더 현실 설명력이 떨어진다.

종속이론에는 너무나 다양한 변종이 있으므로 여기서 한마디로 단언할 수 없지만 이 논쟁과 관련하여 월러스틴이 강조하는 바는 종속이론은 2단계 혁명론에 기반한 정통적 마르크스주의로부터의 단절이라는 점이다. 사실 월러스틴이 정통적 마르크즈주의자와 차별되는 논리를 펴는 이유의 근원적 원천은 1789년 혁명에 대한 해석 때문이다. 만약 세계체제론적 관점에서 볼 때, 종속이론 논쟁의 핵심이 부르주아 혁명과 사회주의 혁명 사이의 2단계 혁명론이라면, 그 이론적 기원이 1789년 프랑스 혁명에 대한 해석과 긴밀히 연관되어 있다. 월러스틴은 1789년 혁명을 부르주아 권력의 성립과정으로 보는 이른바 정통파(소불)의 견해보다는 혁명에서 새로운 권력이 형성된 것이 아니라 (어쩌면 불필요할지도 모르는) 역사적 이벤트라는 신해석(퓌레)의 견해를 따르는 듯이 보인다 (Wallerstein, 1991b, 16~18쪽). 하지만 월러스틴은 프랑스 혁명이 자본주의세계체제를 심대하게 변화시킨 큰 계기라고 하기 때문에 그의 관점은 이단적 신해석의 관점이 아니라 정통파 해석의 비판이라고 봐야 한다. 월러스틴에 의하면 프랑스 혁명은 프랑스의 부르주아지가 영국과의 헤게모니 경쟁 과정에서 국가의 재조직, 국가 개혁을 시도하다가 발생한 사건이다. 원래의 의도는 프랑스의 국가 개조였으나 대중의 동원 과정에서 사회주의적 혁명 이념과 대결해야 했던 것이다. 그에 의하면 자코뱅 독재 조차도 대중의 권력 의지를 해소하기 위한 부르주아적 대응(그람시적으로 말하면 수동혁명이라고 할 수 있을까)이다. 즉 월러스틴은 1789년 시작된 혁명 과정에서 이미 부르주아와 프롤레타리아의 대결이 발생하였으며 후자의 진압을 통해서야 비로소 현재의 자본주의 세계체제를 구축할 수 있었다고 본다. 다시 말해 부르주아 혁명과 사회주의 혁명은 일련의 두 단계가 아니라 동시적인 사태였다는 것이다. 뒤집어서 이야기하면 1989년 붕괴한 현실 사회주의 체제는 자본주의 이후 체제가 아니라 체제 내에서 경쟁하는 자본주의세계체제의 부분적 현상이라는 것이다.

두 번째의 이론적 계기인 아시아적 생산양식 논쟁은 원래 마르크스의 역사학 체계에서 유래했다. 주지하듯이 마르크스는 자본주의 생산양식의 전사로서의 노예제, 봉건제 생산양식과 후사로서의 공산주의를 설정할 때 이 틀에서 설명되지 않던 역사 중 전제(專制)적인 체제를 아시아적 생산양식으로 정식화함으로써 이 역사적 체제가 어떤 위치에 놓여있으며 궁극적으로 역사유물론의 발전법칙에 '종속'될 것인지 아니면 '예외'일 것인지의 논란의 단초를 제공했다. 이 논쟁은 보편성과 특수성의 논쟁이라고 볼 수 있지만 역시 보편성과 특수성의 관점에서는 해결이 되지 않는 논쟁이 되어 버리고 말았다. 역사적으로 스탈린에 의해 정치적, 폭력적으로 정리되어 단선론적 역사관으로서의 역사유물론으로 재정립되었고, 이후 스탈린 사후의 이론적 해방 속에서 아시아적 생산양식은 예외 또는 또 다른 보편성으로 주장되고 있다. 하지만 월러스틴에 의하면 생산양식의 계기적이고 필연적 발전이라는 관점 자체가 문제다.

돕과 스위지의 자본주의 이행논쟁에서도 제기된 것은 자본주의의 정의다. 돕은 생산관계로서의 자본주의 개념을 전제하여 자본주의는 영국의 농업노동자로부터 형성되었다고 파악했고, 스위지는 영국 외부의 상품교환관계의 충격에서 자본주의 형성을 찾았다. 하지만 월러스틴에 의하면 자본주의는 처음부터 세계체제로서만 이해할 수 있다. 여기에 자본주의 정의는 단순히 자본-임노동관계냐, 상품-화폐관계냐의 문제를 넘어선다. 사실 마르크스에서 이 두 요소는 자본주의를 규정하는 본질적 두 요소다. 즉 두 요소가 모두 성립되어야 자본주의로 불릴 수 있다. 때문에 문제는 여기에 있지 않다. 문제는 자본-임노동관계로서 정의한 자본주의론은 한 나라를 중심으로 분석하는 이론적 편향을 가지고 있다는 점이다. 이는 자본주의 개념을 단순히 '자본'에 대한 고찰에서 끝나지 않고 자본의 '배치' 문제까지 모두 고려한 결과다. 실제로 이론적 문제는 자본 그 자체의 세계성이 아니다. 자본의 세계성은 『공산당선언』에서 언급되었을 뿐 아니라 오늘날 자명하기 때문이다. 그러나 자본의 배치는 국민국가의 영향력 속에 있다는 현실도 고려되어야 현재의 자본주의 체제가 구명될 수 있다. 이런 관점에서 볼 때 문제는 자본의 세계성과 자본의 국민국가적 배치를 모두 파악할 수 있는 이론체계인가이지, 단순히 자본-임노동관계냐 상품-화폐관계냐가 아닌 것이다.

하지만 이러한 논점들은 자연히 탈근대주의적 인식틀로 이끈다. 2단계 혁명론과 단선적 역사관의 종말론적 헤겔주의적 해석을 비판할 때 이론적 반대급부는 역사 자체에 대한 부정으로 나타났다. 근대를 이성적 사유와 인류 문명 그 자체로 파악하는 초역사적 관점에서 출발할 때 탈근대주의는 역사적 발전으로서의 진보 개념 그 자체를 부정할 수 있다. 월러스틴이 기초한 아날학파의 역사학은 이 점에서 매우 중요하다. 월러스틴의 이론이 앞의 세 쟁점과의 비교에서 탈근대주의적 외양을 띤 차이에도 불구하고 탈근대주의와 결정적으로 차이나게 만드는 지점이다. 아날학파가 월러스틴의 세계체제론에 준 영향은 바로 장기 지속(la longue durée)라는 개념이다. 장기 지속이라는 개념은 구조주의의 영원불멸의 시간도 아니고 역사주의의 필연적 시간도 아닌, 개별 구조가 가진 고유의 구조적 시간을 함의한다. 각 구조는 자신의 생성 · 발전, 소멸의 규칙을 가질 것이지만, 구조와 구조 사이의 연결 필연성은 없다.

「세계체제론의 선행이론들」

4가지 이론적 배경	종속이론	아시아적 생산양식론	자본주의 이행논쟁	아날학파
정통마르크스주의의 한계	2단계혁명론	단선적 역사관	일국주의	역사주의 · 구조주의
세계체제 개념의 함의	동시대성	구조의 고유한 시간	자본의 세계성	장기지속,구조적 시간

종속이론, 아시아적 생산양식논쟁, 자본주의 이행논쟁 모두가 하나의 문제로부터 재구성된다. 즉 결과적 차이로부터 이론을 평가해서는 안되며 차이의 원천이 되는 요소를 평가해야 세계체제론을 정당히 위치지울 수 있다. 그것은 세계체제론의 시간은 역사주의의 시간, 구조주의의 시간과 다른 아날학파의 시간 개념을 채택하고 있다는 점이다. 장기지속의 시간은 그 자체의 생성 · 발전 · 소멸의 과정을 가진다. 하지만 장기지속 간의 필연성은 없다.

아날학파의 역사학이 가진 역사적 시간 개념의 특유성은 1960년대 말 이후 출현한 열역학(thermodynamics)에 기반한 신과학(new science)과 일정한 친화성을 가진다(Hopkins & Wallerstein, ed., 1996,

242쪽).[46] 월러스틴은 프리고진(I. Prigogine)의 복잡계이론에 기반한 신과학의 개념을 대폭 받아들여 카오스(chaos), 점근선(asymptote), 분기(bifurcation), 창발성(emergence) 등의 개념을 세계체제의 진화를 설명하는데 도입하였다.

프리고진(1997)의 『확실성의 종말: 시간, 카오스 그리고 자연 법칙(The End of Certainty: Time, Chaos and the Laws of Nature)』에 의하면 확산구조(dissipative structure)를 가진 자연적 복잡계는 예측불가능성, 자기조직화, 시간 및 비가역성이라는 개념과 긴밀히 연관되어 있다. 이는 뉴턴적 사고에 기반한 환원주의적 접근법, 분과학문의 구분, '가로등에서 열쇠찾기'등의 특성과 반대되는 종합적 접근법, 간학문적 접근법, 실제적 문제를 다루는 것 등을 포함한다. 여기서 확산구조의 의미와 확산구조에서의 자기조직화의 내용을 파악하기 위해서는 물리학에서의 역학(mechanics) 및 동력학(dynamics)에 대한 이해가 필요하다. 뉴턴으로 대표되는 고전역학은 균형체계 및 이와 가까운 체계를 다룬다. 이러한 체계는 특수한 유형의 자기조직으로서 말하자면 자기해체의 체계, 즉 균형상태를 향해 진화하며 이에 머물러 있는 체계이다(Jantsch, 1980, 53쪽). 이를 단순구조라고 할 수 있다. 그러나 19세기에 열역학(thermodynamics)의 발전으로 말미암아 고전역학 및 고전동역학의 설명은 단순한 조직에 대해서만 적용되며, 복잡구조에 대해서는 설명할

46 신과학에 대한 쉬운 개론서로는 김재희(1994), 경제학에 복잡성의 과학을 접목시킨 개설서로는 시오자와 요시노리(1997)를 참조하라. 주지하듯이 1968년은 월러스틴이 지목한 근대 세계체제의 분기점이다. 이를 우연의 일치로 보아야 할 것인가?

수 없다는 점이 지적된다.

사회현상은 단순구조가 아니라 복잡구조로 파악해야 한다는 것이 복잡계이론의 관점이다. 요컨대 정역학적 균형 개념은 복잡현상을 설명할 수 없다. 왜냐하면 정역학적 균형에 도달한다면 더 이상의 변화는 내적으로 불가능하여 변화의 내생적 원인을 찾을 수 없기 때문이다. 이때 변화는 외적 충격, 예를 들면 전쟁과 기후 등으로만 설명된다. 하지만 실제의 사회조직은 내적 변화 속에서 항상 동적으로만 그 항상성을 유지한다.

열역학에서 제기하는 새로운 균형개념은 균형을 질서의 상태가 아니라 무질서 및 극대의 무작위의 상태로 본다는 점에서 역학에서 제기하는 균형과 다른 의미를 가진다. 열역학에서는 이른바 '엔트로피 법칙'이라고도 불리는 열역학 제2법칙, 즉 고립된 계에서 엔트로피는 최대로 증가하는 경향이 있다는 점에 기초하여 극대의 엔트로피 상황을 열역학적 균형이라 부른다.

그러나 (주류) 사회과학에서 열역학적 균형의 함의는 큰 문제가 된다. 왜냐하면 열역학적 균형은 열적 사망(heat death) 즉 사회의 해체를 의미하기 때문이다. 이러한 함의가 가진 암울함으로 인해 (주류)사회과학은 열역학적 균형 개념보다 역학적 균형 개념을 더 많이 사용하였다.[47]

---

47 이는 보통 '스펜스의 딜레마'로 불린다. 사회학자들은 일반적으로 균형을 강조하는 경향이 있는데 이는 체제 통합과 체제 안정성을 지지하기 위해서이다. 이를 위해 물리학에서의 균형 개념을 받아들였다. 하지만 물리학에서 균형이란 극대엔트로피의 상태, 즉 체제통합의 상태가 아니라, 체제분열의 상태(즉 '체제사망')이다. 이것이 스펜스의 딜레마이다(Bailey, 1996, 137쪽).

따라서 역학적 균형개념이 사회의 유지를 갈망하는 보수적 이데올로기의 한 형태로서 자리잡았다.

열역학적 균형이론이 사회과학에서 쉽게 도입되지 못한 또 하나의 이유는 역학적 균형이론이 가진 열적 사망상태라는 함의에도 불구하고, 실제의 사회는 항상성을 유지하고 있다는 사실에도 있다. 그러나 이러한 이론적 난점은 '열린계'와 '닫힌계'를 구분하고 열린계에서는 열역학 2법칙에 저항할 가능성이 나타난다는 점이 밝혀짐으로써 돌파구가 마련되었다. 이에 따르면 사회조직의 유지는 사회가 '열린 계'라는 특성에서 기인한다. 열린계에서는 내부에서 증가하는 엔트로피, 또는 무질서의 경향이 외부로 확산되어 내적 엔트로피를 감소시킬 가능성이 존재한다. 열린계에서 엔트로피 증가경향이 어떻게 조정되는가를 보기 위해서 아래의 도식을 참조하자.

dS = deS + diS (식)

(단, dS 는 전체 엔트로피의 변화량, deS는 체계에 유입된 외부엔트로피(負의 엔트로피negentropy)의 변화량, diS 는 체제 내에서 비가역적으로 발생한 엔트로피(正의 엔트로피)의 변화량을 의미한다)

(식)에서 만약 deS 〉 diS 라면 전체 엔트로피는 줄어들며, deS 〈 diS 라면 전체 엔트로피는 늘어난다. 이와 같은 도식에 따르면 엔트로피의 증가경향이라는 열역학 제2법칙은 조직의 형태에 따라 조정될 수

있다. 만약 체계가 닫힌계라면 자체 내에 증가한 엔트로피는 확산될 장치가 없기 때문에 deS=0일 것이다. 그러나 사회조직은 사회와 (자연) 환경과의 관계에서 열린계라고 볼 수 있고, 사회조직은 엔트로피의 증가라는 열역학 제2법칙의 필연성(즉 열적 사망 상태)을 회피할 수 있다. 엔트로피 법칙에도 불구하고 유지되는 조직과 사회의 작동원리에 대한 대답이 확산구조 및 복잡구조의 개념이다. 조직의 어떤 수준은 확산구조 상태에 있음으로써 증대하는 엔트로피를 외부로 확산시켜 조직의 항상성을 유지시키는 것이다.

우리는 지금까지의 논의로부터 닫힌계의 진화과정과 열린계의 진화과정을 구분할 수 있다. 〈그림〉은 이를 설명한다. 닫힌계에서는 질서잡히고 낮은 엔트로피의 상태에서 시간의 비가역적 진화의 결과, 무질서와 높은 엔트로피의 상태로 나아간다. 그러나 사회조직은 닫힌계가 아니라 열린계이므로 내부의 엔트로피를 외부로 방출할 수 있다. 여기에는 두 가지의 방식이 존재한다.

얀치는 이를 구조보전적 체계와 진화적 체계로 구분하여, 자기조직화의 두 가지 유형을 이에 대응시킨다. 전자는 보존적 자기조직화, 후자는 확산적 자기조직화로 연결되는 것이다. 보존적 자기조직화는 균형구조를 향해 나아가는 역진화적 상태에 있으며, 확산적 자기조직화는 진화과정에 단순히 역행하는 것이 아니라 진화에 순응하면서도 그 방향과 전개양상을 달리하여 높은 엔트로피를 외부로 확산(산일)시키는 진화적 상태에 있는 자기조직화이다(Jantsch, 1980, 64-65쪽). 양자 모두 조직 내부의 엔트로피를 감소시키는 방향으로 나아가고 있으나 전자의 경우 기존의 조직이 유지되는 상태에서 엔트로피가 감소되는 것으로 해석될 수 있으며 따라서 사회이론에 적용할 때 우리는 이러한 상태가 기존의 사회제도에 의해 사회질서가 유지되는 경우를 지칭한다고 볼 수 있을 것이다. 반면 확산적 자기조직화란 균형과는 거리가 먼 진화과정을 통해 엔트로피를 감소시키는 과정이다. 따라서 이는 사회이론에서 조직이 새로운 변형을 거쳐 증가한 엔트로피(증가한 무질서, 즉 혼동)를 조정하는 과정이라 볼 수 있을 것이다. 자본주의가 대공황을 거쳐 새로운 단계로 이행하는 경우를 확산적 자기조직화의 예로 들 수 있다.

「닫힌계와 열린계 차이」

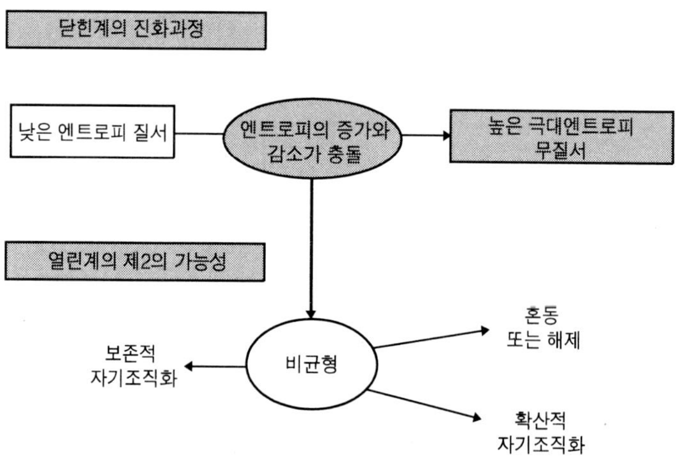

월러스틴은 이 개념을 이용하여 인류사회의 역사발전필연성에 대한 마르크스주의적인 사적 유물론과 선을 그었다고 할 수 있다. 마르크스주의는 오랜 역사 동안 역사주의와 구조주의의 편향 속에서 발전해 왔다. 다른 말로 하자면 결정론적 세계관과 주의주의적 세계관 속에서 동요해 왔다고도 할 수 있을 것이다.

대표적인 논자로서 루카치와 알튀세르를 들 수 있다. 루카치를 대표로 하는 역사주의적 마르크스주의자는 마르크스의 역사유물론을 역사적 사실로서가 아니라 이론적 논리 체계로 수용하였다. 사실 마르크스가 인류 역사의 연구와 자본주의 형성과정에 대한 연구에서 도출한 역사적 법칙은 경제적 이해관계, 즉 계급투쟁이 역사의 동력이라는 사실이었는데 역사유물론의 이름 하에서 강의된 내용은 생산양식의 계기적 발전과정에 대한 목적론적 이해였다. 이러한 이해는 강단 마르크스주의자뿐 아니라 실제의 혁명가들도 공유하였는데 특히 소련에서의 마르크스주의의 정식화와 공식화 과정을 통해 더 속류화되었다. 이러한 해석에 의하면 인구 구성상 절대 다수를 점하는 프롤레타리아트가 그 이익을 대변하는 노동자 당을 지지하지 않는 역설이 해명되지 않는다.[48]

이러한 이해 방식이 가진 문제점은 우리 사회의 진정한 진보의 방향을

48 물론 이 문제에 대한 설명 논리가 없는 것은 아니다. 그것이 물신성론이다. 즉 노동자계급이 자본주의적 상품 물신성에 사로잡혀 자신의 계급적 자각에 이르지 못한다는 것이다. 하지만 이러한 이해는 헤겔의 본질론에 기초한 것으로 헤겔의 본질론은 멀리 간다면 보편자의 현현으로만 현상을 이해하는 플라톤의 로고스론으로까지 소급될 수 있다. 이는 자본의 중심성을 전제하는 자본주의적 논리와 차별화되지 않는다. 아마도 이것이 마르크스의 근대주의적 한계라고 할 수 있을지도 모른다.

왜곡했다는 것이다. 이에 의하면 결과적으로 일부의 전위(vanguard)가 이해한 자본주의 본질을, 무지한 다수 대중이 따라가는 것이 역사발전의 경로가 된다. 그러나 '무지한' 다수 대중은 전위의 선험적인 결론을 이해할 수 없었고, 이해하지도 않았다. 역사주의적 마르크스주의는 단순히 이론의 문제가 아니라, 실제의 현실에서 부정되었던 것이다.

이러한 상황에 직면하여 마르크스주의를 새로운 이론적 기초 위에서 정초한 것이 구조주의적 해석이다. 구조주의적 해석의 단초가 마르크스에게 없는 것은 아니다. 분명히 그 단초는 마르크스에게 있었으며 프랑스의 마르크스주의 철학자인 알튀세르는 이를 훌륭히 증명하였다. 구조주의 자체는 마르크스가 살았던 시대의 사상이 아니라 마르크스 사후에 등장한 사상이다. 이는 인간주의(휴머니즘)에 대한 보다 근본적 문제제기의 결과 등장한 것이다. 소쉬르의 언어학, 레비-스트로스의 인류학, 프로이트의 심리학 등에서 공통적으로 발견되는 사유체계를 알튀세르는 마르크스에서도 재발견하였다. 그것은 사회 내의 주체는 호명된다는 점이며, 주체는 구조 속에서만 존재한다는 것이다. 이는 구조의 영속성의 한 부분이며 구조의 영속화에 기여한다.

그러나 구조주의 마르크스주의는 현재의 구조를 해명할 수 있었지만 그 구조 자체의 변화를 설명할 수 없었다. 포스트구조주의에서 나타나는 탈근대주의적 조류는 구조의 존재가 주어져 있다는 것을 거부한다. 언어학적으로 말하자면 기의는 기표에 의해 규정되고, 결과적으로 기표에 의해 만들어지는 것이지 기의 자체가 선험적으로 존재하는 것은 아니다. 하지만 이때 인류사회가 어떤 방향으로 나아가야 하는가라는 문제에 대한 답이 없어지고 말았다.

월러스틴은 이 문제를 브로델의 개념을 빌어 해결하였다. 브로델은 역사를 바다의 비유를 통해서 3분 구조로 이해한다.

> "맨 아래에는 '거의 움직이지 않는 역사'가 있고, 그 위에 '완만한 리듬을 가진 역사'가 있으며, 맨 위에는 '표면의 출렁거림'이 있다."(김응종, 1996, 73쪽)

이것이 구조(la longue durée)-국면변동(conjoncture)-사건이라는 세 개의 역사 또는 세 개의 시간인 것이다. 브로델은 '장기지속'이라는 말로 역사의 장기 구조를 묘사하고자 했다. 장기지속은 물론 대단히 긴 시간 동안 반복적으로, 규칙적으로 인간의 삶에 작용하는 것이지만,

> "장기지속적인 구조, 그것은 절대적으로 부동의 실제를 의미하지 않는다. 장기지속, 그것은 반복적인 움직임의 연속이다"(브로델, 『물질문명과 자본주의』 제3권)

이 장기지속이라는 개념은 구조주의의 구조 개념과 유사해 보이지만 사실은 구조주의의 구조개념(레비-스트로스의 인류학)에 대한 비판의 의미가 있다.

월러스틴에서 그것은 구조의 고유한 시간이라는 표현으로 설명된다.

월러스틴은 구조주의자들과 달리 체계의 불변성을 가정하지 않으며 체계는 필연적으로 변화한다는 것을 개념화하였던 것이다. 더욱이 변화의 분기점(bifurcation point)은 불확정성을 특징으로 하여 사회적 제 세력의 투쟁에 의해 그 변화의 방향이 결정된다. 미래에 대해 선험적 가정을 하지 않으면서도 현재에 최선을 다해야 하는 이유가 설명된다. 이는 알튀세르가 그렇게 고민해 마지 않았던 문제인 필연성과 우연성의 문제, 즉 '우발성의 유물론'의 문제인 것이다. 알튀세르는 구조주의자였기 때문에 새 체계의 탄생이 우발성에 의해 이루어진다는 점은 인식하였지만, 체계 붕괴의 필연성을 설명할 수 없었다. 월러스틴은 브로델의 장기지속 개념을 '보편주의와 역사주의의 가운뎃길로서의 역사이론'을 제시한 마르크스의 재해석에 적용하였다. 따라서 월러스틴의 세계체제론, 또 이의 이론적 분과명칭인 역사사회과학은 신과학에 기초하여 역사주의의 문제와 구조주의의 문제를 나름의 방식으로 극복하려고 한 현대적 형태의 마르크스주의라고 할 수 있을 것이다.[49]

49 필자의 이 해석은 이 장의 마지막 절에서 다시 마르크스주의와 월러스틴을 전체적으로 비교하면서 재 검토될 것이다.

2절 자본주의 세계체제의 형성과 발전 그리고 위기
: 자유주의의 유기적 위기

월러스틴은 근대세계체제를 15세기부터 시작한 것으로 파악한다. 이 세계체제는 자본축적을 동력으로 하고 있기 때문에 자본주의이며, 그리하여 자본주의 역사가 500년이 되는 것이다. 그러나 월러스틴은 1968년은 근대세계체제에 균열을 야기한 중대한 위기로 파악한다. 문제는 이 구조적 위기가 과연 주기적 위기인지, 아니면 세계체제 자체의 위기인가이다. 월러스틴은 1968년의 의미를 이해하기 위해 약 5~60년의 주기성을 가진 콘트라디에프 주기, 이보다 더 긴 헤게모니 주기, 그리고 마지막으로 근대세계체제의 주기를 구분한다(Hopkins & Wallerstein, ed., 1996, 21쪽). 월러스틴의 질문은 1968년 혁명으로 시작한 분기점이 콘트라디에프 순환의 정점인 것은 확실한데, 이 정점이 혹시 헤게모니 순환의 분기점이기도 하면서 동시에 15세기에 시작한 자본주의 세계체제의 분기점은 아닌가라는 질문이다.

사실상 이 문제제기는 월러스틴이 정식화한 가설적 질문이다. 콘트라디에프 순환 자체는 세계체제의 위기 징후라고 보기 어렵다. 일정한 체제의 변화를 초래한 후 세계체제는 계속 유지될 수 있다. 다른 한편 1968년 이후부터 시작한 하강국면은 1870년부터 쇠퇴한 영국 헤게모니

(Pax Britanica)를 뒤이어 등장한 미국 헤게모니(Pax Americana)의 쇠퇴의 징후이기도 하다. 이는 비록 콘트라디에프 순환보다는 더 큰 순환이지만 그 자체도 일정한 동요와 혼란 이후 새로운 헤게모니 체제를 구축할 수도 있을 것이다. 하지만 만약 이 시기가 근대 세계체제 자체의 위기라면 우리는 큰 격변에 직면해 있다고 볼 수 있다.

「근대세계체제의 세 순환」

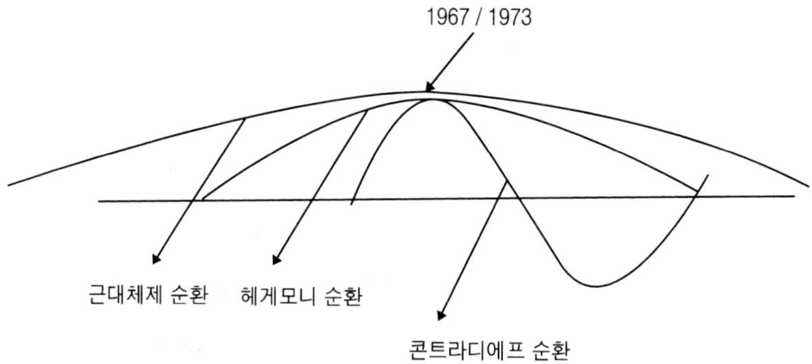

이러한 소설 같은 이야기는 단순한 가설이 아니다. 월러스틴이 아날학파의 역사학에서 도입한 장기지속 개념을 현대 경제사에 적용한 결과이며, 동시에 신과학의 복잡계 이론을 적용한 결과인 것이다. 우리는 과연 현재의 위기가 주기적 위기가 아니고 체제적 위기라는 확정적 결론을 내릴 수 없을지도 모른다. 하지만 이 질문은 우리로 하여금 주기적 위기의 징후와 체제적 위기의 징후를 구분해 내고 그 특성으로부터 우리의 대안을 마련하기 위한 방법론적 연구장치라고 보여진다.

이제 한국경제를 세계체제의 역사와 지리 속에서 위치지운다는 우리의 탐구 목적에 충실하기 위해 1945년 이후의 체제로 관심을 좁혀 1945년 이후 체제를 분석하기 위해 월러스틴이 어떤 내용 요소들에 주목하고 있는지 살펴보자. 월러스틴은 이를 근대세계체제를 구성하는 6가지의 제도적 벡터라고 부른다.

① 시장: 교환이 발생하는 제도 및 공간. 완전히 자유로운 시장은 환상이다. 자유롭다고 해도 부분적으로만 그렇다. 판매자들은 대개 독점을 선호한다.

② 기업: 시장 내의 주요 행위자로서 격렬한 경쟁의 와중에 있다. 그 결과 집적과 집중이 발생한다.

③ 국가: 영토에 대한 주권과 영토내 사는 시민들에 대한 통치권을 행사하는 정치체.

④ 가계: 장기간(예를 들어 30년 이상) 다양한 종류의 '수입'을 공유하는 사람들의 집단(가족을 연상하라)

⑤ 계급: 생산수단의 소유관계에 의해 규정되는 집단. 자본가계급, 노동자계급, 지주계급이 대표적이다.

⑥ 정체성: 종족집단, 종교집단 등과 같이 계급을 토대로 하지 않으나 일종의 연대감을 가지고 동일성을 보이는 사회집단.

월러스틴은 자본주의 분석은 처음부터 분석의 단위를 국민국가로 한정해서는 안되고 세계체제로 다루어야 한다고 보았다. 그러나 정확히 말한다면 분석단위로서의 세계체제란, 여기서 세계경제다. 월러스틴은 자본주의세계경제를 '자본, 노동, 핵심 상품의 교환이 존재하여 지문화적으로 분업화된 넓은 지리적 영역'으로 정의한다. 그렇다면 분업을 응집시켜 하나의 체제로 가능하게 하는 요소는 무엇인가? 그것이 바로 자본축적이며 자본주의란 이것을 의미한다.

이는 브로델의 영향이라 할 수 있는데, 월러스틴의 스승인 브로델은 자본주의를 반시장적이며, 시장경제 위에 존재하는 예외적인 이윤 영역과 관련시킨다. 브로델은 『물질문명과 자본주의』에서 물질문명-경제-자본주의라는 세 가지 구분되는 역사 또는 시간을 제시하고 있다.[50] 여기서 물질문명은 시장과 같이 투명한 거래 형태를 띠고 있지 않으나 인간생활의 상당히 많은 부분을 차지하는 경제생활들, 예를 들면 자급자족이나 한정된 부분의 물물교환의 영역 등을 지칭한다. 현대적 의미에서는 가사노동 들이 그러한 영역에 속한다고 할 수 있다. 물질문명의 가장 큰 특징은 부동성 내지는 타성이다. 브로델은 심지어 물질문명이 포함된 이 영역을 '무의식의 역사'라고 부르기도 했다.[51]

두 번째 층위인 경제는 시장경제를 의미한다. 브로델이 시장경제라고 말할 때 의미하는 것은 시골의 장터를 가장 대표적인 것으로 삼는다. 물론 실제의 역사에서는 매우 다양한 시장형태들이 존재하며 초보적인

50 물론 이 개념이 앞에서 설명한 장기지속-국면변동-사건이라는 세 가지 층위의 역사와 같으냐 다르냐는 명확하지 않으며 논란이 된다.

51 이에 대한 자세한 설명은 주경철(1996, 97~98쪽) 참조하라.

시장인 시골장터에서 출발하여 도시의 공개시장(open market), 정기시(foire)와 거래소(Bourse)를 포함한다. 이른바 현대 주류경제학에서 이상형으로 삼는 시장은 바로 시장의 가장 발달한 형태인 외환시장, 주식거래소를 포함한 거래소 시장이다. 이러한 시장의 가장 큰 특징은 복수의 구매자와 복수의 판매자가 존재하여 독점에 의한 초과이윤을 확보할 수 없다는 것이다.

브로델에 의하면 자본주의는 물질문명과 시장 위에 중첩되어 포개진 것으로 규모면에서 보면 (담당자의 숫자로 보면?-인용자) 아주 작지만 대단히 큰 중요성을 띠고 있다. 이 영역은 물질문명과 시장에 군림하고 이 영역을 대표하는 담당자는 大 상인이다. 이들은 시장경제에서 활동하는 상인들과는 차원이 다르며 다양한 지역들을 돌아가며 이익이 나는 곳에 투자하고 손해가 나는 곳에서는 투자를 철회한다. 이들은 국가기구와 지방권력과 결탁하여 독점을 형성하고 유지 강화함으로써 독점이윤을 향유한다. 브로델의 자본주의 개념은 시기 구분의 개념이 아니라 한 사회의 특성에 관한 개념이라 할 수 있다.

진정한 자본주의는 경쟁과 시장이 아니라 투기와 독점이 판치는 정글이라는 것이다(Wallerstein, 1991b). 이러한 인식은 자본주의의 한 면을 잘 보여준다. 마르크스 역시 시장경제와 자본주의를 구분했다. 시장은 등가교환을 외피로 띤 평등의 세계다. 반면 자본-노동 관계를 토대로 하는 자본주의적 생산과정은 위계질서를 특징으로 하고 있다. 이러한 자본주의에서 시장은 생산과정의 착취와 갈등을 야기하는 주요한 동력이다. 브로델이 자본주의와 시장을 일차적으로 구분한 것은 정당했으나 자본주의와 시장의 긴밀한 접합을 이해하지 못함으로써 시장에 대한 환상적 견해를 갖게 된 것이다.

폴라니에 의하면 장터로부터 시작하여 발전한 역사적 시장은 다수의 공급자와 다수의 수요자가 가격만을 기준으로 교환함으로써 생산활동을 중개한다. 하지만 이러한 시장은 점차 확대되고 진화하면서 모든 사물을 교환의 대상으로 삼는 추상화 과정을 거치게 된다. 그리하여 인간, 토지, 화폐 등 최초의 시장이 거래하지 않았던 것까지 거래의 대상으로 삼게 되면서 시장은 보편화되는 것이다. 그리하여 사회의 모든 요소가 시장 속으로 포섭되는 '악마의 맷돌'이 된다(Polanyi, 1994). 이러한 인식은 브로델이 정의한 시장과 자본주의가 완전히 분리된 두 요소가 아니라 상호 긴밀히 접합되어 있는 요소라는 점을 보여준다.

요컨대 브로델은 20세기, 21세기의 현대적 시장 형태가 자본주의와 쉽게 결합할 수 있는 거대 시장이라는 점, 기존의 역사적 시장들은 생각하지도 못했던 요소까지 시장의 거래 대상으로 전락시켰다는 점을 과소평가하고 있다. 현대의 관점에서 보면 시장과 자본주의는 브로델이 생각했던 것보다 훨씬 긴밀하다. 특히 노동이 시장 거래의 대상이 된다는 것은 자본주의적 생산관계의 중요한 계기이므로 폴라니의 시각은 바로 이 점을 지적하고 있다. 결국 브로델의 시장과 자본주의에 대한 이해는 자본주의적 생산관계의 의의를 과소평가하는 문제를 안고 있다. 이러한 우리의 논평은 세계체제론이 가진 중심부-주변부의 불평등교환론의 의미를 상대화하는 효과를 지닌다. 즉 '산업혁명을 완수한 영국의 경우를 자본주의 발달의 원형으로 묘사하고 그 원동력을 국제적 노동분업에서 찾'는 시도는 19세기 중엽에는 아주 적절했다고 할 수 있으나 '19세기 후반부터 독일이나 프랑스 등 유럽 대륙의 국가들이 주변부 착취에 크게 의존하지 않으면서도 영국에 못지 않은 경제발전을 이룩한 현실'(김경근, 1996, 159쪽)을 고려한다면 그 의미는 축소된다는 것이다. 이는 현대에서도 마찬가지의 지적을 할 수 있다. 현대 세계 경제에서 국제무역과 자본투자의 흐름은 선진국-후진국 간 흐름보다 선진국 간 흐름이 더 큰 규모를 차지하고 있다는 사실 등이 그러하다.

「유입된 직접투자 잔류량」 (단위,%)

	1914	1938	1960	1971	1975	1980	1985	1990	1995	1999
선진국	37.2	34.3	67.3	65.2	75.1	75.5	71.4	78.4	71.7	67.7
개발도상국	62.8	65.7	32.3	30.9	24.9	24.5	28.6	21.4	27.0	30.1
중앙및동유럽	n/a	n/a	n/a	n/a	n/a	0.02	0.02	0.2	1.3	2.2
그 외	-	-	0.4	3.9	-	-	-	-	-	-

자료: UNCTAD(2000) 김두한 박사논문(2009)에서 재인용

즉 2차 세계대전 이후 종래의 자본수출국(제국주의국가들)은 동시에 자본수입국이 되었다. 이러한 선진국간 자본이동의 이유는 무엇일까? 종래의 제국주의론은 선진국-후진국 간의 자본이동에만 주목하였고 그 동인은 후진국의 높은 이윤율을 수취하러 가는 것으로 설명해왔다. 하지만 선진국간의 자본이동의 급증은 시장 확보를 위한 것이다. 이

역시 과잉자본의 해소 방식의 하나라 할 수 있다. 규모의 경제를 목표로 한 자본의 세계화는 과잉한 자본이 직면한 탈출구의 하나일 수 있다.

다른 한편 자본풍부국(선진국)에서 자본부족국(후진국)으로의 자본 이동도 급증하고 있다.

「개발도상국으로 이동한 외국자본의 총가치, 1870-1998」

(단위, 10억달러 기말기준, %)

	1870	1914	1950	1973	1998
경상가격총액	4.1	19.2	11.9	172.0	3,590.2
1990년 기준 불변	40.1	235.4	63.2	495.2	3,030.7
개발도상국 GDP 중 차지하는 비중	8.6	32.4	4.4	10.9	21.7

자료: Maddison(2001)

이러한 흐름은 후진국의 높은 잉여가치율을 목표로 한 자본이동이라는 점에서 고전적 제국주의론의 자본수출 이론과 부합한다. 그러나 이 경우 다국적기업의 직접투자를 중심으로 한 자본수출은 후진국의 자본주의화를 가속화시킬 것이다.

이러한 현상에 기초해 볼 때 중심부-주변부의 양극화 논의를 선진국-후진국의 양극화 논의로 이해하는 것은 시대착오적이다. 현재 우리에게 가용한 통계는 국민국가 단위로 편성되어 있으나 사실상 국민국가 내에서의 양극화(내부식민지)도 관찰되고 있기 때문이다. 결국 이 문제는 국민국가 간의 양극화도 아니고, 국민국가 내의 양극화도 아니고 세계체제 내에서의 양극화 문제로 해석되어야 할 것이다.

하지만 브로델의 의의는 자본주의를 기반으로 한 우리 사회가 평온한 균형의 사회(순수한 경제학의 세계)가 아니라 본질적으로 독점을 기본으로 하는 정치적 사회라는 점을 각인시킨 것에 있다. 따라서 완전경쟁시장이라는 시장의 이념형은 이데올로기에 불과하다. 현실의 시장은 부분적으로만 자유롭다. 이는 독점과 경쟁의 동학을 보여준다는 점에서 중요하다. 월러스틴에 따르면 자본주의세계체제의 핵심은 (경쟁)시장이 아니라 독점이라는 것이며, 여하히 독점적 초과이윤을 확보하고 공고히 할 것인가가 이 체제의 최대 관심사가 된다. 따라서 자본주의 세계체제의 중심부는 독점적 초과이윤을 확보하며 이 초과이윤은 경쟁과정에서 끊임없이 소멸되는 과정을 겪는다. 자본주의 세계체제 내의 주된 활동주체인 자본(기업)은 이 경쟁과정에서 집중과 집적을 겪게 된다. 브로델과 월러스틴이 묘사하고 있는 자본주의적 경쟁은 근대경제학에서 말하는 완전경쟁의 경쟁과는 판이하게 다르다.

종종 간과된 월러스틴 분석의 새로움은 자본주의 세계경제의 상부구조로서 '國家間體制'(Interstate system, Wallerstein, 1991a, 59~60쪽)에 주목한 것이다. 그에 의하면 자본주의는 그 본성상 세계경제다. 그러나 자본의 본성은 동시에 세계경제의 상부구조로서의 세계국가, 또는 세계제국의 형성을 거부한다. 왜냐하면 자본이 처음부터 세계적인 이유는 자유로운 축적 때문인데 필요 이상으로 강력한 국가는 국내의 정치적 요구에 의해 자본을 규율하게 되는 부작용을 낳기 때문이다.[52] 그리하여

52 역사적으로 세계체제의 상부구조로서 강력한 국가의 단일지도체제의 사례는 17세기 중엽의 네

세계경제의 상부구조로서 실재한 것은 자본주의 세계경제에 상응하는 국가간체제였다는 것이다. 국가간체제는 위계적으로 구성된다. 따라서 단일 국가의 주권이라는 것은 환상에 불과하다. 국가가 국가에 대해 간섭하는 메카니즘(국가간체제)에 의해 국가의 대외적 자율성은 침해된다. 여기서 월러스틴은 국가의 발전은 환상이며 단지 발전하는 것은 그 국가가 늘어난 세계체제의 물질적 부를 보다 더 많이 자기 이름 앞으로 옮겨 놓은데 불과하다고 한다(김호기 외, 2001, 28쪽).

이러한 국가간체제는 자본주의세계체제의 고유한 특징이다. 이 체제는 1648년 영불의 30년 전쟁 이후 베스트팔렌 조약을 통해서 수립되었다. 이 조약을 통해 주권 개념이 성립되고 대내적, 대외적 의미를 띠게 되었다. 이렇게 성립된 주권은 잉여가치 분배를 둘러싼 계급투쟁의 향방을 결정하는 힘을 갖게 되었다. 그리하여 중심부 국가는 결코 연성국가가 아니며 기업의 독점력을 보호하고 유지하기 위한 강한국가라는 것이다. 이는 최고 중심부 국가의 등장, 즉 헤게모니 국가의 등장을 야기했다. 물론 국가가 강해지면서 세계제국을 꿈꾸기도 했으나 이는 자본주의세계체제와 조응하지 않아 모두 실패했다. 나폴레옹과 히틀러의 시도가 그 예다. 대신 국가간체제에서의 헤게모니 국가의 성립이라는 형태로 나타났는데, 17세기 중반의 네덜란드, 19세기 중반의 영국, 20세

덜란드 헤게모니, 19세기 중엽의 영국 헤게모니, 20세기 중엽의 미국 헤게모니의 세 경우가 있었다. 하지만 이 세 경우 모두 세계 제국 자체가 가진 자기 잠식적 요인(제국의 경제적 효율성은 확산되어 쉽게 모방되었다는 점과 헤게모니 국가 내부의 갈등을 해소하기 위해 경제적 잉여를 국내 정치 평화를 위해 소모하여 경쟁력을 상실하게 된다는 점)으로 인해 단명했고 지속적일 수 없었다(Wallerstein, 2004, 135~139쪽).

기 중반의 미국이 그 예다.

월러스틴은 오늘날 이 체제가 위기에 처했다고 주장한다. 하지만 근대세계체제 자체가 위기에 처했는지의 여부는 불확실하다. 현재의 위기는 1945년 시작한 콘트라디에프 순환 상의 위기인데, 이는 주기적 순환의 맥락 속에서 명백하나 과연 이 위기가 1870년대에 시작한 미국 헤게모니의 위기이면서 1500년대에 시작한 자본주의세계체제의 위기인지는 검토를 요한다.

이 주기적 순환은 브로델의 개념을 빌린다면 장기지속이라기 보다는 국면적 상황(conjuncture)에 해당한다고 해석할 수 있다. 이 국면은 이른바 1945년 이후, 대공황과 두 번에 걸친 세계대전의 결과 등장한 것이다. 그러나 월러스틴에 의하면 이는 1500년경에 시작하여 점차 하나의 체제로 진화해간 근대세계체제라는 장기지속적 시간의 부분적 시간이다. 주요한 계기는 1789년 혁명, 1848년 혁명, 1872년 혁명이라고 할 수 있다. 필자는 여기에 1917년 혁명도 자본주의세계체제의 형성과정에서 크게 기여하였다고 생각한다. 이 마지막 혁명은 결과적으로 여기서 다루려고 하는 자유주의 체제인 1945년 이후 체제의 주요 동인이 되었다. 두 차례의 세계대전과 1917년의 사회주의 혁명, 1929년의 자본주의 대공황을 겪은 자본주의세계체제는 보수주의, 자유주의, 사회주의라는 이데올로기 전선 속에서 중도자유주의의 헤게모니 하에서 재편되었다. 월러스틴에 의하면 이 헤게모니 하에서 보수주의와 사회주의 조차도 자유주의의 우파와 좌파에 머무르게 된다고 보았다. 이것이 현 체제가 중도자유주의의 헤게모니로 특징지울 수 있는 이유다. 월러스틴은 이 체제의 위기는 1968년에 시작했다고 보고 있다. 1968년의 혁명은 기존의 자유주의 지배이념 뿐 아니라 이전의 구좌파적 사회주의 이념 조차도 부정하였다. 이는 1973년의 세계자본주의 위기인 스태그플레이션의 등장과 달러본위의 국제통화질서(고정환율제의 브레튼우즈 체제)의 종식으로 확정된다.

축적 위기에 직면한 자본은 세 가지의 돌파구를 필요로 한다. 첫째는 생산비용을 절감하여 이윤을 회복하는 것이고, 둘째는 유효수요 부족을 해결하기 위한 새로운 시장을 개척하는 일, 마지막으로 새로운 상품을 개발하는 일이다. 이 중 두 번째와 마지막 돌파구는 시장 창출이라는 점에서 본질적으로 같다. 우리는 첫째의 돌파구를 잉여가치를 증대시켜 이윤을 추구하는 전략으로서 마르크스가 주목한 것이라면, 후자의 경우는 유효수요 부족경향을 극복하려는 전략에 관한 케인즈적 차원이라고 볼 수 있다. 일국적 관점에서는 생산비용을 절감하기 위해 노동비용을 줄이게 되면 결과적으로 유효수요 부족에 직면하게 되어 축적의 딜레마에 빠지게 된다. 월러스틴이 지적한 것이 이 점으로 결국 자본주의는 세계적으로 확산하여 비자본주의 영역을 그 필수적 요소로 하여 새로운 자본주의 시장을 개척하고, 새로운 자본주의 생산관계로의 포섭을 끊임없이 수행해야 한다는 것이다. 이것이 오늘날 신자유주의로 이야기되는 자본주의의 현대적 모습이다. 하지만 그 결과는 양극화의 심화와 저항의 확산이다.

「세계체제의 모순」

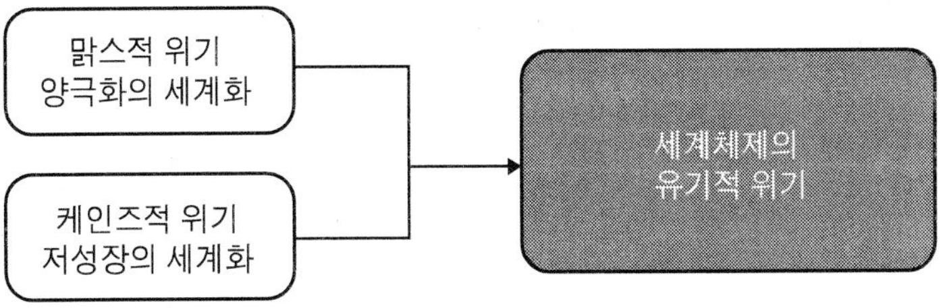

3절 저항운동의 딜레마

월러스틴의 진단에 의하면 향후 세계체제는 혼란의 시대에 접어들 가능성이 매우 높다. 일단 단기적으로 신자유주의 체제의 한계에 직면한 자본주의 세계체제에 대한 대안이 없다는 점은 명백하고, 미국헤게모니의 쇠퇴에 직면하여 새로운 헤게모니의 등장도 불확실하다. 그러나 과연 이러한 현상이 세계체제 자체의 종말을 의미하는가에 대해서는 누구도 확신할 수 없을 것이다. 하지만 앞의 두 가지 요소만으로도 현대를 살아가는 우리에게는 큰 두려움이 아닐 수 없다. 문제는 새로운 대안이 과연 있을까라는 점이다. 월러스틴은 불확실성과 혼동의 시대에는 우연적 힘이 새로운 방향의 전개를 결정할 것이라고 예언하고 있다. 이 점에서 그러한 우연적 힘의 주요한 역사적 형태인 사회운동에 주목하게 된 것이다.

월러스틴에 의하면 그러한 사회운동은 사회주의와 민족주의다. 근대 세계체제에서 민족주의의 영향력과 한계에 대해서는 앞에서 이미 많이 지적했다. 그러나 사회주의 역시 현실 운동에서는 민족주의와 결합하였다는 한계를 가지고 있었다.

여기서 사회주의는 반체제운동의 하나다. 사회주의의 대표격인 마르크스주의적 공산주의는 자본의 세계성과 독점성을 이미 간파했지만 근본적 문제는 그러한 저항의 국제성이 가진 난점이었다. 자본의 내재적 속성으로 인해 세계화 경향은 항상적이지만, 이 경향이 현실화하거나 억제되는 내적 동학은 세계적 차원에서 주어지는 것이 아니라 근본적으로는 국지적인 저항운동이었던 것이다.

다양한 조류의 사회주의운동은 제1인터내셔날(1864.9.28. 런던. 국제노동자협회)을 통해서 연합하였는데 이는 처음부터 일국적 조직이 아니라 세계적 조직이었다. 제1인터내셔날에서 지배적으로 된 최초의 공산주의 운동은 이념적으로는 국제적이었다. 하지만 이러한 공산주의 운동이 사상에서 현실로, 즉 노동운동과 접목되면서 민족주의 사상(국가주의적 비전)과 일정하게 접합하게 된다. 즉 사회주의 이념은 세계주의였으나, 사회주의 운동의 현실은 일국주의였다. 이는 소련의 공산주의 혁명을 통해 일국적 사회주의(현실 사회주의)로 구체화되었고, 1989년 몰락함

으로써 그 막을 내리게 되었다.[53]

한편 자본주의 체제를 보자. 처음부터 세계적이었던 자본주의는 축적의 모순을 외재화하는 과정에서 제국주의화하였고, 제국주의 국가 간의 경쟁은 세계 대전으로 치달았다. 이는 자유방임자본주의의 끝이 어떤가를 보여주는 사례였으며, 사회주의 사상, 조직, 운동의 배아였다. 그러나 사회의 자기방어(폴라니)가 작동하여 자본주의적 시장은 일정한 틀 속에 규제된다(embedded liberalism). 이것이 케인즈가 구축하려 했던 새로운 자본주의였다. 케인즈의 자본주의 역시 본질적으로 일국적이었다.

> 사상 · 지식 · 과학 · 서비스 · 여행은 그 성격상 국제적이어야 한다. 그러나 재화들은 될 수 있는 한 국내에서 만들어야 하며, 특히 금융은 주로 국내에서 역할해야 한다 ... 국민적 자급자족(national self-sufficiency)과 나라들 사이의 고립의 정도가 1914년보다 더욱 강화되어야만 국제평화에 기여할 것이다.(Keynes, J. M. (1933), National Self-Sufficiency, The Yale Review, 22 (4), 김수행, 2006, 507쪽에서 재인용)

비록 이 문구가 전쟁의 참담함 속에서 나온 격렬한 표현이라고 해도, 오늘날의 시점에서 볼 때 놀라울 정도로 다른 자본주의 관을 보여준

---

53 월러스틴은 노동-사회주의 운동과 민족주의 운동을 자본주의 내에서 진행되는 대표적인 반체제 운동으로 규정하나, 이 운동 역시 역사적 자본주의의 한 부분, 즉 자본축적이라는 지상명령 자체를 부정하지 않는 내적 요소로 규정하고 있다. 1989년 현실 사회주의의 붕괴는 자본주의 체제 내의 자기혁신운동(반체제운동)을 붕괴시킴으로써 자본주의로 하여금 더 이상 나아갈 수 없는 최후의 궁지(양극화의 현실화와 축적의 위기)로 몰고 있다고 본다(자유주의의 종말).

것이라고 생각된다. 이러한 케인즈의 사상은 제2차 세계대전을 겪고서야 보편적으로 받아들여졌고, 자본주의는 복지국가로 전환되었다. 하지만 지금 이 시점의 자본주의는 신자유주의 정책 속에서 케인즈 이전으로 되돌아간 듯하다. 자본의 세계화 본성이 억제없이 분출되고 있고, 이는 '국가간체제'를 매개로 하여 폭력적으로 작동한다. 하비(Harvey, 2003)에 의하면 신자유주의 하 자본주의는 시초축적의 현대판인 '강탈에 의한 축적'을 반복하는데, 이 역시 포스트-케인즈 시대가 프리-케인즈 시대와 유사하다는 것을 보여주는 사례가 아닐까?

이러한 상황 전개로부터 후쿠야마와 같은 우파적 자유주의자는 '역사의 종언'이라는 결론을 도출했지만, 월러스틴은 오히려 역설적으로 이것이 중도자유주의의 몰락을 의미한다고 본다. 요체는 사회주의의 현실 버전인 일국 사회주의와 자본주의의 현실 버전인 케인즈주의가 다소간의 시차를 두고 망했다는 것이다. 이제 세계성이라는 이념형은 자본주의에도 문제를 야기한다. 순수한 자본주의 세계체제의 이념적 형태, 즉 사회의 자기 방어 시스템이 작동하지 않는 신자유주의, 다시 말해서 글로벌 자유주의(시장근본주의)의 궁극적 귀결은 양극화와 실현 위기의 심화로 인한 자본축적의 위기일 것이다.

이제 남은 것은 세계적 자본주의와 세계적 사회주의 밖에 없는가? 문제는 지배적 운동은 세계적인데, 저항운동은 지방적이라는 점이다. 저항운동은 사람에 기초를 두고 있는데, 사람은 일정한 시 · 공간 속에서 산다. 자본 만이 시 · 공간을 자유자재로 초월하여 살고 있다. 다시 말해 저항운동의 근본적 딜레마는 지배적 체제인 자본주의의 구성요소인 자본은 본질적으로 세계적이면서 동질화를 지향하나, 저항운동은 국지성과 다양성으로 말미암아 차이를 항상 노정한다는 점에 있다. 이 차이에 대해 저항운동은 한편에는 조직화와 관료화를 통해 통합을 시도하지만, 다른 한편으로는 끊임없는 분열의 잠재적 가능성에 놓여 있다.

프랑스 구조주의 마르크스주의자인 알튀세르의 제자인 에티엔느 발리바르와 월러스틴이 공저한 『인종, 민족, 계급: 불분명한 정체성』(Balibar, E. & E. Wallerstein, Race, Nation, Class: Ambiguous Identities, 1991)은 바로 이점에서 시작한다. 이는 마르크스주의자와 세계체제론자가 사회운동의 난점에 대한 동일한 인식에서 출발하여 이 문제를 규명하고자 한 시도로서 우리의 문제의식 속에서 검토할 가치가 있는 저작이다.

이 책은 구조주의 마르크스주의, 그리고 세계체제론적 마르크스주의자라는 두 명의 마르크스주의자들이 우리 시대가 안고 있는 그 한계점을 어떻게 이해할 것인가를 서로 논쟁한 것이다. 발리바르가 월러스틴과의 논의에서 찾아낸 마르크스주의적 요소는 다음과 같다.

첫째, 자본주의 생산양식에 대한 마르크스주의의 관점(자본과 임노동의 적대적 대립의 확산 경향)은 생산양식의 차원에서 수용되며 노동자계급의 분할을 포함한 역사적 차이점들은 사회구성체의 차원에서 분석되어야 한다는 것이다. 이는 알튀세르-발리바르의 견해이나 월러스틴 역시 같은 관점을 공유하고 있다고 보았다.

둘째, 소련을 중심으로 하는 사회주의 생산양식이 자본주의의 한 부분이 아니라 자본주의와 반자본주의의 불안정한 결합이라는 점을 지적하고는 있다. 그러나 그는 월러스틴과 같이 현실사회주의를 넓은 의미에서의 자본주의의 한 부분으로 인정했다.

또한 발리바르는 월러스틴의 세계체제 모델이 경제주의라는 국가주의자들의 비판에 대해서는 동의하지 않고 월러스틴의 모델은 '생산력에 대한 생산관계의 우위'라는 경제주의 비판에서 벗어난 것이 아니라고 판단하였다(Balibar & Wallerstein, 1991, 3쪽). 오히려 스카치폴과 브렌너와 같이 월러스틴을 경제주의로 비판한 사람들은 그 자신이 경제/정치 또는 국가/시민사회라는 자유주의적 이원론을 도입하였다고 비판한다.

하지만 발리바르가 월러스틴과의 내적 차이를 발견한 것은 다음의 지점이다.

첫째, 지배계급의 헤게모니는 노동력의 재생산능력에 달려 있으며 이는 자본의 노동에 대한 실질적 포섭에 다름 아닌데, 실질적 포섭에는 지배계급 뿐 아니라 피지배계급도 포함할 수 있는 이데올로기적 보편성(예를 들면 평등과 같은 개념들)을 필수불가결하게 요구한다. 이런 점에서 볼 때 세계적 규모의 자본축적이 부르주아지의 세계화를 표상하고 있지만 세계적 계급으로서 제도화되었다고는 볼 수 없다. 즉 부르주아지는 철저히 국가부르주아지라는 것이다.

두 번째는 분석단위에 대한 것이다. 월러스틴에 의하면 내적 자율성을 가진 완결된 단위는 국가 등이 아니라 공동체 아니면 세계체제(또는 세계경제) 뿐이다. 발리바르에 의하면 이러한 접근이 정치와 이데올로기의 세계화 현상을 적절히 개념화하고 있는 것은 틀림없으나 갈등의 국지화, 지역화 또 사회적 갈등의 특수성을 무시하는 문제가 있다고 한다. 사회적 단위와 경제적 통일성이 꼭 일치할 필요가 있느냐는 것이다.

셋째는 세계적 자본축적이 끊임없이 강요하고 있는 세계적 차원에서의 분업화는 피지배계급을 분열시키고 자본주의 체제를 영속화하는 중요한 기제라고 월러스틴이 암시하지만 동시에 그 분업(분열)이 인간사회를 파괴하고 파멸하는 힘으로 인식할 필요가 있다는 것이다. 이는 가치형태의 확장에 반발하는 계급투쟁의 원천이 된다.

다음으로 월러스틴은 보편주의를 시장에 기원하는 것으로, 인종주의를 세계체제 내에서 중심-주변의 노동자의 분리에서 기원하는 것으로, 성차별주의를 남성의 '노동'과 가사를 수행하는 여성의 '비노동'의 대립에서 유래하는 것으로 각각 분리하여 이해하지만 발리바르는 자본주의는 보편주의이며 그 자체가 인종주의라고 파악한다. 결국 인종주의가 자본주의 발전에 따라 쇠퇴하는 것이 아니라 진행하고 있다는 점, 인종주의가 사회의 전화에 장애가 되고 있다는 점에 대해서는 생각을 공유하고 있지만 인종주의의 기원, 특성에 대해서는 다소 차이가 있다는 것이다.

다섯 번째의 차이는 자본주의 양극화의 이해와 관련한 것으로 임노동의 역사적 경향에 대한 것이다. 월러스틴은 임노동을 실현공황과 주변부의 과잉착취에 대한 생산자의 투쟁의 결과로 이해하지만 이는 자본주의 생산양식에서 자본의 임노동에 대한 실질적 포섭을 간과했기 때문에 나타난다는 것이다. 결국 마르크스가 말하는 자본주의의 양극화는 실제의 역사적 현실로서 볼 수 없고 생산양식 차원에서 파악하는 하나의 경향으로 봐야 한다고 강조한다. 발리바르는 아마도 월러스틴이 자본주의의 역사적 파국을 예언하고 있다고 간주하는 것 같으며 사실상 자본주의의 전화는 사회적 투쟁에 의해서만 가능하다고 보는 입장인 듯하다. 실질적 포섭을 강조하는 발리바르는 오히려 월러스틴보다 더 자본주의의 생명력을 강조한다고 보여진다.

월러스틴의 생각은 발리바르와 대체로 같다. 즉 양자가 공히 공동체와 체제들의 역사성을 강조하고 있으며(결국 이 체제는 전화될 것이다), 보편주의와 특수주의의 결합으로 인한 혼란이 문제라는 인식이다. 그리하여 폐쇄적이고 협소한 중세적 전망 대 근대세계의 자유주의적이고 개방적인 정신이라는 인식을 비판하고자 한다.

그러나 월러스틴은 발리바르가 자신을 여전히 경제주의로 비판하고 있다고 불만을 표한다.

우선 양자는 모두 체제의 유지에 민중의 동의가 작동하고 있다는 점을 부정하지 않는다. 하지만 월러스틴은 보편주의는 엘리트의 결합을 강화하기 위해 의도된 신념체계라는 생각을 갖고 있다. 특수주의(인종주의, 성차별주의) 역시 (하위) 엘리트의 신념체계다. 하지만 이는 너무 강화되면 허무주의(나찌즘)로 귀결되기 때문에 보편주의가 이러한 허무주의를 제어하는 제동장치 역할도 한다는 것이다. 역사적으로 인종주의, 성차별주의와 같은 특수주의가 민중에게 체화되어 종종 나타나는 이유는 보편주의에 대항한 자기보호본능 때문이다.

둘째 부르주아지의 존재형태가 국가부르주아지로 존재한다고 발리바르가 주장하고 있지만, 부르주아지는 부(富)라는 신 외에는 어떤 신도 추종하지 않는다고 강조한다. 민족주의자, 애국주의자, 종족주의자로서의 부르주아지는 단지 부의 이익에 조응할 때만 가능하다. 이것이 노동자와 달리 부르주아지의 재빠른 이동성, 변신의 이유를 설명해준다는 것이다. 따라서 부르주아지는 세계적 차원에서만 존재할 수 있고, 어떤 공동체에도 충실할 수 없게 된다.

세 번째로 사회적 투쟁(사회요인)을 간과했다는 비판에 대해서는 자본주의 세계체제가 야기한 분업은 생존의 한계를 규정하는 외적 강제라고 강조한다. 민중의 투쟁은 이에 대한 대항인 것은 틀림없으니 역사적 저항이 완전한 분쇄에 이르지 못했다는 것도 사실이다. 월러스틴은 한편으로 분열된 사회운동의 영역을 초월한 협력 가능성에 대해 낙관하고 있으나 이는 암묵적인 것이라고 부연하고 있다.

사실상 이 모든 차이는 월러스틴이 결정론자, 경제주의자라는 비판으로 다시 요약된다. 하지만 그는 이는 사실이 아니라고 재반박하고 있다. 역사적 전망에서의 구체적 차이는 다음과 같다.

발리바르는 자본주의가 사회 투쟁에 의해 전화되지 않는다면 아마도 여전히 자본주의일 것이라고 보고 있는 반면(자본주의 생명력에 대해 더 큰 신뢰를 가지고 있다), 월러스틴은 자본주의가 사회 투쟁에 의해 전화되지 않는다고 하여도 이행기에 접어든다면 접어든 이상 어떤 형태로든 변화하지 않을 수 없다고 보는 듯하다. 그러한 변화가 보다 진화한 형태라는 보장도 없으며 진화한 형태일 수도 있지만 일종의 혼동상태가 될 수도 있고 이것이 결과적으로 인류의 종말을 의미할 수도 있다는 것이다(자본주의 생명력을 크게 믿지 않고 있다).

역사에 대한 이러한 인식의 차이는 쉽게 극복할 수 없을 것이다. 하지만 이론적으로만 보면 사실 월러스틴의 자본주의 정의가 조금씩 변화하고 있는 것을 발견할 수 있다. 유통의 강조에서 생산에 대한 관심의 증대로, 즉 이 점에 관한 한 월러스틴이 발리바르에 접근하고 있는 것이다. 자본주의 개념에 대해 월러스틴은 시장형성과 잉여추출에 주목하는 것에서 생산 및 축적의 사회적 관계의 형성 및 재형성을 강조하는 것으로 변화하였다(Martin, 1994).

"자본주의 세계경제의 본질적인 특성은 최대의 이윤을 실현하는 것을 목표로 하는 시장에서의 판매를 위한 생산이다."(월러스틴, 1974b, 388쪽)

"역사적 자본주의는 무한한 자본축적이 기본적인 경제활동을 지배하는 경제적인 목표나 법칙으로 되는, 시간적 · 공간적으로 한정된 생산활동의 통합된 거점이다."(월러스틴, 1991a, 18쪽)

필자는 월러스틴이 근대적 과학에 기초한 마르크스주의를 신과학에 기초하여 재구성하려 하였다고 주장하였다. 그리하여 월러스틴의 비판이 역사주의/구조주의적 마르크스주의와 구분되면서도 탈근대주의의 비판과도 다르다는 것을 강조하였다(아래 〈그림〉 참조).

「역사학으로서 세계체제론의 이론적 위치」

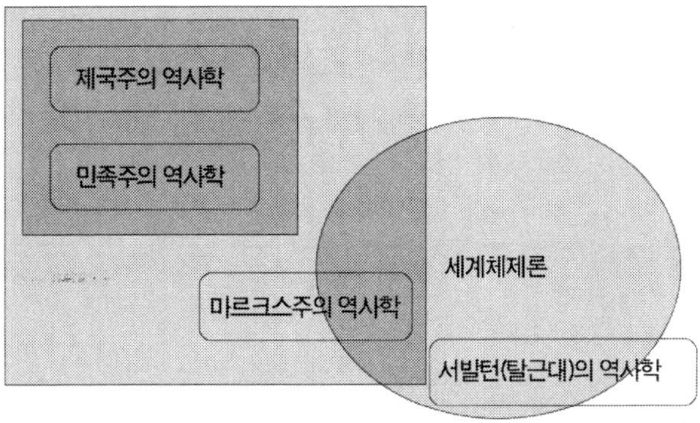

그럼에도 불구하고 존재하는 발리바르와 월러스틴이라는 두 마르크스주의자들이 가진 역사인식의 간극은 그람시를 통해 극복할 수 있지 않을까? 결국 우리는 일분 일초 실천하며 살고 있는 것이 아닌가? 발리바르와 월러스틴 사이에서는 이제 그러한 실천의 방향에 대한 철학, 즉 그람시적 의미에서의 '실천철학'이 필요한 것이다.

여기서 국제적 그람시주의자인 콕스(Cox)의 생각이 도움이 된다. Cox(1995)에 의하면 현재의 글로벌 자본주의는 극복할 수 없는 모순을 쌓아가고 있으나, 동시에 그 효과로서의 노동계급의 상태 역시 마르크스 시대에 예상된 단일의 계급이라는 모습도 아니다. 이로 인해 노동계급의 정치적 의식이 조합적 단계에서 계급적 단계로 고양되지 못하는 것은 물론이고, 정치적 지배계급으로 성장하기 위해 필요한 헤게모니적 단계로까지 성장하는 것이 불가능하게 된다. 따라서 저항운동은 모순의 글로벌한 확장에 대응한 저항의 구체적 방법론을 찾지 않으면 안된다. 콕스는 글로벌 자본주의의 상부구조로서 대기업, 정부, 자유주의 이데올로그의 네트워크로 구성된 글로벌 지배구조(워싱턴 컨센서스)를 상정하고 이를 맹아적인 글로벌한 역사적 블록이라 칭한다(Cox, 1995, 59쪽). 그리하여 신자유주의는 이데올로기 일뿐 아니라, 정책이며 군사력이기도 한 것이다. 신자유주의에 대항하기 위해서는 '탈현대의 집단적 군주'(Sanbonmatsu, 2004)로 시민사회를 구축해야 가능하며, 시민사회는 각성된 사회집단을 장기적으로 조직하여 사회 내 해방을 지향하는 합의된 블록으로 구축하는 진지전을 수행하게 된다.[54]

지식인은 여기서 중요한 역할을 수행하는데 헤게모니 의식의 형성을 위해 불가결하게 요구하는 역할을 수행하는 지식인을 그람시는 유기적

---

54 시민사회 개념은 많은 오해와 다양한 해석의 원천이 되었다. 콕스에 의하면 시민사회 개념 자체가 의미변천을 겪었기 때문이다. 이 개념은 처음에 국가라는 공적 영역과 대비되는 사적 영역, 즉 개별이익이 지배하는 영역을 의미하여 고유한 부르주아지의 영역이었다. 이러한 이해는 헤겔과 마르크스도 공유하고 있다. 하지만 예를 들어 미국의 민주주의를 검토한 토크빌(Tocqueville)의 경우 '국가영역의 밖에서 자발적으로 만들어지는 무수한 무임'에 주목하였고, 자발적 연대의식에 주목하여 아래로부터 형성되는 지배적 경제권력과 국가권력에 맞서 일어선 능동적 시민조직이라는 의미를 부여받게 되었다. 그람시는 '국가와 시민사회의 올바른 관계'가 형성되지 않는 러시아적 혁명에서 나타난 기동전의 취약성을 언급하고 있다. 그러나 시민사회는 위에서 아래로 조직되어 자본주의에 순응적인 수단이 되는 형태와 아래에서 위로 조직되어 대항 헤게모니의 집결지가 되는 형태를 다 가질 수 있는 이중적 존재다. 정치적 마르크스주의자인 우드(Wood)는 신사회운동과 포스트적 개념이 시민사회 개념을 특권화하여 결과적으로 시민사회의 사적 권력을 강화시키고 있다고 비판하는데, 이 비판은 바로 전자의 시민사회, 체제 순응적인 도구로서의 시민사회에 해당하는 것이라고 콕스는 지적한다(Cox, 1995, 46~58쪽). 이런 의미에서 시민사회 자체도 정치조직인 것이다. 다만 사적 영역에서의 정치조직이다. 그람시는 통합국가 개념을 발전시켜 '국가 = 정치사회 + 시민사회'라는 도식을 제시한다.

지식인이라 부른다. 부르주아 자유주의 세계관의 대변인이 아니라, 근본계급의 대변인이 바로 유기적 지식인인 것이다. 유기적 지식인은 자생적 운동이 단순히 지방적 차원에 매몰되지 않고, 전국적 세계적 차원의 아이덴티티를 얻기 위해 집단에게 수준에 맞는 정식화를 제공할 이론적 매개자(해설자, 번역자이자 메시아)로 기능한다.

> "적어도 '정상적인' 부르주아 민주주의 체제 하에서 계급지배는 단순한 물리적 현상이 아니다. 그것은 자발적이든, 비자발적이든 아래로부터의 '동의'에 기초해 있는 것이며, 이것이 가능한 이유는 부르주아 계급의 피지배 계급에 대한 '지적-도덕적 우위' 곧 헤게모니에 의해서이다. 따라서 진정한 의미에서의 '신질서'는 단순한 계급간 권력이동만으로 가능한 것이 아니라, 새로운 계급의 '지적-도덕적 우위'와 결합한 물리적 우위에 의해 비로소 가능하다."(이혜영, 1998, 253쪽)

이른바 차이와 통일의 변증법을 구체화하는 '탈현대의 군주론'은 차이만 강조하는 포스트주의의 저항담론과도 구별되며, 통일만을 강요하는 민족주의적 저항담론과도 구별되는 문제설정이 아닌가 생각한다(Sanbonmatsu, 2004, 321~330쪽).

탈현대의 군주가 도대체 무엇인가는 질문이 있을 수 있다. 이는 '현대의 집단적 군주' 개념에서부터 시작해야 한다. 그람시에게 현대의 군주는 기성의 정당구조를 모방한 자본주의 내 조직, 즉 정당이지만 운동적 요소를 이미 많이 내포하고 있다.

> “인민들의 정신적 소망을 상징하는 한 근대 군주는 본질적으로 비물질적이고 심지어 경계조차 없다. 다른 한편…현대 군주는 조직되어 있고 중앙집중적이며 규율 있는 구조라는 형식적 의미에서 정당의 기능과 같은 성질을 지니는 것 또한 분명하다.”(Sanbonmatsu, 2004, 342쪽).

따라서 현대의 군주 개념 자체가 탈현대적 요소를 가지고 있는 것이다. 동시에 탈현대의 군주는 탈현대 시대가 제기하는 분열과 차이를 통합시키는 새로운 과제도 안고 있다.

6. 사회운동의 논리: 그람시

1절 왜 한국에서 민주화 운동은 실패하였을까?

우리는 5장에서 한국경제를 세계 경제 속에서 위치하여 파악해야 한다고 주장했다. 우리가 추구하는 대안적 사고 방식은 첫째, 일국주의적 관점에 사로잡혀서는 안되며, 둘째, 추상성에 매몰되어 한국 사회의 특수성을 구명하지 못하는 이론이어서도 안된다라는 두 가지 조건을 충족해야 했다. 이 두 가지 조건 때문에 세계체제론에 주목했던 것이다. 세계체제론은 한국경제 분석에서의 외인과 내인의 문제설정(이는 종속의 문제로 이어진다) 자체를 부정하고 한국경제를 세계체제의 한 부분으로 파악해야 한다고 본다.

그런데 한국경제를 케인즈적 일반성과 마르크스적 일반성 속에서 파악한다면 다른 나라의 경제와 비교한 차별성, 과거 역사와의 차별성을 어떻게 이해하자는 것일까? 일반론으로 우리의 구체적 정세의 구체적 효과를 어떻게 해명할 수 있다는 것인가라는 의문이 제기될 것이다. 즉 이러한 새로운 생각이 어떻게 우리에게 한국경제의 문제점과 대안을 구체화해 준다는 것인가? 세계체제론에 따르면 동형적인 것은 경제적 특질이다. 제1부에서 설명하였듯이 한국경제의 저성장과 양극화는 사실상 세계경제의 특징이기도 하기 때문이다. 그렇다면 한국경제의 특수성은 어떻게 접근해야 할까?

근대세계체제를 지배하는 세계 부르주아지는 존재하지 않는다 하더라도 지배의 전략은 존재한다. 콕스는 이를 글로벌 지배블럭이라고 부른다. 콕스의 이 개념은 안토니오 그람시(A. Gramsci, 1891-1937)에서 유래한 것이다. 하지만 이것이 국민국가의 존재를 부정하는 것은 아니다. 따라서 이 두 요소를 동시에 설명하기 위한 개념이 국가간체계였다. 국가간체계는 세계경제의 단일성, 즉 세계자본주의와 완전히 동조하지 않는 상부구조라고 할 수 있다. 이 때문에 한 나라의 경제는 세계경제로부터 분절된다. 또한 저항운동 역시 세계적이지 못했다.

따라서 경제적으로 보면 세계경제이지만, 정치적으로 보면 일국적이다. 그러므로 한국경제의 특수성을 파악하는 가장 빠른 방법은 한국사회의 정치경제적 지형도를 그려보는 것이다. 6장에서는 이러한 지형도 그리기를 그람시를 통해서 하고자 한다. 그람시는 이탈리아의 문제 속에서 사고한 사람이다. 하지만 그 사고방식은 세계체제에서도, 국민국가에서도 적용될 수 있다. 이제 그람시를 통해 한국경제의 변화라는 정치경제학적 문제로 접근해보자.

이 질문에 답하기 위해서는 우리나라의 그람시 수용의 과정을 우리나라의 역사적 맥락 속에서 검토할 필요가 있다. 우리나라의 역사적 맥락 속에서 본다는 것이 그람시를 자의적으로 해석한다는 것을 의미하지는 않는다. 이는 그람시의 어떤 측면이 왜 우리나라의 그 상황 속에서 필요했는가, 그리고 그 결과는 무엇이었나를 살펴보는 것을 의미한다. 즉 그람시가 수용되는 배경을 이해함으로써 우리나라에서 그람시 수용

과정이 왜 그렇게 되는가를 파악하고, 동시에 그 과정을 정정할 수 있다.

6장에서는 감옥 안에서 사색했던 그람시의 질문과 우리의 질문이 사실상 동일하였다고 본다. 이것이 우리 사회에서 그람시가 유행하였던 사회 · 정치적 배경이었을 것이다. 그리하여 우리의 질문을 그람시의 탐구과정에 빗대어 대답하고자 한다. 2절에서 한국에서 그람시 수용과정을 간략히 스케치할 것이다. 이어서 3절에서는 왜 그람시를 역사적 맥락에서 살펴보아야 하는가의 문제를 논의하고, 4절, 5절, 6절에서는 그 질문에 대한 그람시의 대답을 국제 공산주의운동, 이탈리아의 정치상황, 사상적 배경이라는 세 가지 상이한 역사적 맥락에서 살펴볼 것이다. 마지막 7절에서는 역사적 맥락에서 본 그람시의 대답이 우리의 질문에 어떤 의미를 가지는가를 요약한다.[55]

55 따라서 이 글은 그람시 그 자체에 대한 연구라기보다는, 우리 사회의 적용이라는 문제의식 하에서의 그람시 연구라고 할 수 있다. 이 점에서 이 글은 그람시 원전 그 자체보다는 그람시 시대의 맥락을 일정한 시각에서 분석한다. 따라서 그람시의 고유한 개념들, 예를 들어 헤게모니, 시민사회, 진지전, 수동혁명 등의 개념들에 대한 엄밀한 사상사적 분석 자체는 이 글의 과제가 아니다. 이 문제는 그람시 글의 모호성으로 인해 그람시 연구에서 필수적으로 필요한 부분이나, 상당한 연구가 진행되어 있으므로 기존의 연구 성과를 참조하라.

2절 우리나라에서 그람시 이론의 수용 과정 : 역사적 맥락

우리나라에서 그람시 수용은 크게 세 단계가 있는 것으로 보인다. 첫 번째 단계는 말 그대로 그람시를 소개하는 단계이다(1980년대 중반). 두 번째 단계는 그람시를 한국의 정치적 현실 속에서 탈마르크스주의(또는 포스트마르크스주의)적 맥락에서 수용하는 단계이다(1990년대 초반). 세 번째 단계는 보다 냉정하게 그람시를 그 자체로 연구하는 단계이자 비(非)정치화하는 단계이다(현재).

그람시 수용의 초기 단계는 1980년대 중반에 시작했다. 최장집(1984)에서 시작하여, 이후 그람시 전기가 번역되었고, 10권 정도의 번역서, 연구서가 출간되었다. 또한 그람시의 후기 저작인 『옥중수고』가 번역(1986, 1993)되었다. 당시 그람시에 대한 관심이 증대한 이유로서는 그람시가 결정론적 마르크스주의의 대안으로 보였다는 점, 그람시의 질문이 자본주의가 왜 강한가에 대한 물음이었다는 점, 1987년의 민주화 투쟁으로 인한 형식적 민주주의 회복으로 인한 시민사회의 성장이 그람시의 시민사회론과 맞물렸다는 점 등이 제기된다.

이 시기의 그람시 수용은 비록 『옥중수고』라는 후기 저작물을 중심으로 한다는 한계를 갖긴 하지만 그람시를 어느 정도 '정직하게' 독해하고 있다고 보여진다. 예컨대 임영일(1985)은 그람시가 주목되는 이유로서 서구의 독창적인 마르크스주의 혁명가, 정치이론가라는 점과 1920년대 서구의 마르크스주의 정치가 중에서 자본주의의 강점을 철저히 인식하였다는 점을 들고 있다. 그럼에도 불구하고 임영일은 그람시가 서구자본주의의 변화하는 상황[56] 속에서 이행전략을 고민하였다는 점을 강조하여, 사회민주주의자, 또는 유럽공산주의자로서의 그람시라는, 당시 유럽에서의 정통적인 수용을 비판한다.

당시 우리나라는 6.10 민주항쟁과 노동자대투쟁(1986)을 전후한 시기로서 사회운동의 상승기였고 사회운동의 관점에서는 낙관적 국면이었기 때문에 사회운동은 '수정주의 공산주의자'(Kolakowski, 1978)인 그람시에 큰 관심을 두지 않았다. 우리나라의 사회운동세력은 '사회구성체 논쟁'이라는 이름하에 한국 사회 성격의 본질에 관해 논쟁하였는데, 이 논쟁은 혁명의 형태, 그람시적으로 보면, 유기적 위기(구조적 모순)에 대한 논의였다. 하지만 그람시가 마르크스주의에 기여한 주된 부분은 정세적 위기(즉, 마르크스주의 정치학)에 대한 것이므로 그람시는 상대적으로 관심에서 벗어나 있었다.

그러나 1980년대 말의 역사적 사회주의의 붕괴는 우리나라 사회운동의 이념 구도에 치명적 영향을 미치면서 시민사회 논쟁(1992-1993)을

56 그람시가 『옥중수고』를 쓴 당시는 공산주의 혁명이 러시아에서는 성공하되 서유럽에서는 막 퇴조하기 시작하였으며, 특히 이탈리아에서는 자유주의 진영과 사회주의 진영이 서로 권력을 확고히 장악하지 못한 상태에서 파시즘이 등장하였고, 다른 한편 미국에서는 새로운 형태의 자본주의, 그람시가 말한 '포드주의'가 등장하고 있었던 것이다.

몰고 왔고 이때 그람시의 주요 개념인 헤게모니가 주목되었다.[57] 이 시기는 대외적으로는 현실 사회주의진영의 몰락, 대내적으로는 절차적 민주주의의 진전(핵심은 민중의 대변인인 좌익세력에 대한 법적 제재를 철회함으로써 대의민주주주의 체제 내에 포섭하고자 한 것과 민주적 야당이 선거과정을 거쳐 지배블록에 포함된 것이다)과 함께 사회운동이 시민운동과 민중운동으로 분화되는 시기였다. 사실 사회운동의 분화는 대외적 요인이 아니라 대내적 요인으로 인해 불가피하고, 필연적이었다. 사회운동 내에는 반독재 민주화운동부터 노동운동과 사회주의 운동세력까지 광범위한 스펙트럼이 존재했는데 이러한 운동이 구체적 조직적 토대를 가지게 되면서 시민운동과 민중운동이라는 형태로 분화되었다. 여기에 현실 사회주의의 붕괴는 미정립된 이념적, 정치적 흐름에 큰 타격을 가하여 분열되고 있던 사회운동을 더욱 분산시키는 효과를 가져왔다고 생각한다. 그람시 소개의 2차 흐름이라고 부를 수 있는 이 시기는 레닌주의라는 정통적 해석[58]과 그람시의 양면성을 강조하는 중간적 해석, 그리고 그람시뿐 아니라 하버마스 등 다종다양한 시민사회론의 맥락 속에서 그람시를 해석하는 시민사회론적 견해 등 다양한 시각이 제출되어 논란이 되었다.

김세균(1992, 158-166쪽)은 그람시의 이론이 계급독재를 계급헤게모니로 대체하는 것이며, 결국 레닌주의적 정통으로부터 이탈한 수정주의

57 당시 논쟁의 논문들은 유팔무・김호기(1995)에 수록되어 있다.

58 지금 시점에서 레닌주의적 전통을 정통적 해석이라고 부를 수 있는지도 의심스럽기는 하다. 당시 논쟁에서 레닌주의적 전통이라는 개념 역시 스탈린적 해석에 치우친 것이었다.

노선이라고 비판하였고, 그람시의 시민사회론은 자본주의 시민사회를 초계급화하여, 자본주의 시민사회의 부르주아적 속성, 즉 역사 특수적 계급성을 간과한다고 보았다.

강문구(1992, 193쪽)의 경우 탈마르크스주의적 시민사회론을 비판하면서 동시에 개량 대 혁명의 이분법을 비판하였다는 점에서 그람시의 강점을 보았다. 강문구에 의하면 그람시의 의의는 자본주의 지배장치를 강압과 동의라는 이중적 기제로 파악한 점에 있으며 이를 통해 그람시는 전위주의(명백하게는 극좌 모험주의의 비판이며 잠재적으로는 레닌에 대한 비판으로 해석될 수 있다)와 개량주의(이는 그람시 당시 이탈리아사회당(이하 PSI) 주류의 이데올로기로서 '최대강령주의자'(Maximalist)[59]로 불리는 대기주의적 견해를 포함한다) 모두를 비판하였다는 것이다. 유팔무(1991, 62쪽) 역시 그람시의 문제제기가 정통마르크스주의에 타격을 가하는데 있는 것이 아니라 달라진 서구적 여건 속에서 어떻게 사회주의 혁명을 성사시킬 것이냐에 있었다면서 그람시를 마르크스, 레닌적 전통 또는 그 발전으로 위치지웠다.

그런데 실상 1990년도 발표된 논문의 상당수는 이미 '시민사회론'을 중심으로 그람시를 이해하려고 시도하고 있다. 이 경우 그람시는 사회주의 혁명가로서가 아니라 시민사회론자로 나타나게 된다. 이 흐름은

59 원래는 개량주의에 대한 최대강령(혁명강령)을 확고히 한 이탈리아사회당 내의 급진분파를 지칭하였지만, 이후에는 일체의 부르주아 의회정치에 대한 비참여주의라는 의미를 갖게 되었다. 하지만 실제로 이탈리아의 최대강령주의는 수사학을 넘지 못하였으며, 많은 공산주의자들은 이 용어를 이탈리아사회당 내의 대기주의에 대한 경멸적 의미로 사용하였다.

특히 우리나라에서 확산된 마르크스주의 위기론과 탈마르크스주의적 견해의 등장과 밀접한 연관을 가지고 있다. 탈마르크스주의는 마르크스의 레닌주의적 해석을 비판하여 새로운 내용을 정립하기를 원했는데 그 내용을 라클라우 · 무페의 헤게모니론에서 찾았으며 라클라우 · 무페는 헤게모니론을 그람시에서 받아왔다(이병천 · 박형준, 1992; Laclau & Mouffe, 1985). 그러나 마르크스를 넘어서는 순간 다양한 사회운동이 시야에 들어오는데 환경운동, 소수자운동, 쁘띠 부르주아적 시민운동, 자유주의적 민주주의 운동 등이 그러하다.

이를 '그람시를 넘어선 그람시'(이병천, 1994) 해석이라고 부르자. 예를 들어 김호기(1993)의 경우 그람시를 하버마스(자유주의좌파)와 대조하여 민주적 사회주의자로서 위치지웠는데, 그 경제적 내용은 시장사회주의와 유로코뮤니즘이었다. 즉 1990년대 초반 들어서 그람시에 대한 서유럽의 '정통'해석 즉 유로코뮤니즘적 해석이 소개된 것이다. 하지만 그람시 이후 이탈리아공산당(이하 PCI)의 서기장이었던 톨리아티(P. Togliatti, 1893-1964)에 의해 유포되고 확산된 유로코뮤니즘적 해석은 한국의 상황에 쉽게 착근되지 못했다. 유로코뮤니즘 자체가 1950년대~60년대의 산물이었고 1960년대 그람시의 각종 저작이 새로이 출간되면서, 그람시의 주장이 유로코뮤니즘과 사실상 다르고 한국의 상황 자체가 서구적 공산주의(비레닌적 공산주의) 전통이 없었다는 점이 그 이유가 될 것이다.

하지만 하버마스와 비교하는 아이디어는 우리나라의 시민사회운동의 확산과 더불어 계속 지속되었다. 박형준(1992)의 경우 그람시와 하버마스를 통합하려기 위해 권력 패러다임과 소통 패러다임의 통합을 주장하면서도, 하버마스의 의사소통행위이론과 보편화용론을 적극적으로 수용함으로써 사실상 부르주아적 시민사회론을 강조하기에 이른다.

그람시에 존재하는 양면적 요소에서 혁명성과 레닌주의적 정통성을 배제함으로써 일종의 사회민주주의자(또는 시민민주주의자)로 해석하는 시도에서는 시민사회론적 그람시가 아닌 그람시를 배제하여야 했다. 김성국(1991, 46-52쪽)은 라클라우 · 무페의 관점에서 그람시의 한계를 1) 자본주의 자기수정능력을 과소평가했다는 점, 2) 레닌주의가 좌익전체주의로 전화될 가능성을 폄하했다는 점, 3) 진지전 전략의 이중성(지배세력에 흡수될 가능성)을 인식하지 못한 것이라는 세 가지로 정리하고, 이병천(1991, 1994)은 라클라우 · 무페를 보다 적극적으로 수용하여 경제주의(경제중심주의) 비판을 넘어서 본질주의(노동자중심주의) 비판으로 가야한다고 주장한다. 이병천은 그람시를 비판적으로 독해하여 헤게모니론을 재구성함으로써 주도적 계급으로서의 프롤레타리아라는 개념을 삭제하는 '그람시를 넘어선 그람시'를 구축하려 한다. 즉 사회구조와 주체의 형성에서 환원 불가능한 담화의 차원을 도입하여, 사회와 역사를 진정한 의미에서 열린 과정으로 파악하고, 또한 주체를 진정한 의미에서 다원주의적으로 파악할 수 있게 하자는 것이다.[60]

60 이병천(1994)은 라클라우의 지나친 담화중심주의, 반본질주의 편향의 정정 필요를 이야기 하고 있지만, 본질적으로 큰 차이는 없다.

이 세 견해를 비교해 보면, ① 레닌주의적 해석, ② 그람시 자체의 독해, 그리고 ③ 그람시에 대한 적극적, 창조적(?) 해석이라는 스펙트럼을 보여준다. 당시의 논쟁은 그람시 사상의 역사적 맥락이 분리되어 연구되고, 영미권의 연구서를 중심으로, 정치학 중심으로 소개되었다는 한계를 가지지만, 한편으로는 그람시에 대한 다양한 해석의 원형을 이미 보여주고 있다.

결과적으로 우리나라에서는 현실사회주의 몰락과 마르크스주의 위기론의 배경 하에서 그람시가 수용되었기 때문에, 1990년대의 그람시 수용과정에서도 이 점이 유난히 강조되었다. 그러나 이 역시 자본주의 자체의 변화, 즉 이행 사상 자체에 관한 질문인 구조적 차원을 강조하는 것으로서 정세적 문제의 분석 수단을 제공한 그람시는 여전히 간과되고 있다. 따라서 그람시는 마르크스주의 철학의 근본문제를 제기한 철학자로서 인용되고 이용되었지, 정세분석, '국면적 운동'(conjunctural movement)에 대한 정치이론가로서 그람시는 부각되지 못하였다. 그람시에 의하면 정치전략의 논의가 유기적 위기(구조적 모순) 또는 혁명의 본질에 관한 논의로 해석될 때 경제주의로 빠지게 된다.[61]

결과적으로 1980년대~90년대의 그람시 수용과정은 그람시에 대한

61 그람시에 대한 이 관점은 그람시의 이데올로기를 중심으로 파악하는 논의를 거부하고, 그람시가 마르크스주의에 기여한 요소를 중심으로 파악하는 논의로서 이 글의 그람시 이해의 입장이라 할 수 있다. "역사 · 정치적 분석에서 흔히 있는 오류는 유기적인 것과 국면(conjuncture)적인 것 사이의 관계를 올바로 보지 못하는 데에서 나온다. 이럴 때에는 단지 간접적으로만 작용하였을 뿐인 원인을 직접적으로 작용하는 원인이라고 설명한다거나, 아니면 오직 직접적인 원인만이 유효한 원인이라고 주장하게 된다. 전자의 경우는 '경제주의'의 과잉이며, 후자의 경우는 '이데올로기주의(ideologism)의 과잉이다" (Gramsci, 1971, 202쪽).

다양한 해석은 보여주지만, 그 해석이 사회운동의 새로운 이념적 좌표를 만드는 데는 기여하지 못하였다. 그람시 수용이 현실 정치적 적용에 구체화되지 못한 상태에서 그람시 자체에 대한 연구가 진행되었다.

세 번째 단계라 할 수 있는 최근의 그람시 수용 추세는 이탈리아에서의 학위자를 포함하여 이탈리아 원전을 중심으로 한 연구이면서, 다른 한편 그람시의 현실적 적용은 문화이론으로의 수용이라는 형태를 띤다.

그람시 원전 자체에 대한 연구에 토대를 둔 심화된 탐구는 이해영(1992)에서 볼 수 있다. 이해영은 이탈리아의 사상적 전통, 특히 크로체와 마키아벨리를 통해서 그람시를 조명함으로써 이탈리아의 사상사적 맥락 속에서 그람시를 연구했다. 특히 이 논문은 기존의 영어번역본에서 탈피하여 이탈리아 원본으로 연구를 진행하여 이탈리아적 맥락을 충분히 반영한 연구를 시도했다. 이해영은 크로체의 '윤리-정치사 패러다임', '차이의 변증법'을 그람시가 비판적으로 전유하여 경제주의와 기계적 유물론을 비판하는 것, 환원되지 않는 정치의 영역을 마키아벨리를 통해 논증하는 과정을 그람시의 『옥중수고』를 통해 검토하고 있다. 이어 이해영(1997)은 그람시의 역사주의를 알튀세르의 역사주의 비판과 비교하였는데 알튀세르를 포스트모더니즘의 맥락 속에서 이해함으로써 알튀세르와 그람시의 마르크스주의적 비교에는 다소 실패했다고 볼 수 있다.[62] 한편 강옥초(1994)는 『옥중수고』를 중심으로 하는 후기 그람시의 연구에서 탈피하여 그람시를 그람시 시대의 맥락에서 연구하

62 이에 대해서는 5절에서 다시 다룬다.

였다. 이 점에서 볼 때 투옥 전의 그람시의 최대 관심사였던, '공장평의회'(factory councils) 활동과 '남부주의'(Meridionalism) 문제가 제기되는데 이 중 후자를 정력적으로 연구했다. 수차례의 연구논문에서 강옥초(1997, 1998, 2002)는 그람시의 사상 형성에서 그 자신의 출신지인 남부, 그람시 사상에 큰 영향을 미친 남부지식인으로서의 크로체의 영향을 집약하고 있는 남부의 문제(the Southern Problem)를 제기한다. 여기서 그람시의 초기저작들이 연구되고 분석됨으로써 그람시 그 자체의 이해에 큰 기여를 하였다. 즉 그람시의 해석이 아닌, 그람시 자체에 대한 평가에서는 최소한 기존의 정통적 해석(레닌주의적, 유로코뮤니즘적 해석), 사회민주주의적 해석(또는 시민사회적 해석)이 모두 과도한 해석이며, 그람시의 저작들은 당시 이탈리아의 상황 속에서 마르크스주의 혁신이라는 주제를 다루고 있는 대단히 과감하면서도 심오한 성과라는 점을 보여주었던 것이다.[63]

그람시는 다양한 해석의 원천이다. 11년간의 투옥이라는 특수한 개인적 상황으로 인해 그람시는 자신의 생각을 노트 형식으로 남길 수밖에 없었으며 그 노트 역시 검열로 인해 매우 암시적인 단어로 채워졌다. 그람시의 해석이 어려운 더 큰 이유는 그람시가 마르크스주의 혁명운동의 큰 변환기에 살았다는 점이다. 투옥 전의 그람시에게서 놀라운 점은

---

63 그람시의 새로운 개념이 과연 20세기 초반 이탈리아에만 적용되는 것인지, 또한 20세기 중후반의 서구 자본주의의 변화에만 적용되는 것인지, 아니면 마르크스주의 그 자체의 혁신인지 등에 대해서는 논쟁의 대상일 뿐 아니라 쉽게 해결될 수 없을 것으로 본다. 이 문제 또한 본 논문의 대상은 아니다.

주관적으로 볼 때 분명히 마르크스주의 혁명가로서 자기 정립하고 있음에도 불구하고 이탈리아 상황의 독특성 속에서 사고하여 이를 마르크스주의의 이상과 접목하기 위한 엄청난 노력을 기울였다는 점이며, 객관적으로 볼 때 투옥 전후로 제2인터내셔널, 제3인터내셔널을 거치면서 한편에서는 러시아에서 공산주의 혁명의 성공과 다른 한편으로는 서구에서의 파시즘의 등장으로 인한 반동(서구의 공산주의 혁명의 실패)을 겪어야 했다는 점이다. 즉 당시의 주관적 조건과 객관적 조건 모두 변화와 모호성이 큰 특징이어서 엄청난 상상력을 필요로 했다. 그람시 개인 자체는 어땠는가? 그람시 개인은 이탈리아 사회당에서 활동하다 공장평의회라는 밑에서부터의 노동운동 조직을 결성하면서 이탈리아 사회당의 개량주의적, 대기주의적 태도를 비판하여 이탈리아공산당(PCI)를 창설하였다. 하지만 PCI 내에서도 여전히 극좌주의(보르디가[A. Bordiga, 1889-1970]를 중심으로 한) 및 타협주의(타스카[A. Tasca, 1892-1960]를 중심으로 한)와 투쟁하여야 했고, 궁극적으로는 PCI의 지도자로서 PCI를 이끌지만 무솔리니의 파시스트당에 의해 투옥되어 감옥생활을 하다 사망하였던 것이다. 물론 당시 비극적인 삶을 산 혁명가는 그람시가 유일한 것은 아니다. 하지만 그람시는 감옥 속에서 격동의 혁명기를 반추하고 재검토할 시간을 가졌으며 이를 노트에 정리함으로써 사회주의 혁명에 대한 일종의 '사고실험'을 제공하고 있다.[64]

64 필자는 개인적으로 그람시의 저작이 『성경』과 비슷한 형태와 효과를 띠고 있다고 본다. 이러한 생각은 전혀 논증될 수 있지도 않고, 파격적인 주장에 불과하지만, 예수가 인간의 원죄를 대변하여 순교함으로써 이후 숭배의 대상이 되는 점, 『성경』 자체가 후대에 의해 재구성되었다는

때문에 그람시에 대한 해석 자체가 매우 창의적이고, 상상적일 가능성이 항상 있다고 할 것이다. 따라서 그람시 수용의 판단 기준은 두 가지여야 한다. 하나는 그람시가 제대로 해석되고 있느냐는 것이고, 다른 하나는 어떤 맥락에서 수용되느냐는 문제이다. 여기서 그람시 문헌으로만 드러나지 않는 그람시 시대의 그람시가 무엇이었는지가 매우 궁금해진다.

> 그람시가 이탈리아 문제에서 눈을 떼지 않았다는 사실이야말로 그가 보편적 중요성을 띠는 이유이다. 다른 나라 사회주의자들이 배워야 할 것은 그에게서 끌어낼 수 있는 추상적 정치원리라든가 혁명전략이 아니라 이탈리아의 특수한 현실모순에 대한 그의 놀라운 탐구다(Sassoon(ed.), 1982, 59쪽).

따라서 그람시가 그람시의 시대 속에서 올바로 재평가될 때, 우리 사회에도 효과적으로 적용할 수 있을 것이다.

점, 『성경』 내의 매우 모호하고, 암시적이며, 상징적인 표현으로 인해 재해석의 여지를 남길 뿐 아니라 끝없는 상상력을 촉발한다는 점이 유사성이다. 이와 마찬가지로 그람시는 사회주의 혁명의 퇴조기(가 막 시작한 시기)의 혁명의 순교자였을 뿐 아니라 (다행히도 그를 11년간 살려둠으로써) 혁명의 실패자가 스스로의 입으로 혁명을 재평가할 기회를 가졌는데 그 결과물인 『옥중수고』는 일관성보다는 문제제기성 문구로 가득 차 있다는 점으로 인해 재해석을 필연화한다는 점, 이후의 후계자들이 『옥중수고』를 다양한 방식으로 재구성함으로써 자신의 해석과 견해를 논증하는 데 이용해왔다는 점 등이 유사성이라고 보여진다. 물론 하나의 점에서는 다르다. 기독교는 예수 이후로 전 세계의 평민의 생각을 장악했지만, 그람시의 마르크스주의는 지식인의 상상력을 장악했다는 점이다.

3절 왜 그람시인가?: 그람시의 질문

그람시는 이탈리아공산당, 특히 톨리아티에 의해 레닌주의의 이탈리아 버전으로 소개되거나, PCI를 반대하는 사람들에 의해 레닌주의, 스탈린주의, 심지어는 마르크스주의에 대한 대안으로서 소개되었다.[65]

공장평의회를 중심으로 하는 그람시의 초기 문헌과 활동에 초점을 맞추면 그람시는 생디칼리스트로 묘사되며, 『옥중수고』에 초점을 맞추면 공산주의적, 레닌주의적이라기보다는 사회주의적, 또는 사회민주주의적인 입장을 가진 것으로 이해된다.

그러나 이후의 심화된 연구로 인해 우리는 이제 그람시를 단일한 논리를 가진 사상가로 이해하기보다는 진화하는, 또는 단속적 발전단계를 가지는 사상가로 이해할 수 있다. 레오나르도 파기(1970)의 『그람시와 현대의 군주』는 1923-24년 보르디가에 대한 비판을 전후로 하여 그람시를 구분하며, 이탈리아 공산당사의 편찬자인 스프리아노(Spriano)는 투옥(1926년) 전후로 구분하여 그람시 사상의 질적 변화를 설명한다(Mouffe & Sassoon, 1977, 226쪽 주31). 한편 강옥초(1997, 149쪽 주12)는 그람시의 사상사적 변천을 다시 세분하여, ① '사르데나에서 토리노로

65 톨리아티는 그람시와 동시대에 PCI에서 사회주의 운동을 했고 그람시 투옥 후에는 PCI의 실질적 지도자로서 역할했다. PCI가 소련의 영향 하에 있을 때에는 그람시의 레닌주의적 측면을 강조했고, PCI가 스탈린주의를 비판할 때는 그람시를 유로공산주의의 선구자로 해석했다.

(-1918)', ② '토리노 운동의 한 가운데서(1919-21)', ③ '러시아에서의 전환(1922-24)', ④ '로마에서의 당지도(1924-26)', ⑤ '옥중에서(1926-)'라는 다섯 단계로 구분하였다.

아주 거칠게 소묘하자면, 대략 공장평의회 운동 시기(1914-1921)의 그람시는 평의회공산주의자로 해석할 여지를 많이 주고 있으며, PCI 창설 이후부터 투옥 전(1921-1926)까지는 레닌주의적 전위정당론에 경사되었고, 투옥 이후(1926-1937)부터는 파시즘에 대한 새로운 사고를 통해 보다 장기적인 이행전략을 모색했다고 해석할 수 있다. 이 점에서 볼 때 유로공산주의적 요소는 『옥중수고』의 언급에서 많이 차용되고 있다. 하지만 실제 그람시 문헌을 읽어보면, 비록 파편적이라고 하더라도 그람시가 위의 해석을 정당화하고 있지 않다는 것을 알 수 있다.[66]

초기 사회주의 운동기의 공장평의회 경험은 1920년대 객관적 혁명적 가능성의 고조와 파시즘에 의해 약화되어 가는 노동계급운동의 주관적 역량 사이의 점증하는 괴리에 대한 고민과 결합하여 혁명에 대한 새로운 사고를 유발하였는데 이는 '혁명이란 당의 활동으로 대체되거나 환원될 수 없는 대중의 참여에 기반한 과정'이라는 것이며, 또한 새로운 유형의 국가창설과정이라는 사고다. 공장평의회에 대한 관심은 바로 이 점에서 이해될 수 있다. 또한 투옥 이후의 『옥중수고』에서 나타나는 새로운 개념들, 즉 시민사회, 헤게모니, 진지전, 수동혁명, 유기적 지식인, 근대적

---

66 예를 들면 '평의회주의자'로서의 그람시는 「남부주의」의 문제의식과 겹친다. 남부주의는 그람시의 청년시절의 경험을 반영한 것이지만, 남부의 지역문제와 농민과의 계급동맹 문제, 유기적 지식인 문제로 이어지는 그람시의 혁명사상 구성에 중요한 핵심요소다.

군주라는 개념은 변화한 유기적, 구조적 상황과 민중의 참여적 정치를 고민한 산물이다. 따라서 우리는 그람시의 초기 저작과 후기 저작에서 발견되는 상이한 표현에도 불구하고 이어지는 문제의식(공장평의회, 헤게모니 모두 레닌주의적 전위정당과 자생주의를 함께 비판하는 효과를 가짐)을 발견할 수 있다.

그럼에도 불구하고 액면 그대로 그람시를 읽을 때 종종 지적되듯이 헤게모니론, 시민사회론, 진지전, 수동혁명, 유기적 지식인, 현대의 군주로서의 당 등 현대에 회자되는 여러 개념은 명확히 정의되지 않고 사용되고 있으며, 문맥상으로 볼 때도 개념의 외연이 불명확하고 상충되는 면이 적지 않다는 것은 사실이다.[67]

왜 그런가? 필자의 판단은 다음과 같다.

투옥 후 그의 첫 번째, 가장 중요한 질문이 "왜 혁명이 실패했는가"였기 때문이다. 이것은 사회주의 사상가에게 판도라의 상자와 같은 질문이다. 즉 가능한 대답이 무궁무진하게 나올 수 있는 문제인 것이다. 하지만 그람시에게는 확실한 것이 하나 있기 때문에 가능한 대답의 범위는 우리가 상상하는 것보다는 비교적 좁았다. 그 확실한 하나는 그람시가 마르크스주의 혁명가였다는 점이다. 놀랍게도 그람시는 혁명가로서의 자신의 입장에 회의하지 않으며 새롭게 제기하는 많은 개념이 한편으로

67 사소하지만 또 다른 예로는 자코뱅주의라는 용어의 의미도 있다. 투옥 전 그람시의 문헌에서 자코뱅주의는 좌익의 특정 부문에서 보여지는 엘리트주의, 신비주의 등을 비판적으로 지칭하였지만, 『옥중수고』에서는 민중적-민족적 과제를 달성하기 위해 필요한 헤게모니적 지도력을 의미하는 것으로 긍정적으로 사용한다.

는 이탈리아의 사상적 맥락 속에서 출현했다 할지라도, 사실상 변화한 시대 속에서 프롤레타리아 혁명의 방법을 사유한 것이라는 해석이 가장 정확하다고 보여진다.[68]

그리고 우리는 1923년 그람시가 질문했던 것과 동일한 질문을 다시 던지게 된다. "왜 민주화운동은 실패했는가".[69] 전혀 다른 시대와 정치적 맥락에서 던져지는 질문이 사실상 동일한 형태를 띠고 있으므로 필자는 우리나라에서 그람시 문제를 접근하는 가장 정확한 방법은 그람시가 그 시대에 그 질문에 답하는 방법을 따라가는 것이라고 본다. 이 점에서 볼 때 우리나라의 그람시 수용은 그람시의 질문을 따라가지 않았기 때문에(비록 따라갔다 하더라도 그람시의 입장에서 따라가지 않고 연구자의 입장에서 따라갔다) 부정확하고 현실적이지 못했다고 생각한다.

---

68 이 점이 마르크스의 과학성을 입증하려고 했던 초기 알튀세르와 비교하여 그람시가 실천철학이라는 이름 하에 마르크스의 과학성 보다는 실천성을 상대적으로 강조하게 되었던 배경의 하나가 된다고 생각된다.

69 이 질문이 지나치게 도발적이고 자의적이라고 생각할 수 있기 때문에 약간의 사족이 필요하다. 필자의 질문은 그람시의 질문과 수준이 같다. 즉 그람시가 "왜 사회주의 혁명이 실패했는가"라고 자문(自問)했을 때 향후 사회주의 혁명이 불가능하다는 전제 하에서 자문한 것이 아니다. 이 자문은 '앞으로도 영원히'라는 뜻이 아니라 '당시의 정세 속에서'라는 뜻이다. 그람시가 1926년에 투옥되기 전의 상황을 보면, 그람시는 무솔리니 파시스트 정부가 자신을 검거하리라, 설사 검거하더라도 종신형을 선고하지는 않으리라 생각한 것 같다. 다시 말해 투옥되기 전에는 파시즘의 일시성에 대한 당시 마르크스주의자들의 사고를 공유하고 있었다고 보아야 할 것이다. 투옥 후에 비로소 파시즘이 일시적인 것이 아니라 유기저, 구조적인 것이리고 생각하게 된 것이라고 본다. 이는 『옥중수고』의 많은 새로운 개념들을 발생시켰다. 다시 말해 구조적 차원의 변화가 발생했기 때문에 기존의 전략으로 접근된 사회주의 혁명은 실패했다는 것이다. 그러나 자본주의 자체가 다른 사회로 넘어간 것도 아니고, 모순이 해소된 것도 아니므로 영원히 불가능하다는 생각은 아니다. 이제 우리의 경우로 넘어가 보자. 민주화 운동의 실패는 민주화 운동이 어떤 지향을 가져야 할지에 대해 몰라서가 아니다. 민주화 운동은 우리 사회의 모순을 해소하는 것을 목표로 가지게 될 것이다. 형식적 민주화가 실질적 민주화로 진전되고, 실제적 의미에서 민주주의가 완성되는 것이 목표일 것이다. 오늘날 한국자본주의가 실질적 민주화를 이루었다고 볼 수 없다. 그렇기 때문에 민주화 운동은 앞으로 영원히 불가능하거나 이루어지지 않는다고 볼 수 없다. 하지만 민주화 운동 세력은 분열되었다. 따라서 현재의 정세 속에서 민주화운동은 실패했다는 것이다.

4절 첫 번째 대답: 사회주의 혁명, 국제공산주의 운동의 맥락과 공장평의회

그람시가 사회주의 운동에 참여한 것은 1911년 토리노 대학에 입학한 후인 1914년의 일이었다. 1918년 10월 혁명이 러시아에서 발생하여 볼셰비키 소비에트 정권이 수립되자 이탈리아의 사회주의 운동 역시 이에 큰 영향을 받게 된다. 그러나 소비에트 정권 수립 이전에도 이탈리아에서 사회주의 운동은 매우 활발했기 때문에 그람시는 자연히 이탈리아 사회당(PSI)이 주도하는 이탈리아 사회주의 운동에 젖어들었다. 특히 이탈리아 북부에 위치한 토리노는 '붉은 페테스부르그'라고 불릴 정도로 노동운동과 사회주의 운동이 활발했고, 피아트 본사(1899-)가 있는 곳이었다. 토리노는 러시아 혁명 이전에도 파업과 폭동이 잦았고, 특히 1917년 8월에는 러시아 혁명의 여파로 폭동이 발발하였는데 이 과정에서 그람시는 PSI의 대기주의적 태도에 크게 실망한다. 1917년에는 이후 이탈리아공산당(PCI)에서 같이 활동하게 될 보르디가를 만나며, 이후 계속 비타협성을 강조한 보르디가를 지지했다. 이 시기 그람시의 주요 활동은 토리노의 공장평의회 운동이었다. 당시 토리노의 노동운동의 주류는 노동조합이었고, 사회주의 운동의 주류는 PSI였지만 노동운동 역시 혁명적이지 않았기 때문에 프롤레타리아의 자발적 운동의 조직인

공장평의회(자생적으로 조직된 내부위원회[commissioni interne]에서 발전됨)에 주목하였던 것이다. 연구에 의하면 이러한 관심은 소렐의 영향이라고 하는데, 그람시는 곧 공장평의회 운동의 정당성을 러시아 혁명에서 찾게 된다. 즉 새로운 프롤레타리아의 권력기구인 소비에트의 이탈리아적 형태가 평의회라고 생각했다.

1918년에는 1차 대전이 종료되었으나 이탈리아의 노동자들은 전쟁 참여의 대가를 요구하여 정치상황은 계속 불안하였다. 1919년에는 PSI가 제3인터내셔날에 가입하고, 소비에트를 통한 프롤레타리아 독재 수립을 강령으로 제시하였지만, 이를 구체화하기 위한 어떤 직접적 행동도 하지 않았다. 한편 1차 대전이 끝난 직후 실시된 1919년 11월의 보통선거[70]에서는 PSI는 200만표로 156석(전체 508석 중)을 차지하여 1당으로 올랐고, 당원도 18만으로 급증하였으나, 사실상 러시아에서 일어난 것과 같은 적극적인 혁명조직의 봉기는 없었다. 이로 인해 PSI 내에서 보다 적극적인 조직, 교육 활동을 촉구하는 분파가 조성되었으며 그람시는 ≪신질서≫라는 정치잡지 창간에 동참함으로써 이후 PCI 결성의 초석을 닦았다. 물론 당시 그람시의 최대 관심사는 공장평의회 문제였고, 이는 ≪신질서≫ 내에서도 논란이 되었다(Gramsci, 1971, 48쪽). 그람시는 공장평의회를 전통적 노동계급조직으로부터 독립된 새로운 조직, 즉 비조직노동자, 무정부주의자를 포함한 전체 프롤레타리아트의 조직으로 이해하였다.[71]

70 이탈리아는 1918년 12월 모든 성인 남자에게 보통선거권을 부여했다.

"마르크스주의자인 우리들은 권력문제의 본질을 생산적 조직체 속에서 포착해야 한다"(Gramsci, 1971, 51쪽)는 그람시의 입장은 보르디가로부터 점진주의이면서, 생디칼리즘이라는 비판을 받았다. 물론 이 초기의 국가역할의 과소평가, 혁명정당의 역할 과소평가라는 편향은 이후 「사회당의 혁신을 위하여」[72](1920)에서 정정된다. 하지만 보르디가와의 논란은 계속되었다. 이를 테면 보르디가는 당시 총선에의 선거불참여를 주장하였으나 그람시는 선거참여를 주장하였다.

그람시가 세계 공산주의 운동의 상황에 연루되는 것은 이 시기였다. 1920년 7월의 제2차 코민테른 대회에서 레닌은 개량주의와 좌익공산주의를 동시에 비판하는데 개량주의, 즉 사회민주주의는 '적'으로서, 좌익공산주의는 '소아병'으로 비판하였다. 국제 공산주의 운동의 맥락에서 그람시는 레닌주의적 정통의 충실한 추종자로 보여진다. 왜냐하면 보르디가의 선거불참여주의는 그람시에 의해 비판되었을 뿐 아니라, 레닌에 의해서도 '좌익소아병'으로 간주되었기 때문이다. 또한 개량주의와 대기주의를 비판한 레닌과 마찬가지로 그람시 역시 PSI 내의 개량주의를 배제하고 독립적 공산당을 지지하였다. 하지만 개량주의와 좌익급진주의의 대립 속에서 볼 때 전체적으로 그람시는 보르디가를 지지하였다. 보르디가를 보다 명백히 비판하기 시작한 것은 혁명 열기의 퇴조가

71 1920년에는 토리노의 대부분 대공장에서 공장평의회가 설치된다.

72 "공장·노동조합·협동조합 등의 세포를 통해 모든 프롤레타리아트의 혁명적 활동을 조정하여 자신의 집행위원회에 집중시킬 수 있는, 응집력 있고도 탄탄히 규율잡힌 코뮤니스트 정당의 존재야말로 소비에트 실험을 시도하기 위한 근본적이고도 불가결한 조건이다" (Gramsci, 1994, 212쪽).

명확해진 이후였다. 또는 개량주의에 대한 비판의 차원과 보르디가와 같은 좌익급진주의에 대한 비판은 그 각도가 달랐다고도 볼 수 있다.

문제의 극단적 사례는 1920년 9월의 사태였다. 밀라노에서 자본가들이 도발한 도전, 즉 공장폐쇄 기도에 대해 노동자들은 공장점거와 공장평의회의 구축으로 대응했다. 이 운동은 곧 전국으로 확산되었고, 노동조합은 PSI에게 혁명 지도를 위임하였으나 PSI는 타협주의화하여 오히려 PSI가 토리노의 급진적 분파에게 폭동을 조직할 의사가 있는지 문의할 정도였다. 물론 토리노의 급진적 분파 역시 폭동을 혁명으로 전화시킬 능력이 없었다.[73] 이 때의 경험은 1921년 리보르노 PSI 당대회에서 공산주의 분파가 분리하여 보르디가 지도하에 PCI가 결성되는데 큰 계기가 되었다.

그러나 보르디가와 같은 좌익반대파가 PCI에서 주류였음에는 틀림없으나 PCI 자체는 이탈리아 사회주의 운동 내에서 소수파를 면치 못하였다. 당시 국제공산주의 운동의 지도체인 코민테른은 통일전선전술과 '대중속으로'(1921년 3차 코민테른 대회의 전술)라는 슬로건 하에 사회주의 운동의 대단결(PCI, PSI의 합당)을 촉구했으나 보르디가는 '밑으로

73 당시의 혁명 정세는 자유주의 정치지도자인 졸리티 수상의 타협주의, 즉 '노동조합의 산업통제' 제안을 받아들임으로써 타협과 공장점거 철회로 이어졌고, 정국은 급속히 안정화되었다. 한편 1920년 가을부터 산업자본가들이 사회주의를 공격하는 파시스트에게 자금을 투입하여 파시스트당이 급성장하기 시작했다. 이에 대한 대응으로 1921년 1월 PCI가 창당되었지만, 이때는 1918년부터 시작된 혁명의 열기가 서서히 사그라들 때였다. 한편으로는 PSI 세력은 계속 확대되었지만, 다른 한편으로는 산업자본주의가 활성화되었고, 졸리티(당시 자유주의 부르주아 측 수상)의 산업평화 전략이 먹혀들어 갔다. 이 전략은 노동계급의 저항(1920년 9월의 공장점거)을 효과적으로 방어했다고 볼 수 있다.

부터의 통일전선'이라는 해석 하에 이를 수용하지 않았다.[74] 하지만 이 시기는 이미 소련이 NEP를 실시하여 좌익개혁이 완화되고, 이탈리아에서는 파시즘이 등장하였으며, 독일의 3월 봉기가 실패하는 등 혁명의 속도가 늦춰졌다는 것이 명백해지고 있었다. 그람시는 1922년 PCI 대표로 모스크바에 파견되어 그람시 전 인생에 가장 행복한 시기(1922.6-1923.11)를 맞게 되었다. 대신 이 시기는 그람시가 세계 공산주의 진영의 이론적, 정치적 맥락에 가장 많이 노출된 시기이기도 하였다.

이 시기 세계 공산주의 운동은 소련 내 정치투쟁의 영향을 많이 받게 되면서, 동시에 새로이 등장하는 파시즘을 어떻게 파악하느냐는 이론적 쟁점을 안게 되었다. 여기에서 코멘테른은 통일전선전술과 사회민주당을 부르주아 좌익으로 보는 우·좌 편향 속에서 일관성을 잃게 되었는데, 이는 파시즘을 자본주의 붕괴기의 말기적 일시적 현상으로 보는 시각과 일정하게 관련되어 있다 할 수 있다.[75] PCI 지도부 역시 1926년까지 파시즘의 중요성을 과소평가하였는데, 그 대가는 그람시를 비롯한 PCI 간부진 대부분의 체포였다. 물론 1924년부터 소련 영향

---

74 보르디가 지도 하의 PCI(1921-23)에서 그람시는 PSI가 농민의 당에 불과하다며 보르디가 노선을 지지한다. 반면 PCI 내의 우파라고 할 수 있는 타스카는 합당을 지지한다. 참조로 코민테른의 입장 변화를 간략히 요약하면 아래와 같다. 2차 코민테른(1920년 7월: 사회민주주의자에 대한 투쟁). 3차 코민테른(1921년 12월: 통일전선), 4차 코민테른(1922년 11월: PSI, PCI의 합당론), 5차 코민테른(1924년 6월: 사회파시즘론), 6차 코민테른(1928년 7월: 파시즘에서 프롤레타리아 독재 사이에는 이행기가 없다).

75 김세균(1992b) 참조. 1922년 11월의 제4차 인터내셔널 세계대회에서, 파시즘의 본질은 일시적 현상이며, 공격대상으로는 사회민주주의자인 부르주아 좌익이라는 지노비에프의 견해가 주류를 이루었고, 파시즘의 쁘띠부르주아적 요소, 파시즘에 대한 대자본의 원조에 대한 그람시의 입장과 파시즘의 특수성에 대한 타스카 견해가 부분적으로 중복되었다. 여전히 PCI에 대해서는 PSI 와의 합당을 요구한다.

하의 코민테른은 좌익반대파를 구성한 보르디가를 그람시로 교체하여, 2년간 그람시의 지도하에서 PCI의 활동성은 극적으로 복구된다. 이것은 "우리는 고독한 천재인 양 해온 그 간의 태도를 청산해야 한다"는 반성에 따라 그람시가 노동자, 농민의 연합과 공장평의회의 세포를 확산하는, 보다 적극적인 정치활동을 수행한 것에 기인한다고 해석될 수 있다. 그 결과 1924년 봄 총선에서 PCI는 선전하여 19명 공산당의원이 의회에 진출하게 되었다.[76] 하지만 그람시는 1926년 파시스트 정부에 의해 구속되었다.

한편 그람시의 구속으로 톨리아티가 PCI를 지도하게 되는데, 스탈린에 의해 장악된 인터내셔날의 영향과 파시즘 하에 공산당은 좌경화하여 당은 우파(타스카: 1927년), 중앙파(레오네티, 트로소, 라바촐리: 1929년)를 추출하고 톨리아티는 좌파로 전향하게 되었다. 감옥 속의 그람시는 좌경선회와 정면공격전술을 비판하였지만, PCI에 미치는 영향은 전혀 없었다.[77]

그람시는 당시의 마르크스주의 혁명가인 레닌, 로자 룩셈부르그, 루카치 등과 달리 감옥 속에서 혁명이 언제나 가능한 것이 아닌 상황 속에서 살았고, 이로 인해 당시의 마르크스 혁명가들과 다른 질문을 던질 수 있었다. 왜 혁명이 필연적인가가 아니라, 왜 혁명이 안되는가라는

---

76 물론 곧 파시스트 정부에 의해 탄압된다. 비록 그람시가 파시즘과 프롤레타리아 독재 사이의 이행기가 없다는 극좌적 관점과 파시즘 이후 오랜 기간 사회민주주의 시기가 있을 것이라는 우익적 관점을 배제하였으나 여전히 그 사이 구간은 넓었고 그람시는 파시즘의 본질, 내적 동력을 과소평가하였다는 것이다(Gramsci, 1971: 편역자 서문 참조).

77 당이 중앙파 3명을 축출한 것에 대한 그람시의 비판적 논평은 그람시 사후에야 알려졌다.

질문이 그것이다. 무엇이 자본주의의 약점인가라는 질문이 아니라, 무엇이 자본주의의 강점인가라는 질문이 그것이다. 『옥중수고』에 나타난 그람시의 답변은 이 질문에 답하는 것이로되, 투옥 이전의 이탈리아에서의 정치적 경험과 코민테른에서의 레닌주의적 세례를 반영한 답이라고 볼 수 있다. 이는 경제주의 비판으로 정식화된다.

특히 공장평의회와 소비에트의 경험과 관찰은 양자가 자발성을 좀 더 강조하느냐, 아니면 전위적 지도성을 상대적으로 더 강조하느냐의 차이는 있지만, 대기주의와 개량주의를 비판한다는 점에서 공통점을 가진다. 그람시는 공장평의회이론에 대해서 생디칼리즘이라는 비판을 받았지만, 『옥중수고』에서 그람시는 오히려 생디칼리즘이 그람시가 비판하는 경제주의의 한 변종이라고 분석한다.

> 생디칼리즘은 하위집단(프롤레타리아트 — 인용자)과 관계되는데 그 하위집단은 바로 이 이론으로 인해 … 경제적 · 조합주의적 단계를 벗어나서 시민사회에서의 윤리적 · 정치적 헤게모니의 단계, 그리고 국가에서 지배단계로 발전하는 길을 차단당하였다. … 생디칼리즘은 하위집단의 독립성과 자율성을 대변하였다고 자처하였지만 실제로는 독립성과 자율성이 지배계급의 지적 헤게모니에 희생당하였다는 점을 부정하기는 힘들다(Gramsci, 1971, 179쪽).

다른 한편 그람시는 "모든 형태의 선거불참여주의" 역시 경제주의의 한 변종이라고 비판한다. 그람시는 이탈리아의 정치 환경 속에서 여러 종류의 선거불참여주의를 열거하는데 사실상 염두에 둔 것은 PSI의 '비타협주의파'(이들은 부르주아 정부와 협력을 반대하고, 일부는 PCI 결성에 참여하였으나 나머지는 PSI의 최대주의자로 남았다)인데, 국제 사회주의 운동의 맥락에서는 보르디가와 같은 좌익 공산주의자를 그 사례로 들 수 있다.

이 점에서 그람시는 레닌과 다를 바가 없다. 그람시가 러시아 사회주의 혁명에 열광하면서 이 혁명이 "『자본론』에 반한 혁명"(1917)이라고 말한 것 역시 이 맥락에서 이해된다. 혁명을 현실화하기 위해서는 대중의 혁명적 활동을 조직화하여야 하는 것과 마찬가지로, 혁명의 패배에는 지배계급이 대중의 활동을 비혁명적으로 조직화한 활동(지배블록의 헤게모니론, 수동혁명론으로 이어진다)이 있었다는 추론은 여기서 나타난다. 그람시는 자신이 살았던 이탈리아의 정치정세를 정밀히 재분석함으로써 혁명이 패배하게 되는 실천상의 문제를 재점검하게 되었다. '공장평의회'의 경험은 주도 세력인 노동자 대중에 기반해야 할 필요성을 주지시켜주었으며, 헤게모니 이론으로부터 그 노동자를 지휘할 근대적 군주로서의 당이 마키아벨리적 양면성을 가져야 한다는 교훈을 얻게 되었다(Gramsci, 1971, 146-148쪽).

그러므로 그람시는 노동자 대중의 자발적 기반을 강조한다는 점에서 레닌주의적 전위정당론에 대한 암묵적 비판을 제시한다. 그람시는 근대의 군주인 당은 일반적 · 평균적인 사람으로 이루어진 대중적 요소, 중요한 응집적인 요소, 중간적인 요소의 유기적 결합으로 구성되어야 한다고 본다(Gramsci, 1971, 168-170쪽). 이는 대중정당을 추구한다는 점에서 레닌의 전위정당과 구분된다고 보인다. 러시아에서 레닌은 소비에트에 주목하고 소비에트를 권력기관으로 명명했지만, 전위정당의 이념적, 정치적 지도력에 대해서는 추호의 의심도 하지 않았던 것이다.

이제 국제공산주의 운동의 맥락에서 혁명이 왜 실패했는가에 대한 그람시의 대답을 재구성해보자.

A1: 이탈리아에서 (또는 유럽에서) 혁명이 실패한 이유는 경제주의 때문이며, 경제주의는 자유방임 자유주의 뿐 아니라, 이론적 생디칼리즘, 좌익적 불참여주의 모두에서 나타난다. 혁명은 혁명적 조건에 의해서만 가능한 것은 아니며, 충분조건으로서 주도적 세력이 있어야 한다.

딸림 A: 주도적 세력은 프롤레타리아 계급이며, 프롤레타리아 계급의 현 조건에서 자발적 조직화를 통해 주도적 세력으로 전화시켜야 한다. 특히 프롤레타리아는 조합주의적 의식에서 헤게모니적 의식으로 전화되지 않으면 안 된다. 이를 위한 근대적 군주로서의 정당은 지도자, 중간간부 또는 유기적 지식인, 대중의 세 요소가 결합된 전체로서 가능하다.[78]

78 이후 『옥중수고』에서 그람시는 이 개념을 역으로 지배계급의 전략에 응용하여 아래 개념으로 발전시켰다. 계급지배의 과정 분석에 역사적 블록이라는 용어가 사용된다. 그람시에 따르면 역사발전의 세 국면은 1) 유기적 국면, 2) 정치적 국면, 3) 군사적 국면으로 구분되는데, 여기서 유기적 위기와 국면적 위기의 구분이 유래한다. 전자는 마르크스적 문제의식이라 한다면, 후자는 마키아벨리적 문제의식이라 할 것이다. 또한 그람시는 국가는 "강제력을 행사하는 기구라는 좁은 의미를 벗어나 국가의 기초를 형성하는 시민사회 또는 하나의 지배그룹이 전인구 위에 군림하는 헤게모닉 아파라투스를 구성하는 다양한 조직체 및 기구를 통하여"(『옥중수고』) 반향

5절 두 번째 대답
: 이탈리아 정치상황 속에서의 남부주의

이탈리아는 1861년 가리발디가 남부를 공략한 후, 이를 북부 이탈리아에 위치한 피에몬테 왕국에 헌납함으로써 통일을 달성한다.[79] 물론 통일 이전에도 이탈리아 중·북부와 남부 간에는 발전단계의 차이가 있었다. 북부에서는 도시의 발달과 자생적 공업, 목축과 결합된 집약적 농업으로 인해 자본주의 이행과 발전이 순조로웠는데 반해, 남부에는 오랜 왕정의 보호 아래 성장한 관영공업, 부재지주의 대토지 소유에 기초한 조방적 농업 등 전근대적 요소가 많이 남아 있었다. 그런데 이러한 지역적 차이가 통일 후 북부 주도의 중앙집권화, 북부 중심의 공업화를 거치면서 돌이킬 수 없는 구조적 차별로 진전되었다.[80]

그람시가 1914년 PSI에 가입하여 정치활동을 시작하면서 직면한 문제는 '공장평의회'였다. '붉은 2년'(1919-1920)이라고 불리는 토리노

적 영향력을 행사한다고 봄으로써 지배의 헤게모니성을 인정하였지만, 이로부터 지배를 동의와 동일시하는 보비오적 해석은 오류라는 점을 알 수 있다. 왜냐하면 그람시의 관심은 양가성과 그 양가성의 동태적 변화이기 때문이다. 보비오는 강제력이 동의의 필수요소라는 인식을 유발한 마케아벨리의 영향력을 무시한 것이다.

79 이 통일은 1870년 이탈리아의 미수복 영역인 베네치아와 코르시카를 병합함으로써 완성된다.

80 이러한 북부중심의 이탈리아 통일은 통일 이후 북부의 소수 엘리트 집단이 정부와 관료 정치를 지배한 것을 통해서 더욱 공고화되었다. 일례로 통일 이후 무솔리니 시대 사이의 가장 성공적인 수상들은 모두 피에몬테 출신이었고, 1960년대에는 전체 장성의 3/4이 피에몬테 출신이었으며, 1890년대의 한 조사에 의하면 행정부 요직의 60%가 롬바르디아, 베네치아, 피에몬테인이 독점했다(Dugan, 1994, 202쪽).

지역의 활성화된 노동운동을 지도하면서 이념적으로는 생디칼리스트, 무정부주의자를 막론하고, 구성원으로는 기존의 노조조직에 포함되지 못했던 비조직, 비숙련 노동자를 포함한 명실공히 노동자의 민주주의를 구축하려고 시도했다. 물론 이 「공장평의회」를 소비에트의 이탈리아 버전으로 전화시키려는 그람시의 노력은 PSI 당내에서는 물론 내부의 공산주의자 분파인 '신질서' 내에서도 비판에 직면했다. '신질서' 내의 우파에 해당하는 타스카는 '공장평의회'가 노동조합의 혁신에 기여해야 한다고 보아, 그 자체 독립적 정치조직이 되는데 반대했고 보르디가는 '공장평의회' 중심의 사고는 생디칼리즘이라고 비판했다. 그람시의 입장은 레닌의 전위주의에 의해 교정되면서 남부주의적 측면은 숨게 된 것으로 보인다(Bellamy & Schecter, 1993, 69-95쪽). 하지만 국외 체제기(1922-1924)를 거치면서 코민테른 내 통일전선 전술이 제기되었는데, 이 때의 이슈는 노동자 정당들(사회당)과의 합당 및 연합 문제였다. 레닌의 통일전선 전술은 계급동맹의 문제로 계속 확대된다. 하지만 러시아의 소비에트는 노동자, 병사의 소비에트로 구성되어 사실상 주요 동맹 계급인 농민의 위치가 없었다(1917). 반면 1920년 이후 계속된 농민반란으로 인해 레닌이 농민에 양보하여 1921년부터 신경제정책(NEP)을 실시함으로써 노동자와 농민의 동맹이라는 이슈가 제기되었다.

그런데 그람시는 이탈리아적 상황에서 노동자·농민의 동맹에 대한 '노동자 농민 연방공화국'을 제기하는데 이로부터 그람시의 남부주의적 관점이 전면화된 것을 알 수 있다.

> 나는 (1923년부터 발간할 새 신문의) 제목으로 단순하게 『통일』을 제안하는데 이것은 노동자에게도 의미가 있지만 여기에는 한층 더 일반적인 의미가 있을 것이다. 왜냐하면 노동자와 농민의 정부에 대한 확대집행 위원회의 결정 이래 우리는 특히 남부 문제에, 즉 노동자와 농민의 관계가 단지 계급 관계로의 문제가 아니라 특히 지역 문제, 즉 민족 문제의 한 측면으로 제기되는 이 문제에 중요성을 부여해야 한다고 보기 때문이다. 개인적으로는 '노동자와 농민의 정부'라는 정식은 이탈리아에 '노동자와 농민의 연방공화국'으로 적용되어야 한다고 생각한다(1923. 9. 편지).[81]

이런 관점의 연장선 상에서, 1924년 이래 그람시는 PCI의 당권을 장악하고, 남부지역의 농민 조직화("농민옹호연합")에 나선다. 하지만 이 시도는 파시즘의 발호와 함께 진행되어 큰 성과를 보지 못하였을 뿐 아니라, 지주와 그 영향 하에 있는 지식인의 통제 아래에서 농민이 본질적으로 새로운 조직에 포섭되기 어렵다는 문제를 깊이 인식하고 중간층에 대한 접근이라는 새로운 관점을 제기하기 시작한다. 이것이 전통적 지식인의 해체와 유기적 지식인(새로운 지식인)의 구성이라는 문제제기로 이어진다.[82]

---

81 여기서 단어 하나의 차이이지만, 연방공화국의 의미는 이탈리아 역사에서 남부주의 문제와 깊은 연관을 맺고 있다. 즉 1861년 정점에 이르는 이탈리아의 통일운동(Resorgimento 실지회복운동) 과정이 북부(피에몬테 지방) 중심의 남부의 합병과정이었고, 이후 통일이탈리아는 북부 중심의 중앙집권제를 유지하고 있었기 때문에 남부문제를 해결하고자 하는 주장인 연방제는 남부주의의 고유한 주장이 된다. 즉 그람시의 연방공화국이라는 표현은 바로 남부주의에 대한 양보를 의미한다.

82 확실히 중간층 포섭의 문제의식 속에서 유기적 지식인의 개념을 끌어낸 것은 그람시의 특징이긴 하다. 강옥초(2002)는 이를 통일전선 개념의 획기적 확대와 전통적 마르크스주의의 틀을 벗어나는 것으로서 그람시의 새로운 점이라고 주장한다. 즉 계급동맹을 넘어 헤게모니의 문화적

이는 1926년 1월의, 제3회 PCI 당대회(프랑스 리옹)에서 발표된 리옹 테제에서도 이 문제의식이 반영된다. 즉 제43항에는 "일반 정치 문제의 중간적 해결" 이라는 표현 하에, 비공산주의 정부 수립을 용인하며, 중간국면론의 존재 가능성을 비쳤다.[83]

이어 투옥 직전 쓴 「남부 문제 및 그에 대한 공산주의자, 사회주의자, 민주주의자의 태도에 관한 노트」(1926: 이하 「남부문제」)라는 문건도 그람시가 당권을 장악한 이래 남부문제를 이탈리아 혁명의 주요 구성요소로 보았다는 점을 잘 드러내고 있다.

그람시는 「남부문제」 이전에 쓴 「이탈리아 상황의 검토」(1926)라는 글에서 지배계급과 밀접히 연계된 국회의원, 지식인의 극소수 상층, 당원 대중, 노동자, 농민, 도시 소부르주아의 하층, 그리고 "한 공장이나 지구에서 널리 영향력을 미치는 나이든 개량주의 내지 최대강령파 노동자. 촌이나 읍내에서 농업계의 가장 유식한 인물로서 농민들이 조언과 실제적 지침이 필요할 때 으레 의지하는 농민분자. 좌파 가톨릭 운동의 일원으로서 현에서 영향을 미치는 도시소지식인"으로 구성되는 중간층을 구분하고, 중간층은 현재 상황에서 평상시보다 한층 더 중요하다고

차원을 제기하고, 주변부(subaltern)적 상황을 반영하는 사회집단을 고려하였다는 것이다(강옥초, 2002, 134쪽). 그람시의 견해가 제2인터내셔널의 경제주의와 기계론을 비판하였다는 점은 분명하나, 레닌주의와의 차이, 문화주의로의 경도 등의 해석은 논란의 여지가 많다. 이 글에서는 이 문제를 다루려는 것이 아니기 때문에, 오히려 이후의 제3세계 혁명(특히 중국혁명, 쿠바혁명 등)이 소련식의 혁명을 수행한 것이 아니라, 노·농 동맹을 통해 혁명을 수행하였다는 점에서 그람시의 문제의식은 당시 대부분의 사회주의 혁명운동에서 공유될 국제적 주제였다는 점만을 지적하고자 한다.

83 물론 제26항에는 사회민주주의 정당을 "노동운동의 우익이 아니라 부르주아지의 좌익"이라고 규정함으로써 이전의 입장을 고수하는 부분이 같이 있긴 하다.

주장한다. 또한 중간층의 존재와 이 중간층을 포섭해야 할 필요로 인해, 일반민주주의의 중간단계가 필요하다는 논지를 펴고 있다.

> 발달한 자본주의 국가에서 지배 계급은 예컨대 러시아에 없던 정치적, 조직적 예비력을 갖고 있다는 고찰. 이것은 극히 중대한 경제 위기조차 정치 분야에 즉각적 반향을 일으키지 않음을 뜻한다. 정치는 항상 경제보다 뒤처지며 그것도 크게 뒤처진다. 국가 기구는 종종 생각보다 훨씬 강인하며 위기의 순간에도 현 체제에 충실한 세력을, 위기의 심각성이 요하는 것 이상으로 조직해낸다. … 이것은 특히 가장 중요한 자본주의 국가들에서 그렇다. 이탈리아, 폴란드, 스페인, 포르투갈과 같은 일련의 주변적 국가들에서는 국가의 힘이 미약하다. 그런데 이들 국가에는 최대로 주의를 기울여야 할 현상이 있다. 이 현상은 나에게는 이렇게 파악된다. 즉 이들 국가에는 프롤레타리아트와 자본주의 사이에 광범한 층의 중간 계급이 가로놓여 있는데 이 층이 종종 프롤레타리아트의 광범한 층에 영향을 미치고 더욱이 농민 대중에 특별한 감화를 주는 이데올로기를 가지고 독자적인 정치를 하려하며 어떤 뜻에서는 그것에 성공하고 있다는 것이다. … 주변적 국가들에서는 혁명의 정치적 준비와 기술적 준비의 중간 국면이라는 문제가 제기된다 (Gramsci, 1994, 340-341쪽).

요컨대 "남부문제에서 계급문제로 환원되지 않는 독자적 차원을 인정하고 남부와 북부 민중의 곤란한 동맹을 이루기 위한 결정적 요소로서 헤게모니 문제에 주목하는 가운데 『옥중수고』의 한 축이 형성된다"(강옥초, 1998, 292쪽)는 것이다. 이 문제에 대한 논의는 투옥 이후에 더 깊이 검토되어 『옥중수고』(제1권 노트, Q1, 43, 44)에서 남부 농민에 대한 북부 프롤레타리아의 지도력(대항헤게모니)과 부르주아계급의 지도력을 비교하면서 재검토하고 있다. 따라서 헤게모니는 특정 계급 또는 지역의 억압이나 희생을 전제하며 강제와 동의의 결합에서 동의에 초점을 맞추는 것이지만, 자유주의적 틀은 아니다(라클라우 · 무페의 헤게모니=동의와 설득으로 해석될 수 없다). "헤게모니의 각 축장인 시민사회는 모든 계급에게 평등하게 열린 중립적인 장이 아니라 물질적, 지적으로 우위에 있는 지배계급에게 압도적으로 유리하게 조직된 투쟁의 지형"(강옥초, 1998, 293쪽)이므로 계급갈등의 맥락을 무시한 문화적 기획으로 헤게모니를 해석할 수 없다.

> 마르크스주의자로서 그람시의 창의성은, 체제의 진정한 강점이 지배계급의 폭력이나 부르주아 국가기구의 강제력에 있는 것이 아니라 피지배계급자들이 지배자에 속해 있는 세계에 대한 관념을 수용함에 있다는 그의 주장에서 볼 수 있듯이, 부르주아 지배에 대한 그의 관념 속에서 부분적으로 찾아질 수 있다. 지배계급의 철학은 대중이 살고 있는 사회 내에서의 도덕, 관습, 제도화된 규칙을 수용하는 대중의 철학, 즉 상식이라는 말로 표현되는 복합적이고도 비속화된 세포 망을 관통하는 것이다. 그러므로 그람시에게 있어서 문제는 어떻게 지배계급이 이러한 방법을 통해 피지배계급의 동의를 획득할 수 있는지를 이해한 다음 어떻게 후자가 구질서를 무너뜨리고 보편적인 자유가 향유될 수 있는 새로운 질서를 수립할 수 있는가 하는 것이었다(Fiori, 1970, 238쪽, 최장집, 1984, 21쪽에서 재인용).

따라서 이탈리아의 정치 · 사회적 맥락에서 왜 혁명이 실패했는가라는 질문에 대해 그람시는 다음과 같은 답을 한 것으로 볼 수 있다.

A2: 이탈리아에서 (또는 유럽에서) 혁명이 실패한 이유는 남부문제와 계급동맹(통일전선전술)을 경시하여 대항헤게모니 창출에 실패했기 때문이다.

딸림 A: 자본주의 발전에 따라 프롤레타리아와 부르주아로의 양극화가 아니라, 보다 복잡한 계급적 상황이 연출된다. 이탈리아에서 그것은 남부의 농민 문제였다. 따라서 노동자 당은 농민을 연합하는 헤게모니적 전략을 구사하여야 하며, 자본주의 자체가 이 전략의 수립운용(이른바 수동혁명)에 성공했다. 파시즘과 포드주의가 그 사례다.

6절 세 번째 대답
: 이론전선 속에서의 경제주의 비판

그람시 문필활동의 범위는 정치뿐 아니라, 철학, 연극, 역사 등 광범한 영역에 걸쳐 있으며, 유려한 문체와 직관적 호소력을 가지고 있었다. 또한 그람시의 혁명사상은 마르크스주의 학습으로부터 시작한 것이 아니다. 그람시가 토리노 대학에 재학 중일 때 그람시의 사상에 영향을 준 사람은 19세기 말 20세기 초 이탈리아의 자유주의 철학자인 크로체(B. Croce, 1866-1952)였고, 크로체는 그람시에게 헤겔의 사상을 가르쳐주었다. 그람시는 토리노의 혁명적 노동운동의 기운에 접하면서 자연히 이탈리아 사회당에 입당(1914년경)했지만, 당시 이탈리아에 마르크스주의를 착근시킨 안토니오 라브리올라[84]의 저서를 읽지 않았다(Fiori, 1966, 220쪽). 따라서 마르크스주의의 이해에서 크로체의 사상은 (그람시의 남부주의적 경험과 더불어) 큰 영향을 주었을 것으로 추측할 수 있다. 1917년 쓴 「자본론에 반한 혁명」이라는 평론 역시 그람시가 마르크스의 『자본론』을 정통적으로 해석하는데 큰 신경을 쓰지 않음을 보여준다. 요컨대 그람시의 주된 관심사는 이탈리아 사회당의 맥락에서 이탈리아

84 Antonio Labriola(1843-1904)는 이탈리아에 마르크스주의를 도입한 철학자로 실천철학이라는 용어를 먼저 도입하여 마르크스주의, 사회주의 확산에 기여했다.

의 정치적 현안에 대한 활발한 개입이었던 것이지, 마르크스주의의 해석 그 자체가 아니었던 것이다. 오히려 마르크스주의 철학에 관한 논의는 투옥 후의 『옥중수고』에서는 보다 많이 검토되고 있다. 이 경우에도 크로체는 마치 독일의 헤겔과 같이 그람시가 지양해야 할 대상이 된다.

크로체에 대한 검토에서 그람시는 크로체가 헤겔의 대립의 변증법을 "차이의 변증법"으로 왜곡하여 결과적으로 사회적 대립/모순을 조화와 통일로 대체하려는 사회정치적 의도를 가짐을 간파하였다. 그렇지만 "차이", "구분", "정도"라는 크로체의 사상은 당대 마르크스주의의 기계주의, 경제주의 비판에 도구적(유의미한) 가치를 지니는 것으로서 이를테면 구분은 개념의 구분이 아니라 토대와 상부구조의 구분, 정치사회와 시민사회에서의 정치를 구분하는 문제로, 크로체의 정신(그람시의 역사블록)은 자연과 정신(토대와 상부구조)의 통일이자 모순과 차이의 통일로 이해될 수 있다(이해영, 1997, 300쪽). 그리하여 그람시가 토대와 상부구조라는 구분 및 경계와 사적인 것과 공적인 것, 비정치적인 것과 정치적인 것(비국가적인 것과 국가적인 것) 등의 관계를 시민사회 개념을 통해 논할 때 크로체의 사고방법이 적용되었으리라 추측할 수 있다.

때문에 우리가 그람시를 이해할 때 특히 그 용어의 사용법과 이론적 맥락은 오해하기 쉽다. 이것은 그람시 이후 그람시에 관한 여러 이론적 해석에서도 그대로 나타나는데 그 대표적인 표현이 "실천철학"이라는 용어다. 『옥중수고』가 쓰여질 당시의 검열 상황을 고려한 우회적 용어법이면서 동시에 그람시의 마르크스주의에 대한 하나의 해석을 보여주는 사례로 학자들에게 이해되고 있는 이 용어는 어떤 의미에서는 이론과 실천 사이에 내재한 마르크스주의의 고유한 문제설정을 이탈리아 사상사의 맥락에서 표현하고 있는 것인지도 모른다.

> "아니다. 기계적인 힘들이 역사상 우월했던 적은 한 번도 없다. 외관을 조형하고 최후에 승리한 것은 인간이며, 인간의 의식과 정신이다.. 인간의 강인한 의지가 사이비과학자들의 자연법칙과 사태의 궁극적인 진행을 대체했다."(Gramsci, 1917: Althusser, 1966, 153쪽에서 재인용)

이 평론은 "헤겔과 크로체의 사상으로 꽉 찼다"(Fiori, 1965, 254쪽). 하지만 이 논설은 "제2인터내셔날의 현학적 형식주의"에 대한 비판이었다. 알튀세르가 『자본론을 읽자』(1965)에서 그람시의 역사주의를 비판할 때 (「마르크스주의는 역사주의가 아니다」) 그람시의 이러한 입장을 비판한 것이 아니다.

알튀세르의 비판 요지는 그람시가 제2인터내셔날의 현학주의를 비판하는 관점이 사적 유물론은 구출할지 몰라도, 변증법적 유물론(또는 유물론 자체)을 폐기하고 결과적으로 맑시즘의 과학성을 폐기하는 문제로까지 갔다는 점에서이다.[85] 이 점에서 알튀세르는 그람시 뿐 아니라,

---

85 다음과 같은 표현을 보라. "소렐의 자생성 뒤에는 철저히 기계론적인 가정이 깔려 있고, 그 자유(의지 · 생명력) 뒤에는 극도의 결정론이 놓여 있으며, 관념론 뒤에는 절대적 유물론이 놓여 있음에 틀림없다"(Gramsci, 1971, 136쪽).

루카치와 사르트르 조차도 역사주의자의 범주에 포함하는 것이다. 따라서 이는 제2인터내셔날에 대항한 그람시의 실천철학 자체를 비판한 것은 아니다.[86]

알튀세르는 후기로 오면 과학과 이데올로기의 이분법에 기초한 고유의 구조주의적 논법을 포기하고 상부구조, 특히 국가의 이해에서 그람시의 관점을 크게 수용한다.

> 마르크스와 레닌 이후 그 누가 진정으로 탐험(상부구조의 특수한 요소들의 고유한 본질에 관한 이론 — 인용자)을 시도했던가? 내가 알기로는 그람시밖에 없다(Althusser, 1965, 131쪽).

이는 반경제주의로 요약할 수 있는데, 알튀세르와 그람시는 반경제주의자로서 서로 공통점을 가진다(이점에 대해서는 심지어 레닌과도 공유점을 가진다).[87]

후기로 오면 알튀세르의 그람시에 대한 긍정적 평가는 더욱 강해지는

86 이런 점에서 알튀세르의 구조주의와 그람시의 역사주의를 대조하고, 전자를 폐기하고 후자를 복권하려는 이해영(1997)의 입장은 오해의 여지가 있다.

87 다음을 보라. "문학과 철학의 역사에 한정되어 있는 루카치의 시도들은 수치스러운 헤겔주의로 오염되어 있는 것처럼 보인다... 그람시는 스케일이 다르다. 그의 『옥중수고』의 설명과 메모들은 이탈리아 및 유럽 역사의 모든 근본적 문제들, 즉 경제적, 사회적, 정치적, 문화적 문제들을 모두 다루고 있다. 거기에는 오늘날 근본적인 문제인 상부구조의 문제에 대한 아주 독창적이고 때로는 천재적인 시각이 있다. 거기에는 또한 진정한 발전들이 의례 그러하듯이 새로운 개념들이 있는데, 예컨대 헤게모니 개념은 경제적인 것과 정치적인 것의 해석의 문제에 대한 이론적 해결책을 개괄해주는 주목할 만한 본보기이다. 불행하게도, 최소한 프랑스에서, 그 누가 그람시의 이론적 노력을 다시 취하고 그를 뒤이어 연구를 계속했던가?"(Althusser, 1965, 131쪽 주29.)

것을 볼 수 있다. 『자본론을 읽자』의 입장이 과학성에 대한 실증주의적 편향을 보인 것으로 자기 비판하고, 철학과 정치의 관계를 인정하고, 철학을 이론에서의 계급투쟁으로 정의한다.

> 그람시는 우리가 알기로는 우리가 접어든 길을 따라 나아간 유일한 사람이다. 그는, 국가가 (억압적) 국가장치로 환원될 수 없으며, '시민사회'의 수많은 기관들(교회 · 학교 · 조합 등)을 포함하고 있다는 '특이한' 생각을 가지고 있었다. 불행하게도 그람시는 자신의 관점을 체계화시키지 못했으며, 그것들은 날카롭지만 부분적인 요약에 머무르고 있다(Althusser, 1970, 88쪽 주7).

여기서 알튀세르가 억압적 국가장치와 대조되는 이데올로기적 국가장치(Ideological State Apparatus, 이하 ISA) 개념을 사용할 때 이 개념은 그람시의 헤게모니 개념과 유사하다.

그런데 알튀세르와 그람시의 유사성은 사실상 질문의 방식에 있다고 본다. 알튀세르 역시 재생산의 관점(이데올로기와 이데올로기 국가장치)에 있었기 때문에 자본주의 생산양식의 영속성에 대한 관심을 제기했다. 다만 알튀세르는 동일질문에 대한 답을 구조주의적, 즉 프로이트적으로 했다. 반면 그람시는 왜 자본주의는 생존했는가라는 질문에 대해, 한편에서는 자본주의의 지배블록의 헤게모니 전략과 수동혁명을 통해 설명하고 다른 한편으로는 대항헤게모니의 주체가 가진 경제주의, 즉 제2인터내셔날의 경제주의(붕괴론과 대기주의)를 비판하면서, 이론과 실천의 문제를 제기했다.

이 때 반경제주의적 입장에서, 혁명이 왜 실패했는가라는 문제의식은 마르크스의 정식을 재해석하는 것으로 이어지게 되었다. 당시 마르크스주의 주류인 혁명불가피론은 사적 유물론의 경제주의적 해석에 기인하고 있는 것이며, 이는 마르크스 정식의 오독에 기인한다고 보았다.

> 1) 모든 사회는 그 성취의 필요충분조건이 이미 존재하거나 혹은 출현, 발전 중인 과제들만을 제기할 뿐이다. 2) 어떤 사회도 그 내적 관계에 내재하는 모든 생활형태들이 일단 충분히 발전되기 전에는 와해되거나 대치될 수 없다(Gramsci, 1971, 201쪽).

이 문구는 마르크스의 아래와 같은 원래 문구의 재구성이다.

> 어떤 사회질서도 아직 발전의 여지가 남아있는 모든 생산력이 충분히 진전되기 전에는 소멸하지 않는다. 그리고 낡은 사회의 모태 속에서 그 물질적 존재조건이 난숙하기 전에는 새롭고 보다 고차적인 생산관계는 출현하지 않는다. 따라서 인류는 언제나 스스로 해소할 수 있는 과제를 제기해 왔을 뿐이다. 그러므로 문제를 보다 구체적으로 살펴보면, 우리는 한 과제가 제기될 때 그것의 해결을 위한 물질적 조건은 이미 존재하고 있음을, 적어도 형성되는 과정에 있음을 알게 된다(Marx, 1859: 「정치경제학비판을 위하여 서문」, 7~8쪽).

이 구문으로부터 그람시는 구조적 모순의 차원과 전략적 차원을 구분해야만 할 필요성을 느꼈다고 파악된다. 그람시는 유기적 상황과 국면적 상황을 분리하고 그 관계를 이해하지 않으면 경제주의와 주관주의로 빠지게 된다고 경고한다. 유기적 상황이 유리하게 전개되더라도 (예컨대, 혁명적 분규의 상황) 국면적 상황을 지배하지 못하면 (예컨대, 혁명적 분규를 어떤 방향으로 이끌 것인가) 사회운동은 실패할 수밖에 없게 된다. 유기적 위기의 상황에서 국면적 상황을 지배하지 못하는 이유는 그러한 상황에 대한 대비가 되어 있지 않기 때문인데, 그러한 대비를 못하게 하는 사상적 기반이 바로 경제주의라는 것이다.

이 문제는 다른 측면에서 볼 때 자본주의의 극복 가능성(혁명의 가능성)을 어떻게 설명할 것인가라는 질문을 야기할 수 있다. 알튀세르와 같이 이데올로기국가장치를 통해 자본주의의 재생산이 설명된다면 자본주의에서 이데올로기 국가장치의 무력화는 어떻게 가능한가?라는 질문이 그것이다. 그의 답에 의하면 "어떤 계급도 이데올로기적 국가장치 위에 그리고 동시에 그 속에 그들의 **헤게모니를 행사하지 않고서는** 지속적으로 국가권력을 보유할 수 없다"(Althusser, 1970, 92쪽. 강조는 인용자)는 점이 바로 혁명의 가능성이다.

> 이데올로기 국가장치들은 단순히 계급투쟁의 대상일 뿐 아니라 또한 그 장소이기도 하다는 것, 그리고 자주 계급투쟁의 격렬한 형태를 띤다는 사실…권력을 쥐고 있는 계급(또는 계급동맹)이 (억압적) 국가장치에서만큼 쉽게 이데올로기적 국가장치 속에 법을 만들 수는 없다. 그것은 단지 이전의

지배계급이 오랫동안 그 강한 지위를 유지할 수 있기 때문만이 아니라 피착취계급의 저항이, 그 속에 존재하는 모순들을 이용하거나 그 속에서 투쟁을 통해 전투진지들을 장악함으로써, 그 속에 자신을 표현시킬 방도와 기회를 발견할 수 있기 때문이기도 하다(Althusser, 1970, 93쪽).

즉, 계급투쟁이 ISA를 넘어서는 과정의 두 가지 원리는 다음과 같다. 첫 번째 원리는 "사회혁명을 고려하면 경제적 생산조건들의 물질적 전복과 그 속에서 사람들이 이 투쟁을 의식하며 그것을 이끌어나가는 법적 · 정치적 · 종교적 · 예술적 또는 철학적 형태들은 항상 구별되어야 한다"(마르크스). 그러므로 계급투쟁은 단순한 경제투쟁의 영역에서가 아니라 법적 · 정치적 · 문화적 · 철학적인 영역을 포함하는 이데올로기적인 형태들 속에서, 따라서 ISA들의 이데올로기적 형태들 속에서 표현되고 시행된다.

그러나 두 번째 원리는 계급투쟁이 이러한 형태들을 훨씬 넘어선다는 것이다. 피착취계급의 투쟁이 또한 ISA들의 형태 속에서 시행될 수 있고, 그러므로 이데올로기라는 무기를 권력을 쥔 계급들에게로 돌릴 수 있는 것은 계급투쟁이 그러한 형태들을 넘어서기 때문이다. 즉 계급투쟁은 ISA들을 훨씬 넘어선다. 왜냐하면 계급투쟁은 이데올로기와는 다른 곳, 착취 관계이며 계급관계들의 토대를 구성하는 하부구조, 즉 생산관계들 속에 뿌리 내리고 있기 때문이다(Althusser, 1970, 93쪽).[88]

---

88 앤더슨은 이데올로기 국가기구론에서 알튀세르가 국가개념을 그람시와 유사하게 (그러나 그람

요약하면, 자본주의 체제의 극복은 두 가지 가능성에서 온다는 것이다. 첫째는 자본주의가 그 고유의 모순을 스스로 해결하지 못한다는 데 근본적 원인이 있다. 이것은 그람시의 표현에 의하면 '유기적 위기'의 원인이 된다. 둘째는 이데올로기적 국가기구 자체에 대항이데올로기가 형성될 여지를 갖게 된다는 것이다. 때문에 혁명이 성공하기 위해서는 전자만으로 충분하지 않다. 즉 후자, 대항이데올로기, 대항헤게모니를 창출해야 하는 문제가 발생한다. 즉 혁명은 자동적으로 발생하지 않는다. 그 필수적인 요소가 바로 마키아벨리적인 의미에서의 '군주'인 것이며, 그 군주는 켄타우로스(半人半獸)의 특성을 가지게 된다. 그람시의 『옥중수고』에서 마키아벨리의 군주론이 다시 강조되는 것은 바로 근대의 군주인 당이 이론과 실천의 변증법을 실행해야 하는 과업을 가지기 때문이다.

따라서 사상사적 맥락에서 혁명이 왜 실패했는가에 대한 그람시의 세 번째 대답은 아래와 같이 정리할 수 있다.

A3: 이탈리아에서 (또는 유럽에서) 혁명이 실패한 이유는 마르크스주의 정당이 잘못된 사상에 기초하고 있었기 때문이다. 그것은 마르크스주의 이론의 문제, 마르크스주의 이론과 실천의 관계를 잘못 설정한 것에 기인한다. 주된 문제는 자본주의에서 사회주의(공산주의)로 필연적으로

시보다 더 과격하게) 모든 시민사회의 요소를 포함하는 것으로 정의하는 데에는 중국의 문화혁명의 영향이 있다고 보았다. 중국의 문화혁명을 정당화하기 위해 국가 개념 외연의 확대가 필요했다는 것이다(Anderson, 1977). 그러나 필자는 알튀세르의 이데올로기적 국가기구론이라는 관념에 미친 프로이트의 영향도 무시할 수 없다고 본다.

이행하는 문제에 대한 경제주의적 이해였다. 혁명은 어떤 순간에도, 심지어 모순이 격화된 유기적 위기의 순간에도 자동적으로 사회주의로 이행을 보장하지 않는다. 지배계급은 수동혁명의 형태로, 체제 이행 또는 계급 역관계의 본질적 변화 없이 해당 시대의 문제를 해결해 왔다.

딸림 A: 혁명의 실패는 혁명의 불가능성의 문제가 아니라 지도력과 운의 문제(마키아벨리적 상황)이다. 가능성이 현실성으로 전환되는 것은 지도력과 운의 결합에 의존하는 열려있는 문제가 된다. 그 결합이 대항헤게모니를 성공적으로 창출할 때 혁명은 성공한다. 구체화의 주체는 근대의 군주로서의 당(또는 유기적 지식인)이다.

7절 여기, 현재의 그람시
: 한국에서 민주주의는 왜 실패했는가?

한국에서의 그람시 수용에 대한 한 평가에 의하면, "그람시의 사상을 레닌주의의 새 장(톨리아티)로 본 규정은 찬성하기 어렵지만 그람시의 유산을 그의 정치적 실천과 분리시켜 보아서는 안 된다는 논지는 여전히 옳다. …… 임영일이 일찍이 그람시의 정치활동과 『옥중수고』의 분석이 유기적으로 통합되어야 함을 지적한 적이 있지만 …… 그 후 한국의 그람시 연구자들은 이러한 문제제기를 제대로 살리지 못했다"(강옥초, 1997, 147쪽 주6).

2절에서 필자는 그람시에 대한 논의가 한국적 맥락에서 수용되는 과정을 살펴보면서 논의를 심화하기 위해서는 그람시가 제기한 질문에 대해 그람시가 자신의 맥락에서 어떤 대답을 했는지를 우선 볼 필요가 있다고 주장했다. 3절에서 필자는 그람시의 질문과 우리의 질문이 유사한 점에서 그람시가 우리나라에서 유행이 되었음을 보이고, 그 질문이 바로 '왜 혁명은 실패했는가?' 이며 우리나라에서는 '왜 민주화운동이 실패했는가?'라는 점임을 밝혔다. 4, 5, 6절에서는 그람시가 가진 질문에 대해 국제공산주의 운동의 맥락, 이탈리아 정치사회적 맥락, 사상사적 맥락이라는 세 가지의 차원에서 본 그람시의 대답을 재구성하여 보았다. 혁명이 왜 실패했는가에 대한 그람시의 첫 번째 대답은 기본계급(노동자)의 밑으로부터의 요구와 참여를 유인하는데 실패했다는 점, 두 번째 대답은 동맹계급에 대한 지도를 통해, 민족적-민중적 과업을 명확히 하고 달성하지 못했다는 점, 세 번째 대답은 이러한 적극적 전략을 지도할 현대의 군주로서의 '당'의 미비, 또는 그러한 사상의 부재였다.

그람시의 문제와 답은 우리나라에 어떤 시사점을 주는가? 우리나라의 민주화운동은 1987년을 주요한 기점으로 하여 극적으로 변화하였다.

즉 1980년의 광주민중항쟁은 1960년대부터 시작한 권위주의적 자본주의 체제의 지배블록에 일정한 균열을 가하였지만 결정적으로 소멸시키지는 못하였다. 그리하여 1987년에 정점에 달한 민주화운동은 노동운동과 결합하여 민중항쟁적 성격을 띠게 된다. 민중항쟁에 의해 위기에 처한 군사독재 정권의 지배블록은 '보수대연합'을 통하여 '수동혁명'에 성공하게 되고, 군사독재 정권의 권위주의는 신자유주의적 정책에 자리를 내 주게 되었다. 이 과정에서 나타난 민주화세력의 이합집산은 결과적으로 권위주의 독재시절에 시작한 민중적 민주주의 운동에 분열을 야기했고, 현재 시점에서 민주주의 자체가 위기에 처하는 상황에까지 이르게 되었던 것이다.[89] 이는 1997년 경제위기를 거치면서 단순한 힘겨루기가 아니라 구조화한 제도로서 정착하게 되었다. 따라서 1987년에 정점에 달한 민중적 민주화 운동은 신자유주의적 민주주의 하에서 새로운 목표와 수단을 검토해야 할 상황, 즉 20세기적 전략과 방향을 수정해야 할 상황에 처해있다. 결국 20세기 말까지 진행된 한국의 민주화는 실패했다고 진단해야 할 것이다.

여기서 필자는 우리사회가 그람시가 제기한 것과 같은 형태의 질문에 직면해 있다고 보았던 것이다. 따라서 그 대답을 유추해보자.

---

89 최장집은 현재의 한국 사회에 대해 절차적 민주주의(최소정의적 관점, 예를 들면 보통선거권, 정당간 경쟁 등)의 관점에서만 보는 학자들의 시각에서는 민주주의가 확대되었다고 생각할지 모르나, 협소한 민주주의가 아닌 진정한 의미에서의 민주주의, 즉 정치의 상태가 아닌 사회의 상태로 보는 관점에서는 한국 사회의 민주주의는 정치적 민주화와 경제적 민주화, 절차적 민주주의와 실제적 민주주의의 역진과정을 보이고 있어 결과적으로 민주주의의 후퇴라고 평가한다(최장집, 2005, 270쪽).

첫째, 한국에서 민주화가 실패한 첫 번째 원인으로는 민주화의 추진세력으로서 노동계급 대중의 역량문제를 들 수 있다. 당시 범민주화세력으로 분류된 세력들은 정치적 야당세력에서부터 시민사회와 노동계, 농민의 민중운동진영의 다양한 색깔로 구성되어 있었으나 노동계급의 주도성이 확인되지 못하였다. 노동운동 자체가 대중적 기반을 토대로 진보적 이념을 체화하는 조직으로 전화하는데 실패했다는 점이 근본 원인이었다.

둘째, 한국에서 민주화가 실패한 두 번째 원인으로는 노동계급이 민주화 운동 내에서 정치적 지도력을 확보하지 못하였다는 점이다. 이는 무엇보다도 반독재 민주화 운동이 학생운동을 중심으로 진행되었다는 역사적 사실에 기인한다. 민주화 과정 자체에서 노동운동 진영이 주도권을 행사하지 못하였기 때문에 민주화 이후의 과정에서도 주도권을 갖기 어려웠다. 이는 이후의 급변하는 정세적 위기 속에서 지배블록은 '보수대연합'으로 지배블록의 저변을 확대하고, 정책을 새로운 시대적 상황(신자유주의)에 적극적으로 적응시켰는데 반해, 피지배블록은 변화하는 상황에 대한 조직적, 체계적 대응에 실패하였기 때문이다.[90]

셋째의 문제로는 우리나라의 급진적 민주주의 세력의 사상적 기반이 매우 허약했다는 점을 들 수 있다. 급진세력의 대표 격으로 언급될

---

90 이 관점에서 분석의 필요가 있는 부분은 권위주의 정권 하에서 반독재민주화 운동의 선봉에 섰던 학생운동의 변화과정이다. 사회구성체 논쟁을 거치면서 상당부분의 학생운동 세력이 노동운동으로 전화되었으나 이에 합당한 조직적 결과물을 낳지 못하였다. 아마도 이 실패과정이 결과적으로는 노동운동의 정치세력화에 큰 타격을 준 것이 아닐까 생각한다. 이 부분은 향후의 연구과제다.

수 있는 조류는 해방 이전과 이후에 광범위하게 확산된 진보적 민족주의(좌파 민족주의)였는데 이 세력은 남한에서 해방 후 좌 · 우익의 대립과 전쟁, 이후의 권위주의적 독재로 인해 소수 세력으로 전락하였다. 반면 새로이 등장한 대중운동에 기반한 혁명운동 세력은 정치적 지도력으로 전화되지 못하였다. 정치세력화에 성공한 유일한 조류가 민주노동당인데 민주노동당의 정치이념이 사회민주주의인지, 민족해방론인지, 혁명적 사회주의인지, 아니면 또 다른 제3의 무엇인지에 대해서 아무런 합의가 없다는 점은 대항헤게모니의 현 주소일 수도 있지만, 본질적으로는 우리나라에 조응한 사상적 전통의 부재와 일정 관련을 맺고 있다. 결과적으로 의식적인 급진이념은 현실 사회주의의 붕괴 및 지배블록의 성공적 재구축과 더불어 사라지게 되었으며 자생적인 사상인 좌파민족주의(NL로 대변되는)만이 저항운동에 지배적인 조류가 되고 말았다. 이를 그람시의 용어를 빌어 요약하자면 급진적 사상의 체화형태인 '현대적 군주'로서의 당과 지식인의 구축 실패라는 점이 그 세 번째 원인이 될 수 있다.

필자는 이 장에서 한국에서의 그람시 수용과정과 열기, 해석의 분석을 통해, 우리 사회의 민주주의 위기와 민주화 운동의 위기를 이해하는데 그람시의 사상이 매우 유용하다는 점을 발견하게 되었고, 그러한 유용성을 그람시의 맥락에서 보다 구체화하기 위해 노력했다.[91]

---

91 다른 한편 그람시의 사상은 사회운동에의 응용 외에도 그 자체 지식인에게 많은 시사점과 영감을 주었다. 따라서 우리나라에서 그람시는 앞으로 사회운동에의 적용 외에도 지식사회에도 큰 영향을 계속 줄 것으로 보인다. 그러한 새로운 경향들로서는 문화이론에서의 그람시 수용을 들 수 있다.

이런 관점에 따른다면, "오늘날 그람시의 이론은 혁명의 이론으로서 수용되기 보다는 혁명의 가능성이 막혀있는 서구의 자본주의에서 자본주의 사회의 구조와 실제의 분석틀로서 더 큰 수용성을 보인다"(최장집, 1984, 40쪽)라는 평가나, '의지적 낙관주의, 이론적 비관주의'라는 그람시에 대한 일반적 수용(Anderson, 1976)은 필자가 보기에는 그다지 정확하지 못하다. 왜냐하면 그람시에게 자본주의가 왜 강하냐는 질문은 이론적 비관주의나 자본주의를 보다 자세히 이해한다는 차원을 넘어서서 무엇을 해야 할 것인가에 대한 답을 구하는 것으로 나아가기 때문이다. 그람시가 제시한 답은 사상에서의 노동대중 계급성의 기초, 반경제주의, 노농동맹, 대항 헤게모니의 창출, 헤게모니 전략을 가능하게 하는 요소로서 반인반수의 유능한 근대적 군주 등이었던 것이다. 이는 어떻게 살 것인가의 질문이나 마찬가지이며, 이론과 실천의 끝없는 변증법적 과정이다.

에필로그

7. 신자유주의 이후, 한국경제의 대안: 고진로 전략

1절 2008년의 경제 위기

버락 오바마의 미국 대통령 당선에 크게 공헌한 미국발 금융위기는 여러 가지 단계로 분석해볼 수 있다. 서브프라임 모기지 위기에 대한 분석을 알기 쉽게 제공하고 있는 것은 『김광수 경제연구소』다. 그 분석에 따르면 우선 금융위기는 부동산 거품의 문제였다. 모기지(주택저당대출)가 팽창하기 시작한 것은 90년대 중반 클린턴 정부의 중하위 저소득층을 위한 주택공급정책에서 시작한 것으로 알려져 있다. 여기에 2001년 부시 행정부 집권 후 바로 미국경제는 클린턴 행정부하의 장기호황을 종료하고 IT 버블이 붕괴되고 9.11테러로 인한 경기침체에 접어들었던 것이다. 이때 미 연방준비위원회(FRB: 우리나라의 중앙은행에 해당)는 초 저금리를 통해 2002년과 2003년에는 주택시장의 버블로 경기침체에 대처했다. 그리하여 2005년과 2006년 2년 연속으로 연간 1조 달러 이상의 신규 대출이 이뤄졌는데 이것이 바로 서브프라임론 급증에 기인한 것이다. 미국의 모기지 론은 우량도에 따라 프라임, Alt-A, 서브프라임으로 차별화되어 있다. 이 중 서브프라임론이 저소득층에게 주어지는 고위험 주택저당대출이었던 것이다. 이러한 서브프라임론을 저소득층에게 적절히 공급하기 위해 미국 정부는 패니메이나 프레디맥과 같은 미국 연방주택금융공사의 모기지담보부증권(MBS)을 발행하여 일반 상업은행의 모기지론을 보증하였다. 그리하여 미국 내에서 주택 수요가 급증하였고 기존주택 가격도 2000년부터 2006년 중반까지 2.3배 가량 상승하였다. 이러한 가격 상승은 주택저당대출을 더욱 부채질하는 결과를 초래했다. 2006년 초부터 서브프라임론 문제가 수면 위로 드러나기 시작하였다. 2005년 말부터 미국의 신규주택 판매량이 줄기 시작했고, 주택건설 투자를 비롯한 기업들의 설비투자도 2006년부터 줄기 시작하면서 주택가격도 하락세에 접어든다. 이에 따라 일부 주택모기지금융사들이 파산하게 되어 2006년 상반기에 계산으로 미국 전체 주택의 자산가치는 24조였던 것이, 2008년에는 18조 달러로 떨어져 이미 6조 달러의 자산가치 손실이 발생했다. 이들 중 상당수가 모기지대출 구매였기 때문에 모기지의 부실화가 필연화할 수 밖에 없다. 이 중 25%에서 30%만 부실화되어도 약 1.5조에서 2조 달러 가량의 손실이 발생하며, 경우에 따라서는 최대 6조 달러까지 모두 손실화될 수도 있다.

관련된 손실 규모를 보면, 우선 서브프라임모기지가 1조 3,000억 달러, 이보다 약간 우량한 프라임모기지가 5,000억 달러, AAA 등급을 받은 CDO(Collateralized Debt Obligation; 부채담보부채권)이 4조 달러, 변동이지율모기지가 1조 5,000억 달러, 최소 국유화한 정부주택보증기관들의 대출규모가 5조 2,000억 달러에 달한다. 따라서 만일 주택가격이 추가로 더 하락할 경우 손실은 더욱 확대될 것이다. 결국 미국 경제가 이 정도의 손실을 감당할 수 있느냐에 불황이 얼마나 갈 것인가가 결정될 것이다(Talbott, 2008, 92~95쪽).

그러나 과연 미국의 금융공황이 단순히 부동산 거품의 붕괴에만 그 원인이 있는 것일까? 만약 부동산 거품의 문제라면 금융공황은 2001년 미국 경제 침체에 대한 FRB 의장 그린스펀의 정책 실수의 문제일 수도 있다. 부동산 거품과 이와 맞물린 규제완화 정책이 이번 금융공황의 근인(近因)이라면 미국의 금융공황의 구조적 원인(遠因)은 세계 경제의 구조적 변화라고 할 수 있다. 주지하듯이 1929년 대공황과 양차 세계대전의 결과 구축된 새로운 유형의 자본주의, 즉 케인즈주의적 자본주의가 1970년대를 지나면서 잠식되어 온 결과라는 것이다. 요컨대 거시적 시장실패를 보정하기 위한 정부의 개입을 중시하는 일국 중심의 케인지안 경제성장 모델과 자본통제를 포함한 금융규제가 케인즈주의적 자본주의의 특징이다. 미국에서 이 제도는 프랭클린 루즈벨트(Franklin D. Roosevelt) 대통령 시기의 민주당 지배 하에서 규제와 보호라는 형태로 구체화되었다. 특히 금융산업에서는 글래스-스티걸법(1933)을 통해 은행과 증권, 보험간의 겸영이 금지, 금융기관간 금리경쟁도 금지했다.

그런데 1960년대부터 세계경제와 교역이 급성장하고 금융거래도 활발해지면서 케인지안적 정부개입과 글래스-스티걸법에 따른 금융규제가 걸림돌이 되었다. 특히 1970년대의 스태그플레이션 위기를 거치면서 70년대부터 케인지안이 퇴조하고 통화론자들이 주도권을 잡기 시작하여 세계경제의 틀이 바뀌기 시작했던 것이다. 이는 지주회사 방식에 의한 은행과 증권, 보험의 겸영을 허용했던 1999년의 그램-리치-브릴리

법을 대표로 한 금융자유화 (증권화), 달러본위의 고정환율제에서 달러를 기축통화로 하는 변동환율제(1973), 그리고 마지막으로 1980년대부터 시작한 신보수주의 정권 하의 통화주의적 정책기조로 구성된 이른바 신자유주의 시대의 시작인 것이다. 이 신자유주의 시대의 큰 특징은 금융의 자율화와 금융산업의 팽창이다. 2006년말 현재 기준으로 금융자산(주식, 국채, 회사채, 예금 등)은 167조 달러로 전 세계 총 GDP의 3.5배에 달한다. 그러한 파생금융상품의 명목가치는 477조 달러나 된다. 이번 금융위기로 금융산업을 주도했던 투자은행들 (실제 예금은행이 아니다)은 예외없이 상업은행에 인수되거나 망하거나 은행지주회사로 전환해야 했다.[92]

바로 이번의 미국발 금융위기는 1970년대부터 시작한 신자유주의 시대의 실패와 종말을 예고하고 있는 것은 아닐까? 과연 신자유주의가 완전히 끝났느냐는 것은 논란의 여지가 있다. 하지만 우리가 살펴보았던 월러스틴의 고찰을 참고하면 이번의 금융위기가 단순히 2~3년 만에 끝날 일은 아니다. 왜냐하면 이것은 미국 헤게모니의 쇠퇴를 보여주는 현상적 형태일 것이기 때문이다.

국제 그람시주의자인 콕스(Cox, R.)에 의하면 미국의 헤게모니는 초국적 헤게모니로서 단순히 세계체제를 지배한다는 차원이 아니라 물질적 양보(의 능력)을 바탕으로 한 사회적, 경제적, 정치적 지도력이라

92 1위, 2인인 골드만삭스, 모건스탠리는 은행지주회사로 변화했고, 매릴린치는 BOA에 인수, 리먼 브러더스는 파산, 베어스턴스는 J.P. 모건에 인수되었다.

고 한다. 그런데 이러한 미국 헤게모니(Pax Americana)의 시기의 핵심은 1929년 대공황 이후 성립한 프랭클린 루즈벨트 시기의 개입주의적 정책에 기반하고 있다(구춘권, 2008, 252쪽). 이런 관점에서 볼 때 사실상 미국 헤게모니의 쇠퇴는 1980년대 레이건이 집권해서 미국 민주당 시절에 구축하여 전 세계에 전파했던 사회발전모델을 스스로 비판함으로써 시작했다고 할 수 있다. 산업적 우위의 상실 이후 미국이 추구한 것은 통화주의를 기축으로 한 금융적 우위였던 것인데 이번의 금융공황으로 인해 현재 미국에게 남아있는 것은 군사적 우위 밖에 없다. 21세기 우리는 미국 헤게모니의 쇠퇴과정을 목도하고 있다.

군사적 우위만으로 구성된 미국 헤게모니는 미국 내에서 조차 큰 논란을 야기할 것이다. 특히 상대적으로 진보적인 민주당 정권은 1980년 이래 집권해 온 신보수주의의 이념적 기반을 흔들고 교체하려고 할 것이다. 이러한 상황 전개 모두는 신자유주의의 쇠퇴를 예고한다. 만약 신자유주의가 쇠퇴한다면 어떤 새로운 체제가 등장하게 될 것인가? 미국 헤게모니의 쇠퇴가 얼마나 갈 것인지, 또 이를 대체하는 새로운 체제는 어떠할지에 대해 우리는 단언할 수는 없다. 하지만 역사적으로 이행기라 불리우는 이러한 시기는 매우 불안정한 사회이면서, 사회세력의 노력 여하에 따라 상황이 유동적으로 변화할 수 있는 시기다.

2절 한국경제의 대안에 대한 다양한 목소리

이러한 세계적 정세 속에서 한국경제의 문제는 어떻게 풀어야 할 것인가?

필자는 현재의 한국경제가 직면한 구조적 특징을 양극화와 저성장의 문제라고 정리했다. 양극화란 마르크스적 관점에서 자본주의의 모순을 파악한 것을 정식화한 것이고, 저성장의 문제란 케인즈적 관점에서 자본주의의 모순을 정식화한 것이다. 구조적 차원에서 볼 때 세계체제 역시 마르크스적 문제인 양극화와 케인즈적 문제인 저성장(또는 불안정성)에 직면해 있다.

특히 한국 사회에서 경제적 문제가 표면적으로 극명하게 드러나기 시작한 것은 성장률이 둔화되고, 소득분배가 악화되기 시작한 1997년의 경제 위기 이후였다. 이전까지 학문적 또는 일상적 담화구조에서 우리 사회의 경제 문제로 큰 연구가 진행된 것은 소위 '사회구성체논쟁'이라고 불리는 우리 사회의 성격에 대한 담론이었다. 이 논쟁은 좌파 내의 논의였고 필자가 3장에서 지적한 바 '최대강령주의'적 한계에 머물렀기 때문에 구체적 문제에 대한 대안은 부재했다. 뿐만 아니라 1989년의 사회주의 붕괴는 논쟁의 존재 기반을 없앰으로써 한국에서 좌파의 논의 구도 자체를 바꾸어 놓았다. 그 이후 논의는 사실상 소강상태였다고 생각된다.

그러나 1997년을 지나면서 그 위기의 효과가 진행되고 점차 우리 사회가 경제위기를 거치는 가운데 질적, 구조적으로 변화했다는 점이 전체적으로 인식되었고 저성장과 양극화라는 그 구조변화의 효과를 몸소 느끼게 되었다. 이로 인해 진보학계는 한국사회의 대안을 둘러싸고 가히 백가쟁명이라고 할 수 있는 논의를 진행하였다. 이 논의를 정리한 이병천(이병천 엮음, 2007, 『세계화 시대 한국 자본주의-진단과 대안』, 29쪽)에 의하면 대안 논의는 크게 4갈래로 나뉘어 진다.

첫째는 민주주의와 시장경제의 병행발전론이다. 사실 이 논의가 진보담론에 속할 수 있느냐는 것은 논란의 여지가 있을 정도로 1997년 이후 개혁 담론 속에서 주류적 입장이었다. 어떤 의미에서는 박정희 체제의 몰락 이후 등장한 신자유주의 이데올로기라고도 볼 수 있는 이 입장은 영미식 경제를 우리 경제가 추구해야 할 모델로 간주한다(장하성, 조윤제). 김대중 정부가 주장했던 재벌개혁, 노동개혁, 공공부문개혁, 금융개혁이라는 4대 개혁 논의가 그 핵심적 내용이라 할 수 있다. 이 논의는 김대중-노무현으로 이어지는 지난 10년간의 민주당 정부의 주류 논의였으며 수구주의는 아니었지만 신자유주의에 굴복한 생각이라 할 수 있다. 이 논의가 진보적이라고 할 수 있다면 이 논의에는 박정희 체제가 가져왔던 문제들인 재벌의 개혁 필요성을 인정했다는 점이다. 이 논의가 신자유주의에 굴복했다는 것은 재벌 개혁을 주주자본주의의 관점에서 접근했다는 점이다. 이 입장은 박정희 체제의 중상주의적 자본주의가 아니라 '투명성과 책임성을 가진 시장경제'를 수립하고자 했다. 그러나 이 입장은 이병천에 따르면 '사적 소유권의 확립이라고 하는 것이 얼마나 반민주적이며, 자본의 일방적인 자유와 무책임 체제를 구축하는 것인지는 자각하지 않는다'(이병천 엮음, 2007, 30쪽).

이병천이 분류한 두 번째 입장은 영미식 신자유주의와 다르게 노사정 위원회 등 '사회적 합의제도'에 주목한다(김기원, 임혁백). 김대중-노무현 정부를 지나는 동안 사회적 안정장치에 대한 검토와 정책적 보완이 강화된 것은 사실이다. 그러나 전체적으로 볼 때 그러한 복지의 강화는 신자유주의가 초래하는 공동체 파괴효과로 인해 불가피한 정도로만 시행된 것에 불과하다. 사실상 이 입장은 첫째의 입장과 그다지 충돌하지도 않고 보완효과만을 가질 뿐이다.

세 번째 입장은 김대중-노무현의 신자유주의에 대해 비판적이나 박정희 체제의 장점을 되살리자는 생각을 가지고 있다(장하준, 이찬근). 이들은 신자유주의가 박정희 체제를 비판하다가 그 장점까지 버리는 우를 범했다고 본다. 재벌에 대한 정책이 대표적이다. 재벌은 비록 한계가 있지만 한국 자본주의의 발전에서 불가결하며 앞으로도 그럴 것이라는 점이다. 재벌은 1997년 위기 이후 등장한 외국자본의 유입이 미치는 영향을 효과적으로 대응할 수 있는 수단도 된다. 따라서 이러한 논의는 사회와 재벌 간의 사회적 대다협을 통해서 재벌 체제의 장점을 이용해야 한다고 주장한다. 이병천은 이들이 '노동없는 성장'모델이며 결국 양극화와 복지의 문제보다 성장주의에 큰 관심을 쏟는 것이라고 비판한다. 이는 성장제일주의와 경쟁력주의에서 벗어나지 못했다는 것이다. 또한 외자와 재벌이 과연 대립적인가? 재벌이 다국적화하여 자본의 이익을 위해 진출하는 문제도 설명하지 못하고 있다. 이 입장은 발전국가론(Amsden, Wade)과 일정한 맥락이 닿는다.

마지막 입장은 사회경제적 민주주의를 강조하는 관점이다(최장집, 이병천 등). 최장집 등은 노동의 위기와 실질적 민주주의의 부재를 비판한다. 현재 우리 사회는 1987년 이후 형식적 민주화는 이루었지만, 사회권이 보장되는 실질적 의미의 민주화는 오히려 퇴보했다는 진단은 상당부분 경제영역에서 저진로 전략과 밀접히 연관되어 있다. 정치적으로는 의회주의가 확보되고 선거주의가 정립되었지만, 民生으로 불리는 실생활의 경제적 삶은 양극화의 질곡에서 헤어 나오지 못하고 있다(최장집, 2007). 이 입장이 사실상 오늘날의 관점에서는 유일하게 남아 있는 좌파적 관점이 아닌가 생각된다. 하지만 이 입장 내의 차이도 만만치 않다. 이 입장은 대체적으로 사회민주주의적 케인즈주의를 지지하는 듯이 보인다. 하지만 내부적으로는 재벌과의 사회적 대타협(최장집)을 주장하거나, 사회투자를 주장하거나(민노당), 제3섹터의 증대(우석훈)를 주장한다. 따라서 이 내부에서도 대기업-중소기업 중시 모델, 사회투자 vs 근로복지모델, 시민부문과 거시적 개입모델 등 다양하게 나뉘고 있다. 이러한 차이는 논쟁이 신자유주의 성장체제에 반대하며 노동자와 서민의 이익을 강조하는 한 건전한 차이일 것이다. 그러나 사실상 한국 자본주의의 대안이라고 말할 수 있으려면 한국 자본주의의 문제를 해결할 수 있는 정책 대안을 제시할 수 있어야 한다. 따라서 좌파, 우파라는 이념적 단서를 전제하는 것은 아니다. 이것을 우리는 국민적 과제라고 부를 수 있다. 따지고 보면 이러한 논쟁은 모두 국민적 과제의 해결책을 둘러싼 논의라고 할 수 있다. 어떤 누구의 논의에서도 주장하는 대안이 국민적 과제를 해결할 수 있다고 장담하고 있다. 최근 주목할만한 백가쟁명의 논의로는 아래와 같은 저서를 들어볼 수 있다.

「최근 2년 간 한국경제 대안 논의」

저서	저자	내용
『한국경제 새판짜기』(2007)	김상조 · 유종일 · 홍종학 · 곽정수	중소기업 중심, 지식 경제, 시장 합리주의, 동반 성장
『사회국가 한국사회 재설계도』(2007)	민주노동당	연대적 복지, 사회국가
『세계화 시대 한국 자본주의-진단과 대안』(2007)	이병천 엮음	지속가능한 동반성장의 시민경제
『괴물』(2008)	우석훈	국가도, 시장도 아닌 제3섹터, 환경문제
『한국 좌파의 재정립』(2008)	사민+복지기획위원회	합법주의, 개량주의적 사회민주주의, 보편적 복지
『자본론으로 한국경제를 말하다』(2008)	김수행	스웨덴식 사민주의를 새로운 사회의 디딤돌로 인정

이 에필로그에서 한국경제의 대안에 관한 세세한 논의를 모두 검도할 수는 없다. 다만 필자는 이러한 논쟁이 결국 한국경제의 문제를 해결할 수 있는 대안으로서 사회민주주의를 제시하는 것이라고 판단하고 있다. 사실상 사회민주주의라는 용어 조차도 한편에서는 한국 사회에서 시민권을 얻고 있지 못하며 다른 한편에서는 용도폐기된 듯한 느낌이다.

그러나 신자유주의의 폐혜가 심해지면 질수록 게다가 신자유주의의 문제를 해결하지 못하고 오히려 그 문제가 악화되면 될수록 중도적 논의는 일정한 맥락 속에서 사라지고 좀 더 분명한 주장이 등장할 것으로 예상된다. 이를 테면 사회적 타협의 필요와 요구는 헤게모니의 최종 행사 직전에나 유의미한 것이지 대안의 구상 단계에서는 별로 필요 없을 뿐 더러 사고과정에 혼란을 유발할 수 있기 때문이다. 따라서 우리 사회의 문제점, 즉 양극화가 심해지고 저성장의 고통이 심해질수록 신자유주의적 경제정책과 개입주의적 사회정책의 조합과 같은 이상한 타협은 발붙일 곳이 없어지게 된다. 이 때 우리는 보다 명료한 시각으로 직관적인 해답을 찾아갈 수 있을 것이다. 이러한 생각과 고민이 이미 자본주의의 문제에서 나왔다는 점을 인식한다면 그것은 자본주의 이후 요소들의 맹아들이라고 볼 수는 없을까?

3절 하이로드 전략을 찾아서

이를 한국경제의 역사적 경로 속에서 비교해보면 어떨까? 박정희 체제는 고도성장 사회였다. 다른 한편 박정희 체제는 노동을 억압하고

착취하여 개발의 동력으로 삼은 사회였다. 그렇다면 박정희 체제는 양극화를 초래했음에도 고성장의 시대(고축적-고투자-저임금 체제)였다고 말할 수 있을 것이다. 이러한 중상주의적 개입주의 정책은 양극화의 모순을 일정정도 은폐하는 역할을 수행했다. 하지만 양극화의 모순이 은폐되기 위해서는 계속된 고도성장을 해야 하는 자기 모순에 빠져 있었던 셈이다.

박정희 체제는 박정희 사후에도 전두환 정권을 거치면서 일정하게 명맥을 유지했다. 하지만 정치적 지배블록으로서의 박정희 체제는 노태우 정권하에서 자유주의 세력의 일부와 연합함으로써 일정한 변화를 겪게 된다. 이는 곧 기존의 축적체제의 일부를 수정하는 것이기도 하다. 노태우 정부하에서는 분배에 대한 욕구를 일정정도 수용하고 기존의 재벌체제에 대한 규제 및 부동산 정책(예:토지 공개념) 등 박정희 체제가 가졌던 문제를 해결하려는 노력을 하게 된다. 이는 지배블록 내에서 양극화의 모순이 더 이상 유지될 수 없다는 인식을 보여주는 것이다. 노태우의 삼당합당(즉 보수대연합) 시도는 박정희 체제 하의 지배블록의 일부를 유지 잔존케 했다는 점에서 정치적 격변 속에서의 대단한 성공이었다. 하지만 그러한 정치적 변화는 경제적 변화를 초래했고 이러한 변화를 어떠한 제도적 구조 속에 위치지워야 하느냐에 대해서는 일관된 입장을 가지지 못한 것으로 보인다.

결국 분배 구조가 점차 변화하는 상황 속에서 새로운 축적체제의 구축이라는 과제를 안았지만 신자유주의적 방향으로 접근하는 것 외에는 다른 시도를 하지 못하였다. 그 완결판이 김영삼 정부 시기의 '세계화' 논의였다. 세계화 논의는 다름 아니라 박정희 체제 이후 한국경제의 축적 구조는 신자유주의를 통해서 변화한다는 것을 선언한 것에 다름 아니며, 그 전략의 실패는 1997년 외환위기를 겪음으로써 드러났다. 외환위기 이후 한국경제는 박정희 체제와 마찬가지로 양극화는 심화되면서, 박정희 체제와는 다르게 저축적(저투자-저성장-양극화)의 시대로 접어들었다.

이러한 증거는 아래 〈그림〉에서 나타난다. 이는 1990년대부터 2004년까지 대 · 중소기업 간 임금격차는 계속 커져가고 있음을 보여준다.

「대 중소 기업간 임금 격차 추이 자료」

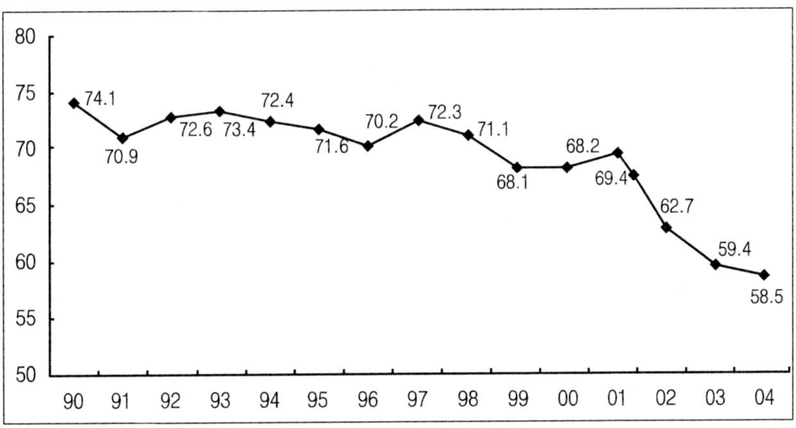

자료: 노동부, [매월노동통계], 각년도

* 이 지수는 500인 이상 임금을 100으로 두고, 10~29인의 임금 지수를 표시한 것이다.

이 자료는 우리 경제가 특히 1997년을 기점으로 해서 노동자 내부의 격차가 심화되고 있음을 보여주고 있는데 이것이 바로 한국경제의 위기와 진보 운동 질곡의 진정한 원인이다. 즉 현재 시점에서 한국경제 전체와 진보 운동 자체가 win-win하지 못하고 lose-lose 하고 있다.

이를 박정희 체제의 저임금에 기초한 고축적 전략과 구분되는, 저임금에 기초한 저축적이라고 정리할 수 있다면 이 전략이 박정희 체제의 권위주의적 경제발전 전략이 한계에 부딛힌 1987년 이후부터 나타난 현상이라는데 주목할 필요가 있다.

1987년의 노동자대투쟁은 일정정도의 소득재분배를 강요했다. 하지만 1987년 이래 진행된 부의 재분배는 신자유주의적이었다. 그것은 사회적으로 가장 투쟁적이고 조직된 노동자에 대해서 일정정도 양보하면서 비조직적인 부분에 대한 수탈을 강화하는 것으로 진행되었다. 이를 **포섭과 배제의 저진로 전략**이라고 부를 수 있다. 1987년 노동자대투쟁을 거치면서 노동계 전반에 강요된 저임금체제를 기반한 고투자-고축적-저임금 체제가 더 이상 작동할 수 없게 되자, 노동계급을 포섭과 배제의 영역으로 나누어 일부를 포섭하고, 일부는 배제시키는 일종의 분할노동시장이 등장하였던 것이다. 아래의 〈표〉는 1986년까지만 해도 대기업과 중소기업의 임금격차는 그리 크지 않았지만, 1987년을 거치면서 임금격차가 벌어지기 시작함을 보여주고 있다.

「대 중소 기업간 임금 격차 추이」

	1986	1987~1991	1992~1997
전산업	351	504	1,166
10~29인 기업(A)	332	480	1,019
500인이상기업(B)	369	633	1,417
A/B	90%	76%	72%

자료: 노동부, [매월노동통계], 각년도 단위: 천원

그리하여 관리직은 물론이고, 강력한 노동조합의 영향 하에서 보호받는 대기업조직노동자는 체제의 일부로 포함되고, 여기에 포함되지 못한 비조직노동계급은 배제되어 비정규직 노동자로 전락하게 된다. 그러므로 새로운 저진로정책은 전형적인 분할지배(divide and rule) 정책이라는 특징을 띤다. 배제의 그룹이 방대하게 증가하고 있으므로 기업들은 여전히 저임금을 통한 축적체제를 포기하지 않고, 이를 더욱 발전시키며, 궁극적으로 경쟁력을 상실한 제조업 사용자들은 저임금→저성장의 패턴으로 경영을 유지하다가 더 낮은 임금을 찾아 중국 등 저개발국가로 나가게 되는데, 이것은 산업구조 고도화와는 무관한 진출이기 때문에 국내 제조업은 다른 대책을 찾지 못하고 소실되어 갔다.

한편 한국의 대기업은 상당한 비용부담 속에서도 아웃소싱을 통해 비용을 절감할 수 있는 전략을 모색하고 이를 통해 경쟁력을 회복하게 되었다. 하지만 이러한 체제가 유지가능할까? 비용절감의 부담은 계속 전가되어 중소기업과 중소기업노동자에게로, 아웃소싱한 기업의 비정규직노동자에게로 이전됨에 따라 한편에서는 중소기업의 도피성 해외투자가, 다른 한편에서는 국내 산업의 양극화 및 노동계급의 양극화가 확대되었다. 따라서 현재 추진되는 경쟁력 우선주의는 그 구체적 방법이 포섭과 배제의 저진로 전략의 형태로 진행되고, 이는 장기적 시각의 잠재력 확보 보다는 단기적인 비용절감을 통한 이윤율 회복을 강조한다. 이러한 상황에서 한국경제는 점차 양극화를 더 악화시키고, 생산의 잠재력은 떨어지는 악순환의 고리 속에 빠지게 되었다.

따라서 산업고도화 전략을 통해 생산의 잠재력을 확대해야 한다는 것은 거시경제 정책의 운용에서 최우선적 고려이다. 그러나 산업고도화를 어떻게 수행해야 하는가? 이에 대한 지배블록의 대답은 재벌, 수도권, 금융, 기업중심 정책이었다(이병천 엮음, 2007, 45쪽). 이는 신자유주의 정책이라 할 수 있다. 왜냐하면 전략의 핵은 기성의 경쟁력에 기반하여 추진된다는 점이기 때문이다. 그러나 이는 양극화 성장을 더욱 악화시킬 따름이다.

기업 측이든, 정부든, 노동계든 산업고도화로 나아감으로써 문제를 해결해야 한다는 점에 대해서는 별다른 이견이 없지만 그 방법과 전략에서 노동배제적이고 대기업중심주의, 경쟁력우선주의라는 전통적 방법이냐, 아니면 노동참여적이고, 중소기업중심으로 가는 새로운 방법이냐의 문제에시 노동계와 재계 · 정부의 입장이 대립한다. 이러한 신자유주의 정책은 외관상 산업고도화를 주장함에도 불구하고 노동배제적, 대기업중심적, 경쟁력우선주의라는 방법론으로 인해 본질에서 비용절감이라는 저진로(low road) 전략으로 귀결한다(조돈문 외, 2005, 330쪽).

따라서 이러한 신자유주의적 산업정책이 아니라 중소기업, 지방, 제조업, 노동중심의 정책이 필요하다. 특히 하이로드 전략은 중소기업(제3섹터와 NGO, 사회기업을 포함)에 초점을 맞출 때 다른 문제도 같이 풀려 나간다는 점에 대한 강조다. 거시경제적으로 보면 한국경제의 양극화 해소와 새로운 성장잠재력을 확보 유지하는 문제인데 중소기업은 고용 흡수력이 높기 때문에 중소기업활성화를 통한 산업고도화 정책은 우리나라 경제의 혁신기반을 갖추는 것 뿐 아니라 고용 문제를 완화시키는데도 도움이 될 것이다.

이 문제에 관하여 쟁점이 분명해 진 것은 노무현 정부 때였다. 국가적 의사결정 메카니즘에 지방대 교수와 젊은 운동권을 중심으로 한 새로운 피가 수혈되기 시작했으며 비록 그 수혈이 아마튜어적이었다 하더라도 지배계급의 전략에 큰 균열과 논쟁을 야기했다. 결과적으로 노무현 정부가 후반부에 한미FTA를 의제로 제기함으로써 전임인 김대중 정부와 아무런 차이가 없는 신자유주의 정부로 간주되지만 사실상 노무현 정부의 긍정적 의의를 찾으라고 한다면 주류 사회 내에 한국경제의 발전경로를 둘러싼 논쟁을 시작했다는 점에 있다. 따라서 이 정부에 대해서는 상세한 검토가 필요하다. 크게 보아서 노무현 정부는 **경제정책**에 대해서는 기존의 관료체제가 가진 신자유주의 정책에 의존했고, **사회정책**에 대해서는 사회보장정책을 좀 더 추진했다. **통일정책**에 대해서는 김대중 정부의 정책을 충실히 계승했으며, **정치적으로는** 자유주의(정치적 자유주의) 정치를 완결하고자 했다. 이러한 4가지 요소의 특이한 결합이 노무현 정부의 미묘한 모순을 낳았다고 할 것이다.

그 구성 요소 중 가장 논란이 될 수 있는 부분이 경제정책이다. 경제정책에 대해서도 최초에는 분배에 기반한 성장전략을 구축하려고 시도했고 이를 위해 부동산 문제, 교육 문제에 큰 관심을 기울인 것은 사실이다. 하지만 노무현 정부는 산업정책에서 내부의 논란에도 불구하고 금융산업 중심의 금융허브론과 국제통상국가론을 받아들였고 친재벌 정책을 추진했다는 점에서 또 다른 저진로 전략에 불과한 정책 내용을 가지고 있다. 노무현 정부의 산업 정책의 네 가지 특징을 살펴보면 다음과 같다.

첫 번째 특징은 제조업이 아닌, 금융산업을 중심으로 산업구조를 재편성하려 했다는 점이다. 노무현 정부가 추진했던 '동북아중심국가 건설'은 외자유치를 통해 IT, 물류, 금융산업 등 핵심전략산업을 중심으로 산업구조를 재편하겠다는 것이나, 제조업에 대한 균형적인 발전전략이 결여되어 궁극적으로는 금융자본 중심의 산업구조 개편이 되고 말았다.

그런데 이러한 금융산업 중심의 구조개편 시도는 외환위기 이후 한국의 자본주의 사회를 규정하고 있는 신자유주의적 구조조정과 일정하게 맥락이 닿아 있다. 그 핵심은 바로 자본주의 축적 논리에 있어서 금융적 자본의 우위라 할 수 있다. 이미 한국의 재벌도 이미 금융자본화, 초국적 자본화 되고 있는데 산업구조조정의 과정에서도 과거 산업자본 중심(해당 산업 영위를 통한 지속적인 이윤 창출의 논리)의 구조조정 논리보다는 이른바 '먹(고)튀(는)' 방식인 금융자본의 논리가 지배하게 되는데 이러한 금융주도적 구조조정은 투자의 단기화로 인한 기업의 성장잠재력 소진 뿐 아니라, 노동배제적 구조조정을 야기한다. 우선 장기적 관점에서 투자할 수밖에 없는 인적자본에 대한 투자는 물론이고 최소한의 기본적인 자본투자조차 회피하고 투자를 한다고 하더라도 중국 등 국외투자를 선호함으로서 구조조정 압력이 더욱 누적된다. 또한 금융주도적 구조조정은 철저한 노동배제적 구조조정이어서, 투자 시계의 단기화 속에서 단기적 이윤극대화를 위해 기존 노동조합의 물질적 성과를 집중적으로 공격하게 되는데 인력감축/임금삭감/기업복지 축소 등의 구조조정이 집중적으로 실시된다.

두 번째 쟁점사항은 제조업과 서비스업간의 관련 및 비중 문제다. 제조업의 약화와 산업의 서비스화가 선진국의 일관된 경향이긴 하지만, 모든 선진국가의 보편적 특징이라고 할 수는 없다. 예를 들어 독일과 일본과 같은 나라는 제조업이 여전히 주력산업이다. 따라서 많은 선진국가들은 아직도 강력하고 역동적인 제조업을 경제의 주요 부분으로 갖고 있다. 신흥공업국가들의 성장도 이 제조업 육성 덕택이었다. 현재 제조업의 중요성이 떨어지고 있지만 그럼에도 불구하고 아직도 세계무역의 80%는 제조업 제품이고, 대부분 서비스 제공의 기초도 제조업 제품이다. 제조업은 서비스 산업보다 일관되게 생산성 성장에 앞서며, 전후방 연관효과를 통한 일자리 창출, 기술혁신의 주된 원천, 무역에서의 중요성 등을 통해 선진국의 경제 성장에 기여해왔다. 서비스업은 제조업 부문의 성장의 크기에 의존하여 성장할 뿐이다. 우리나라의 산업구조에서 제조업의 위상은 여전히 크기 때문에 당분간은 제조업의 경쟁력을 회복하여 국내 생산의 기반을 갖춰야 할 것이다. 그런데 우리나라의 제조업 비중은 감소하지 않고 있지만, 제조업의 기술 경쟁력이 일본 등에 뒤지고 있다. 제조업에서의 생산성도 비록 농업분야 보다는 높다고 하지만 선진국에 비해 낮은 편이다. 정부는 노동시장의 유연성을 확보하며, 공기업을 민영화하고, 외국자본을 끌어들여 경제의 외형적 성장에는 노력을 기울였지만 제조업의 기술 경쟁력 확보를 통한 생산성 향상에는 기여하지 못하였다. 이는 정부의 산업정책이 과거의 저진로정책을 탈피하지 못하였기 때문이다.

세계경제에서 금융, 컨설팅 등 지식기반서비스 산업이 제조업보다 더 중요하다는 의견이 있으나 이것은 잘못된 생각이다. 역동적인 제조업 분야의 개발 및 발전을 이루지 못하면 궁극적으로 심각한 무역수지 불균형을 가져와 국가경제가 불안해진다. 영국이 대표적인 국가이다. 영국의 대처는 노동조합을 무력화시키고, 제조업의 상당 부분을 폐쇄, 생산축소 등의 방식으로 퇴출시켜갔다. 그 결과 1979년 700만 명을 웃돌던 고용인구가 400만 명으로 격감하였을 뿐만 아니라 산업은 '퇴영적으로 탈산업화'하였다. 이것은 전통적으로 강했던 금융자본의 요구를 반영한 것인데, 그 결과는 참담하다고 할 수 있다. 해가 지지 않은 나라라던 영국이 저숙련-저임금-저생산성 국가로 낙인찍힌 것은 물론 이제는 금융서비스 분야의 퇴보에 직면해 있는 실정이다. 왜냐하면 이러한 서비스업이 제조업과 긴밀한 연관 속에 제조업의 생산성 증가를 발전의 물적 토대로 하여 발전하기 보다는 별개로, 그것도 투기적으로 성장을 해왔기 때문이다.

반면 제조업이 여전히 강력한 일본의 경우 제조업기반강화법, 산업집적활성화법 등을 제정하고, 좋은물건만들기법(일명 모노츠꾸리법)을 통해 제조업중시교육(가치교육)을 강화하였다. 제조업이 강력한 독일의 경우도 제조업기술자에 대한 사회적 우대로 인해 제조업에 대한 중요성이 사회적으로 강조되고 있다. 그 결과 독일의 제조업 부문 고용율은 32% 수준으로, 일본의 30%, 프랑스와 영국의 24%, 미국의 22% 수준에 비해 선진국 중 가장 높은 수준을 유지하고 있다.

세 번째 특징은 제조업 정책 자체의 대기업 편향성이다. 이는 경쟁력 일변도의 정책으로 인해 더 강화된다. 정부와 업계전문가들의 발전전략은 ① 대형화 · 전문화 및 기업 간 전략적 제휴의 활성화 ② 핵심 기술개발 및 제품의 고부가가치화 ③ 통상마찰 효율적 대응 및 글로벌 협력 강화 ④ 국내외 환경규제에 대한 대응으로 요약할 수 있는데, 이는 기존 주력사업을 구조고도화 하면서 새로운 첨단기술을 발굴하여 기존의 경쟁우위를 지속적으로 확보하고자 하는 것으로 볼 수 있다. 이러한 고도화 전략 자체가 문제는 아니다. 문제는 고도화 전략이란 차별화 전략이므로 국내에서도 양극화를 초래하는데 이러한 양극화에 대한 전략이 부재하기 때문에 제조업공동화 현상을 막을 수 없다는 점이다.

제조업공동화 전략의 부재는 고용 없는 성장과 비정규직 확산을 유발할 가능성이 매우 크며 고부가가치를 창출하는 집단과 그것을 지원하는 하층집단으로 빈곤과 불평등, 사회 양극화를 심화시킬 수 있다. 고용 없는 성장은 내수경기를 악화시켜 수출호조를 보이더라도 내수와 수출의 선순환 구조가 정착되지 못하게 되는 원인이 된다. 특히 고용불안에 따른 소비심리 위축 등으로 수출 호조가 내수, 특히 소비회복으로 연결되지 못하면서 내수 침체국면에 들어서 있는 것이다.

결국 대기업 중심의 산업정책으로 인해 중소기업 육성정책이 여전히 미흡하다는 점이 문제다. 우리나라 전체 수출에서 반도체, 자동차, 무선통신기기, 컴퓨터, 선박 등 상위 5대 품목이 차지하는 비중이 43.0%나 되어 소수품목에 대한 편중도가 매우 심화되고 있다. 예를 들어 중소기업 정책자금은 약 6조 정도 규모이지만, 대기업 편향적인 수출 지원을 위한 환율방어를 위해서는 누적 적자 규모가 29조에 해당하는 등 대기업 중심 정책은 여러 형태를 띠고 다양하게 전개되고 있다. 정부는 이들 효자품목을 생산하는 수출대기업에 대해 각종 우대조치 등을 취하고 있으나 반도체, 컴퓨터, 무선통신기기 등 IT산업은 전 세계적으로 기업 간 경쟁이 매우 치열할 뿐만 아니라 제품의 주기 또한 매우 짧아 대외 수출여건의 변화에 매우 취약할 수밖에 없는 수출구조를 보이고 있다. 따라서 이들 대기업 위주의 산업정책은 단기적인 성과를 내기에는 적합할지 모르나 장기적으로 산업구조의 왜곡을 초래할 위험이 크다.

외자기업, 대기업 우대 정책에 치우치며 중소기업 육성에 나서지 않은 결과, 중소기업은 기술우위 등을 바탕으로 경쟁력 강화에 나서기보다는 인건비 절감→가격경쟁에서의 우위만을 추구하게 되었다. 중소기업은 국내 인건비가 인상되자 경쟁력 강화를 위해 낮은 인건비를 찾아 해외로 진출하게 되었다. 정부의 대기업 위주 산업정책으로 인해 중소기업은 계속 저진로축적체제를 추구할 수 밖에 없었다.

마지막으로 검토할 쟁점은 외자유치 일변도 정책이다. 정부는 외자유치를 위해 경제자유구역을 설치하고 외국자본에 대해 온갖 편의와 특혜를 제공하고 있으나 정작 우리 경제의 토대인 중소기업들을 국내에 머물게 할 인센티브를 제공하거나, 중소기업의 경쟁력을 제고시키기 위한 산업정책을 실시하지 않으며 해외진출을 방치하고 있는 실정이다. 신자유주의 정책을 경제정책의 기조로 삼아 노무현 정부는 외자유치를 위해 보다 적극적으로 나섰는데 경제자유구역지정, FTA 체결의 적극화 등이 그 예이다. 지나친 외국자본 우대정책으로 국내 중소자본들은 심한 역차별을 당하고 있다. 중소자본들에 대한 상대적 역차별로 인해 경영상 어려움에 직면한 중소자본들이 해외로 진출하고 있다. 국내기업도 경영환경의 악화로 해외 이전하는 상황에서 외국인투자의 유치를 기대하는 것은 큰 무리이며, 또한 외국인투자를 위한 과도한 특혜로 인해 불필요한 사회적 비용을 초래한다.

외국인투자기업은 정부의 기대와는 달리 대체산업으로서의 역할을 하지 못하고 있다. 대체산업으로서 기능하기 위해서는 생산적 부문에 투자되어 산업을 활성화시키고, 고용을 증대시키는데 기여하여야 하는데 2001년 말 현재 국내 외국인투자기업 수는 1만개 이상이지만, 그

중 생산적 부문에의 투자는 10% 미만에 불과하다. 따라서 외자유치로 인한 산업발전, 고용창출은 매우 미미한 상태이다.

다른 한편 국내 중소기업에 대한 산업 정책은 해당 중소기업의 경쟁력 회복에만 기여하는 것이 아니다. 중소기업의 활성화로 인한 고용증대와 소비활성화는 지역경제를 되살림으로써 좋은 의미의 외부효과를 낳을 것이다. 따라서 중소기업 정책은 해당 기업만을 위한 정책이 아니라 지역정책이기도 하고, 사회정책이기도 하다.

노무현 정부가 어느정도 제조업 육성정책을 고민한 것은 사실이지만 제조업 정책이 산업 정책, 크게는 경제 정책의 핵심이지 않았다. 결국 노무현 정부의 산업정책의 네 가지 요소는 서로 어우러져 포섭과 배제의 저진로전략을 고착화시키고 있었던 것이다.

「저진로 전략과 고진로 전략의 비교」

	주력 자본 분파	산업	기업규모	자본동원방식
신자유주의적 저진로 전략	금융자본(금융허브론)	서비스 중심	대기업 중심	외자유치
고진로(하이로드) 전략	산업자본(제조업 강화론)	제조업중심	중소기업중심	내자중심

〈표〉와 같이 네 가지 특징으로 요약할 수 있는 신자유주의 정책은 바로 국제경쟁력의 논리 속에서 나오는 것이지만, 국제경쟁력 확보의 방법은 포섭과 배제의 저진로 전략 속에서 구체화한 것이다. 이는 포섭과 배제의 저진로 정책을 상수(常數)로 둔 상태에서 나오는 국제경쟁력강화 정책의 한계를 안고 있다.

이에 대하여 진보적 경제정책은 첫째, 금융산업을 중심으로 한 구조조정 정책보다는 제조업경쟁력을 강화하려는 정책이 아직도 한국의 경제수준에서는 필요하다는 인식, 둘째, 서비스업을 제조업과 분리시켜 볼 것이 아니라 제조업과의 연관성 상에서 고찰해야 한다는 점, 셋째, 제조업경쟁력 강화정책이 대기업 편향적이어서는 안된다는 점, 넷째, 해외투자유치에만 집중하는 것이 아니라 국내 자본의 유출을 방지할 수 있는 근본적 대책이 필요하다는 점으로 요약할 수 있다.

고진로 정책은 외국자본에게 특혜를 주면서까지 외자를 유치하는데 힘을 쏟기보다는 국내 제조업을 활성화시키는데 힘을 쏟아야 한다고 주장한다. 외국자본을 유치하기 위해 노동시장을 유연화시키고 노동조합을 약화시키며 노동자들을 탄압할 것이 아니라 노동자들을 협력의 파트너로 인정하고 함께 제조업 육성 정책에 나서게 해야 한다는 것이다.

그렇다면 노동자를 어떻게 제조업고도화 정책의 파트너로 삼아야 하는가? 제조업 육성 정책에서 중요한 것은 산업경쟁력을 높이는 것이고, 산업경쟁력을 높이는데 중요한 것은 기술경쟁력이다.

이와 같은 기술경쟁력 강화에 제일 중요한 것이 바로 사람에 대한 투자다. 노동자들의 숙련도를 높여내기 위한 인력양성 계획을 수립하고, 꾸준히 교육과 훈련을 시켜나가야 한다. 이렇게 될 때 제조업이 해외로 진출할 때 노동자들을 정리해고하는 것이 아니라 새로이 창출된 신산업으로 노동자들을 전환배치할 수 있는 것이다. 전환배치는 기업 내에서 이루어지는 것이지만 이것을 산업내로 확대시켜 적용한다면 산업내

현수준 고용유지라는 고용안정 정책을 시행해 낼 수 있을 것이다. 이렇게 될 때 제조업 공동화도 발생하지 않을 뿐만 아니라 고용불안도 발생하지 않게 된다고 보고 있다.

또한 지역경제의 활성화와 중소기업을 지원해야 한다. 예를 들어 안산의 반월공단에 있는 1,900개 업체 중 250개 업체가 중국으로의 진출을 모색하고 있는데, 그 이유는 주로 '인건비 등 비용절감'이 목적이다. 따라서 도피성 해외투자의 범주에 든다 할 수 있는데, 이들 중소기업들이 아무런 대책없이 반월공단을 떠나 중국으로 이전한다면 제조업 공동화 현상이 발생하여 안산지역 나아가 경기지역 경제에 심각한 악영향을 미칠 수 있다. 따라서 이것을 막기 위해 지방정부 차원에서가 아닌 중앙정부 차원의 밀착 대응이 필요하다. 일본은 이미 중앙정부가 지방정부와 함께 공동화 문제에 심도있게 대응하고 있다.

지방 공단 소재 제조업체들의 공동화현상을 막기 위해서는 지방경제를 활성화시켜야 한다. 지방경제의 활성화를 위해서는 지방에 본사를 두고 있는 지식, 두뇌기능을 가진 기업이 많아지도록 유도해야 한다. 이렇게 하기 위해서는 지방에 산업 클러스터를 적극적으로 육성해야 한다. 이를 위해서 중앙정부와 지방정부가 합동으로 산 · 학 · 관 연계 프로젝트를 위한 정보 매개역으로 적극 나서야 한다. 기업이 경쟁력을 갖지 못할 경우 역시 지방경제 활성화는 불가능하기 때문에 지방기업이 특정 분야에서 경쟁력을 가질 수 있도록 기술개발 등을 지원할 필요가 있다. 지원은 산 · 학연계 프로젝트 발굴, 중소기업의 공동 기술개발

단지 조성 및 예산 지원 등의 방식으로 이루어질 수 있다.

「산업구조 고도화의 저진로 전략과 고진로 전략의 두 방법」

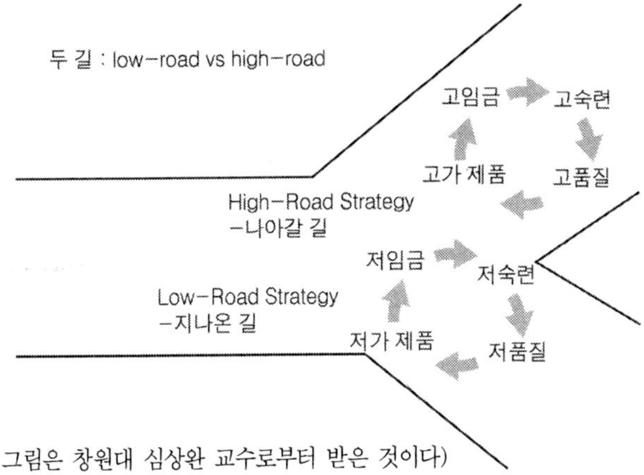

(이 그림은 창원대 심상완 교수로부터 받은 것이다)

이제 고진로 전략과 저진로 전략이 모두 산업구조 고도화 전략의 선택가능한 형태로 간주될 수 있지만, 저진로 전략이 보다 단기적이고, 저임금-저숙련-저품질로 이어지는 악순환의 고리에서 탈피할 수 없게 된다. 그렇다면 보다 고숙련-고임금의 선순환 구조라는 추상적 명제를 넘어서 고진로 전략을 산업/업종 및 작업장 수준에서 어떻게 구체화할 것인가? 고진로(high road)는 사전적 의미로 1) 가장 쉽고 확실한 길, 2) 가장 구체적이고, 윤리적인 길을 의미한다.[93]

---

93 High Road: NOUN: 1a. The easiest or surest path or course: the high road to happiness. b. The most positive, diplomatic, or ethical course. (The American Heritage Dictionary) 미국의 시민단체인 The American Legislative Issue Campaign Exchange (ALICE)는 고진로 전략을 고임금에 기초한, 낭비를 최소화 한, 노동자 친화적이면서 공공적 책무성을 가진 경제발전 전략으로 정의한다.

자본주의에서 기업이 이윤극대화를 위해 취하는 전략은 아래와 같은 방법들이 있다.

1. 새로운 제품
2. 노동자 교육, 훈련을 통한 생산성 증대
3. 새로운 생산방식
4. 새로운 기술
5. 해외생산의 확장
6. 새로운 광고 홍보
7. 저가의 공급자로의 아웃소싱
8. 임금 절감
9. 인수 · 합병
10. 판매가격의 인상
11. 자산의 매각
12. 정부 지원

여기서 1~4번의 전략이 노동자에게 유리하고, 따라서 기업의 종사자들이 윈-윈할 수 있는 방법이다. 하지만 경영자들은 시실상 5~12번의 방법을 추구한다는 것이다(Reynolds, 2002, p.x).

첫째, 고진로 전략을 통한 제조업공동화 극복을 주장하는 Joel Rogers 교수(위스콘신 대학교)는 고진로 전략은 저절로 달성되는 것이 아니라, 저진로 전략을 없애야만 달성된다고 한다. 즉 저진로 전략의 가능성이 있는 한 자본은 계속 손쉽고 단기적인 해결책을 선택할 것이라는 점이다. 다시 말해 강한 노조가 고진로 전략의 전제조건인 셈이다. 우리나라의 노동조합의 투쟁력은 매우 강력하고, 이는 박정희 체제의 결과물이다. 따라서 우리나라에서 고진로 전략을 선택할 수 있는 첫 번째 전제조건인 강한 노동조합의 역사와 전통은 이미 있다. 다만 강한 노조가 노조의 조직에 포함되어 있는 조합원의 이해만 대변하는 것에 한정되어서는 안되고, 비조합 노동대중, 환경 및 거시경제 이슈 등 국민적 과제에 대해서도 책무성 있는 태도를 취해야 할 것이다. 미국의 경우 고진로 전략의 주요 구성요소로서 최저임금의 생활임금으로의 전환, 지역경제 활성화 전략의 주도 등이 제기되고 있는데 이러한 주제와 전략들이 조직노동자의 직접적 이해관계를 대변하고 있지는 않더라도, 궁극적으로 노조의 조직력을 확대하고 강화하는데 기여하게 된다(Reynolds, 2002, 145~172쪽).

두 번째 고진로 전략에서 고려할 것은 모든 나라에 맞는 고진로 전략의 형태가 있는 것은 아니라는 점이다. 이를 테면 제조업강국인 독일과 일본, 스웨덴을 비교해 볼 때, 일본의 경우 종신고용제와 하청업체의 육성을 통해서, 독일의 경우 교육을 통한 직무훈련의 체계화를 통해서, 스웨덴의 경우 정부책무성을 강조함으로써 고진로 전략을 강제하였다. 다시 말해 고진로 전략이란 그 나라와 역사의 상황에 맞게 노·사·정이 함께 머리를 맞대고 만들어 내야 하는 제도적 형태이다. 미국 켄터키州의 고진로 전략에 관한 논의에는 다음과 같이 저진로 전략과 고진로 전략을 구분하고 있다.

「컨터키 주(미) 하이로드 전략」

현재	하이로드
제조업(대기업 중심)	경제의 전 영역(중소기업 중심)
고용	기업가정신, 현존기업의 발전, 작업장 발전, 전략적 고용
직업의 수	직업의 수 및 질, 삶의 질
수출 주도 성장	수출 주도 성장 및 수입 대체
기업비용의 절감	생산성의 향상, 가치와 효율성의 강조
단일 대응 전략	지역에 따른 다양화 전략

출전 : J. Bailey (2007), Identifying High Road Economic Development Strategies for Kentucky, 3쪽

여기서 강조되고 있는 고진로 전략의 핵심은 단순한 고용의 양만을 따지는 것이 아니라, 고용의 질과 삶의 질을 고려한다는 점이다. 또한 생산의 주안점도 비용절감만을 고려하는 것이 아니라 부가가치생산의 차원을 고려한다는 점이다. 산업공동화의 전개 양상이 산업별, 지역별로 차별성이 크다는 점에서 산업-지역간 다양한 상황을 고려한 대응방식이 필요하다. 이를 위해서는 해당 산업과 지역에 대한 섬세한 연구가 선행되어야 하며, 일부 산업은 실패요인과 성공요인에 대한 분석이 필요하다. 이를 테면 일본의 전자산업, 조선산업이 한국에 뒤 처지게 된 것은 바로 산업공동화에 대한 대응에서 실패했기 때문이라고 볼 수 있으며, 우리나라도 섬유, 신발 등은 중요한 실패사례를 제공한다.

셋째, 이와 같이 고진로 전략을 통한 산업고도화 정책은 단순한 구조조

정 정책이 아니다. 즉 외부하청확대, 임시직·일용직·파트타임 등 비정규직 고용의 확대를 통하여 인건비를 절감하는 것을 목표로 하는 것이 아니라, 노동자의 직무능력 확대, 직업훈련 강화를 통한 품질향상을 추구하여 고기술-고품질-고부가가치 부문을 육성하여야 한다. 이를 위해서는 기술력 향상, 숙련형성 프로그램 등을 개발하여야 하며, 기술 및 인력 양성 방안을 마련해야 한다. 현재 중소기업 중 자체 기술 개발을 할 수 있는 기업은 불과 10%에 불과한 것으로 알려져 있다. 이는 혁신능력의 부재로 인한 장기적인 저 생산성을 낳는다. 하지만 이 역시 왜 오랫동안 기술, 인력이 대기업에 편중되었는가를 반성해볼 필요가 있다. 최근 인력 수급과정을 보면, 공기업, 교사 등으로 우수인력이 몰리는 것을 발견한다. 왜 그런가? 그 부분이 고용이 안정적이고, 특히 1997년 이후 대기업들도 고용불안이 심해졌기 때문이다. 따라서 그냥 그대로 두면 결코 기술과 인력이 중소기업으로 가지 않는다. 일본의 경우, 중소기업대학 등을 통해서 중소기업 필요인력을 직접 양성하고 있다. 여기서 안정적 고용은 생산잠재력 확보의 주춧돌이다. 한편 최근 경상남도의 인식의 변화에서 알 수 있듯이, 해외투자를 장려하는 정책에서 해외투자를 억제하고 나가려고 하는 기업을 다시 묶어두는, 정책의 전환이 나타나고 있는데 중앙정부 차원에서도 이러한 인식이 필요하다. 국내 기업을 국내에 유지하려는 노력 뿐 아니라, 해외이전 업체들에게는 자금부담을 지워 그 자금으로 고용안정-교육훈련 기금을 조성하여 대체산업의 개발 및 노동자들의 숙련형성 프로그램들을 지원해야 한다.

고진로 전략의 네 번째 측면은 노동참여적 산업활성화 정책이다. 지금까지 진행된 국내의 산업공동화 정책들은 공통적으로 추진과정에서 노동자와 노동조합을 배제하고 있다. 반면 산업공동화 대응에 성공한 외국 사례들은 모두 주요한 이해당사자인 노동자와 노동조합이 핵심적 주체로서 참여한 가운데 추진되었다. 이 점에는 독일과 스웨덴처럼 공동결정제가 법제화되어 있는 나라들과 노동조합 참여가 제도화되어 있지 않은 미국, 일본, 브라질 같은 나라들 사이에 차이가 없다.

물론 노사정 각 주체는 각자의 관심사와 처지 속에서 구분되는 역할이 있을 것이다. 하지만 노동자야말로 생산성 혁신의 담지자이므로 노동생산성을 혁신하기 위해 단순히 물적 자본(기계류)의 증설만으로 해결하려는 시도가 성공할 수 없다는 것은 부산지역 신발산업과 대구지역 섬유산업의 사례에서 확인할 수 있다. 산업활성화의 명분 하에 노동배제적으로 추진된 시도들은 막대한 자원을 투입했음에도 불구하고 전시적 효과만을 거두려는 정치적 의도 속에서 추진 과정의 투명성 없이 적절하게 조정될 수 없었다. 결국 기술개발과 노동자 숙련형성의 성과를 내지 못함으로써 중저부가가치 제품시장에서는 중국, 인도 등 저임금 국가들에 가격경쟁력에서 뒤지고, 고부가가치 제품시장에서는 기술과 품질수준의 열위로 경쟁력을 지니지 못하게 되었다.

이러한 국내 산업 구조조정 실패 사례들은 노동참여적 대응전략의 필요성을 확인시켜주고 있다. 특히 적절한 노동자 숙련형성 프로그램의 개발 · 실행은 고진로 전략의 성공을 위한 필수적 조건인 것이다. 이를 위해 독일과 일본의 정착된 교육훈련 체계 외에도 미국의 Young Report, 위스컨신 클러스터전략, 브라질의 광역ABC 지역개발운동, 스웨덴의 UIC 등 고진로 진입을 위한 교육훈련 프로그램들로부터도 다양한 요소들을 배워올 수 있을 것이다.

마지막으로 고진로 전략에서 중요한 요소는 중소기업 중심 입지경쟁력 확보 전략이다. 중소기업은 전체 고용인구의 절대다수를 점하고 있을 뿐만 아니라 신규고용창출 효과에서 대기업을 압도하고 있다는 점에서 중소기업 활성화를 통한 산업공동화 대응전략이 필요하다. 고진로 전략의 성공으로 자본유출 추세가 역전되어 자본유입국으로 U턴한 독일의 경우에서도 입지경쟁력 확보의 핵심은 중소기업 중심의 산업활성화 정책이었다.

대기업은 규모의 경제를 추구할 수도 있고, 기술혁신을 추구할 수도 있지만, 중소기업은 규모의 경제를 추구할 수 없기 때문에 기술경쟁력을 강화함으로써만 고진로 전략에 도달할 수 있다. 우리나라에서 중소기업은 대기업의 하청관계 속에서 부당하게 질식되고 있는 반면, 중소기업이 활성화된 독일의 경우 대기업이 중소기업을 지원하고, 중소기업 영역을 침범하지 않는 등 중소기업을 육성하려는 자세를 보이고 있다. 이러한 중소기업 중심 입지경쟁력 확보전략은 기술력있는 중소기업의 성장 없이는 대기업들의 경쟁력도 장기적으로 보장되기 어렵다는 인식에 기초하고 있는 것이다. 따라서 동독지역의 지역혁신 프로그램의 경우 정부가 적극적으로 중소기업 중심의 산업활성화 정책을 추진했고 볼프

스부르크와 남동니더작센 지역 등의 지역산업 발전 프로그램들에서는 대기업들이 스스로 중소기업 경쟁력강화를 위한 기술이전, 공동연구개발, 직업훈련 사업들을 추진하였다.

정부와 대기업들을 중심으로 이러한 사고의 대전환이 이루어지지 않는 한 자원배분 양극화와 부당한 하청관계 속에서 중소기업들의 경쟁력향상은 불가능하고, 중소기업들의 경쟁력약화는 결국 대기업들의 경쟁력까지 훼손하기 때문에 제조업공동화는 제어되기 어려울 것이다. 정부와 기업은 숙련을 하나의 자산으로 간주하여야 한다. 하지만 그것은 개인이나 기업만의 자산이 아니다. 이 자산은 산업, 지역, 국가의 자산인 것이다. 숙련은 국가/사회가 투자해야 할 공공재(지식의 외부성)라는 인식이 필요하다.

반면 노동조합이 고민해야 할 요소도 있다. 노동계는 이러한 고진로 전략의 주체로서 주도적으로 리더십을 발휘해야 한다. 단순히 노사교섭의 관점에서만 접근할 것이 아니라 全體 民衆의 관점에서 접근함으로써 제조업공동화를 극복할 수 있는 새로운 전략으로서의 고진로 전략을 현실화시킬 수 있을 것이다. 만약 고진로 축적구조가 정착되지 않으면 우리나라의 민주주의는 위기에 빠지게 될 것이다. 따라서 노동운동이 민주주의의 완성이라는 사회적 과제를 극복하는데 주도권을 쥐고 갈 필요가 있다.[94]

94 이 절의 서술은 필자가 공동연구원으로 참여했던 조동문 · 정명기 · 안현효 편저(2005)에 크게 의존하고 있다.

4절 풀뿌리 민주주의와 리더십

지금까지의 논의에서 제외된 문제는 누가 할 것인가의 문제다. 앞에서 검토한 사회민주주의 정책들은 시민민주주의라는 이름으로 그 정치적 권력기구를 논한다. 하지만 우리나라에서 도대체 시민이란 누구를 지칭하는 것일까? 혹시 지금까지 우리나라 민주주의를 지탱하고 발전시켜왔던 참여하는 대중을 일컫는 말인가? 이러한 정치적 대중이 역사적으로 큰 역할을 한 것은 사실이다. 만약 직접민주주의를 실천하는 대중이 없었다면 우리 사회의 정치적 발전은 없었을 것이다. 하지만 한편으로 그러한 대중은 정세적으로만 구성되었고 보통은 일상생활 속에서 존재한다. 우리 사회에서 시민민주주의를 실현할 것으로 간주된 주체가 존재하지 않다.

역사적으로 존재한 것은 대중조직들이다. 민주노총, 전교조 등이 그러한 사례라 할 수 있다. 정치적 민주주의, 즉 자유민주주의가 확보된 이후에는 정당조직을 포함한 정치 · 사회 · 시민 조직 등이 그러한 예에 추가된다. 비조직 대중보다 조직 대중이 강력한 정치적 파워를 지닌다는 것은 역사에서 이미 검증되었다. 월러스틴이 이미 언급했듯이 근대 체제 등장 이후 사회운동은 이전의 일규적 폭동과 구분되는 요소를 가지고 있는데 그것이 바로 자본주의의 관료제를 모방한 상설 조직이라는 점이다. 조직 대중은 바로 이러한 상설적인 직접 민주주의 기구인 것이다. 따라서 노동조합의 역할은 비록 노동조합의 조직율이 떨어진 오늘날의 시점에서도 결코 줄어들지 않았다.

문제는 이러한 대중 조직들의 이념과 관심사, 즉 이해관계가 모두 정렬되어 있지 않다는 점이다. 2008년도 노벨경제학상 수상자이며 미국의 강성 민주당원인 크루그만은 자신의 저서 『진보주의자의 양심(The Conscience of a Liberal)』(국내에서는 『미래를 말하다』로 번역됨)에서 진보주의가 보수적으로 행동하는 역설적 상태를 설명하고 있다. 크루그만은 이것이 21세기 미국의 모순(Krugman, 2007, 333쪽)이라고 한다.

> "기묘한 시간의 연금술은 어떻게 된 일인지 미국의 민주당을 아주 보수적인 당으로 바꿔놓았다. 민주당은 가장 좋은 것을 보존하고 그 기반 위에 견고하고 안정된 제도를 구축하는 데 전력을 다한다. 반대로 공화당은 급진적으로 행동한다. 무모하고 심술궂은 이들의 집합같은 공화당은 미국 사회에 견고하게 자리잡은 제도들을 폐지하는데 열심이다."(Krugman, 2007, 334에서 재인용)

이것 역시 우리나라와 관련하여 시사점이 있을 것 같다. 예를 들어 보면 국민들의 관심이 집중되어 온 민생 경제, 즉 부동산 정책, 교육 정책, 복지 정책에서 한국의 진보세력은 기존 체제를 유지하고자 하는 보수적 행태를 보여왔고, 보수주의자들이 현 체제를 개혁하자는 급진적 태도를 보여주고 있는데 현 상태에 불만이 많은 대중에게는 변화를 요구하는 보수주의자의 견해가 먹히는 추세를 보여왔기 때문이다. 그러나 크루그만에 의하면 진보주의는 복지국가만을 추구하는 것이 아니라 민주주의와 법치도 추구한다는 것이다. 또 그래야 성공한다. 크루그만은 클린턴의 실패를 진보주의의 힘과 진보주의 운동을 추동하지 못한 것에서 찾는다. 따라서 이러한 논리가 오바마에 주는 교훈은 오바마 역시 지난 30년간 손상된 뉴딜적 개혁을 다시 복구하는 진보주의 운동에 힘을 싣고 키워야 한다는 점이다.

한국의 진보세력은 큰 기로에 놓여 있다. 과거의 투쟁 경력은 민중으로부터 전혀 평가받지 못하고 있다. 크루그만의 이 책이 '왜 강남은 계급투표를 하고 있는데 강북은 계급투표를 하지 않는가', '혹시 전교조와 평준화라는 교육 정책의 고수는 보수주의적인 주장은 아닐까? 우리는 아마도 경쟁의 도입이라는 개혁 요구를 일부라도 수용해야 하는 것은 아닐까?'라고 묻는 한국의 진보진영에 대해 어떤 답을 주고 있는가?

미국과 한국의 사회 발전의 차이, 역사적 배경의 차이 등을 무시한 상태에서 가설적 대답을 해보기로 하자. 첫째, 진보진영의 보수주의에는 일정한 합리성이 있다. 왜냐하면 유지하고자 하는 체제보다 도입하려는 체제가 더 열악한 것이기 때문이다. 둘째, 중산층과 서민 즉 민중에 대한 직접적인 밀착과 이해가 더 필요하다. 언론, 이론과 자금의 장벽에 가로막혀 있다고 한탄하기 전에 진보주의적 신념이라는 철학으로 굳세게 밀고 나가면서 연합하여야 진보세력이 원하는 진보주의적 정책을 실현시킬 수 있을 것이라고 크루그만이 말하고 있는 것만 같다(Krugman,

2007, 338쪽).

진보 진영이 직면한 문제의 일차적 원인은 올바른 정강정책을 발견하지 못한 것에 있다. 즉 프롤로그에서 말한 대로 아는 것이 어렵다. 그러나 알아가는 과정이 먼저 찾아지지 않으면 답은 찾을 수 없다. 즉 누가 어떻게 답을 찾아가느냐는 문제가 있다. 우리가 찾아야 한다. 그것은 당연한 말이다. 하지만 여기서 우리가 누구인가? 나 개인인가? 가계인가? 계급인가? 대한민국 국민인가? 이 문제가 규명되지 않는 한 올바른 정강정책의 문제가 풀리지 않을 것으로 보인다. 집단은 그 주체(집단)의 이익을 추구하지 않을 수 없다. 집단의 이익을 추구하면서도 그것이 국민적 이익과 가장 가까운 주체, 그 주체가 필요할 것이다.

만약 정강정책을 주장하는 정당, 계급, 세력이 자신의 집단 이기주의만을 고려한다면 정치적 지도계급, 지도정당(여당)이 될 수 없다. 대한민국에서 지배정당이 되기 위해서는 대한민국의 국가적 과제를 해결할 수 있다는 점을 보여주지 않으면 안된다. 그러면 자신의 계급적, 집단적 이해관계는 어디에 배치해야 하는가? 그것은 정강정책의 맨 위에 나오는 것이 아니라 맨 아래에 나오는 것이다. 유기적 지식인은 어떤 계급, 어떤 정당이 '다행스럽게도' 자신의 계급적 이해와 국민적 이해가 일치하는지를 유심히 살펴보고 판단해야 한다. 그것이 역사의 올바른 길이기 때문이다.

하지만 우리는 여전히 이런 전제 하에서도 한국경제의 국민적 과제가 무엇인지, 어떻게 해야 해결할 수 있는지를 모른다고 해보자. 어떤 세부 사항에서는 논란이 있을 수 있으니 말이다. 이 점에 대해서는 정상호(2008)의 글이 도움이 된다. 정상호는 진보진영의 딜레마라고 부를 수 있는 이 문제를 돌파하기 위해서는 첫째, 세대 대 세대 전략에서 계층 대 계층 전략으로 정면 돌파해야 한다. 둘째, 교원평가제, 일자리 나누기 등과 같이 전교조와 민주노총의 상층부와 대중 간의 이견을 오히려 민주주의의 확산과정으로 활용해야 한다. 셋째, 정치적 연합과 연대를 통해 지역적, 대중적 기반을 회복해야 한다라는 세 가지 지점을 이야기 하고 있다(정상호, 2008, 183쪽). 특히 흥미로운 것은 두 번째 제안에서 대중조직의 자기 이익에 반할 수 있는 정책을 '사회협약'을 통해 사회적 협의과정에서 흡수해야 한다는 부분이다. 이는 사회협약이 보수와 진보 간에만 이루어지는 것이 아니라 진보 내부에서도 이루어질 수 있다는 발상의 전환으로 매우 중요한 생각이라고 보인다.

1989년 현실 사회주의 붕괴가 '역사의 종언'이 아님은 2008년 미국 금융위기가 보여주었다. 이미 실패한 모델로 판명된 국가주의적 케인즈주의로 가는 것도 궁극적 대안이 아니다. 필자가 볼 때 1989년의 사회주의 몰락과 2008년의 미국 금융위기는 다수의 진보가 서로 공존하는 질서를 찾는 것이 우선이라는 교훈을 준 것 같다. 다르면서도 같이 갈 수 있는 방법을 찾는 것, 그것이 앞으로 먼저 해결되어야 할 과제다.

원칙적으로 말하면 결국 이 사회가 해결해야 할 과제를 제시하고 해결하는 정치세력이 헤게모니를 쥐게 될 것이다. 그것이 좌파냐 우파냐 하는 것이 여기서는 중요하지 않다. 그러나 필자가 중요하다고 생각하는 것은, 우리가 해결해야 한다고 여기서 말한 여러 가지 사회의 과제들을 말하고 떠드는 것만으로는 충분하지 않다는 점이다. 누가 어떻게 해야 하며 어디까지 할 수 있는가라는 문제까지 같이 고민해야 한다. 그래서 필자는 한국경제에는 단순한 경제학이 아니라 정치경제학이 필요하다고 보는 것이다.

나는 마키아벨리가 『군주론』에서 이탈리아의 국민적 과제를 해결할 군주를 갈망하며 로렌조 데 메디치에게 보내는 문구로 이 책을 마무리할까 한다. 여기서 마키아벨리는 지도자인 군주만이 꼭 이루어야 할 무엇이 있음을 지적하고 있다.

> "실로 이제 전하께서는 놓칠 수 없는 좋은 기회를 맞이하고 있으며, 좋은 기회를 맞이했을 때, 전하의 가문이 제가 모범으로서 제시한 위인들의 방식을 따르기만 한다면, 커다란 위험이란 있을 수 없을 것입니다. 게다가 전례가 없는 사건들, 신이 전하에게 보내는 영험한 징조들이 나타나고 있습니다. 즉 바다는 갈라지고, 구름이 길을 지시하며, 물이 바위에서 솟아나오고, 하늘에서 만나(manna)가 내리는 등 모든 것이 전하께서 성취할 미래의 위대함을 예시하고 있습니다. 그러나 신은 우리 몫의 자유의지와 영광을 박탈하지 않기 위해서(!) 모든 것을 스스로 다하기를 원하지 않기 때문에, 전하 역시 **자기 몫의 역할**을 해야 합니다."(마키아벨리, 1513, 『군주론』, 제26장 야만족의 지배로부터 이탈리아의 해방을 위한 호소, 170쪽-강조는 인용자).

•참고문헌

가라타니 고진(柄谷行人)(2001). 『트랜스크리틱-칸트에서 마르크스로』, 송태욱 역(2005), 한길사.

가라타니 고진(柄谷行人)(2006). 『세계공화국으로』, 조영일 역(2007), 도서출판비.

강두용(2004). "제조업공동화지수와 업종별 공동화 추이 및 대일 비교", 산업연구원, Issue Paper, No. 2004-163.

강문구(1992). "민주적 변혁운동 지반의 심화, 확장을 위하여", 『경제와 사회』 겨울호, 유팔무 · 김호기 편(1995). 『시민사회와 시민운동』, 한울.

강옥초(1997). "초기 그람시의 사상과 이탈리아 남부주의", 『서양사론』 제55호.

강옥초(1998). "왜 한국에서 아직도 그람시인가", 『역사비평』 제45호.

강옥초(2002). "그람시의 남부주의와 1926년 논고", 『서양사론』 제73호.

고영호 · 노광택 · 백두주 · 이상호 · 황선웅(2005). 『중소기업의 구조적 문제와 지역산업의 실태』, 진보정치연구소.

구춘권(2008). "21세기 초반 미국과 세계: 위기에 빠진 미국의 세기", 『시민과 세계』 제14호.

권김현영(2007). "민족주의 이념논쟁과 후기 식민 남성성: 해방전후사의 인식과 재인식을 둘러싼 논쟁을 중심으로", 『문화과학』 문화/과학 2007년 봄호, 문화과학사

김견(1994). "1980년대 한국의 기술개발능력발전과정에 관한 연구", 서울대 박사학위 논문.

김경근(1996). “세계체제인가 국내체제인가: 프랑스 절대주의를 위한 변명”, 한국서양사학회 편(1996). 『근대세계체제론의 역사적 이해』, 까치.

김두한(2009). “자본의 세계적 축적”, 서울대 박사학위 논문.

김보현(2006). 『박정희 정권기의 경제개발』, 갈무리.

김상조(1993). “설비자금의 동원 및 배분체계에 관한 연구”, 서울대 박사학위 논문.

김상조 · 유종일 · 홍종학 · 곽정수(2007). 『한국경제 새판짜기』, 미들하우스.

김성국(1991). “안토니오 그람시의 헤게모니 이론”, 『사회비평』 제4집, 유팔무 · 김호기 편(1995). 『시민사회와 시민운동』, 한울.

김성호 외(1989). 『농지개혁사 연구』, 한국농촌경제연구원.

김세균(1992a). “시민사회론의 이데올로기적 함의 비판”. 『이론』 제2호, 유팔무 · 김호기 편(1995) 『시민사회와 시민운동』, 한울.

김세균(1992b). “제3인터내셔날 운동과 마르크스주의”, 『이론』 제3호.

김수행(2006). 『자본주의 경제의 위기와 공황』, 서울대출판부.

김수행(2008). 『자본론으로 한국경제를 말하다』, 시대의 창.

김수행 · 조복현(1999). “한국의 경제공황과 아시아 모델”, 『사회경제평론』 제13호, 한국사회경제학회.

김응종(1996). “브로델의 지리적 역사: 장기지속과 변화”, 한국서양사학회 편(1996). 『근대세계체제론의 역사적 이해』, 까치.

김응종(2008). 『서양사 개념어 사전』, 살림.

김재희(1994). 『신과학산책』, 김영사.

김택현(2000). “식민지 근대사의 새로운 인식: 서발턴의 시각”, 『당대비평』 2000년 겨울호.

김호기 외(2001). 『현대 비판사회이론의 흐름』, 한울.

김호기(1993). "그람시적 시민사회론과 비판이론의 시민사회론", 『경제와 사회』 가을호, 유팔무 · 김호기 편(1995). 『시민사회와 시민운동』, 한울.
나인호(2008). "'역사'의 역사", 『역사교육논총』 41호.
남경태(2006). 『개념어 사전』, 들녘.
남기곤 외(2007). "제조업공동화를 둘러싼 논의와 기존의 정책: 대기업과 중소기업간 양극화 문제를 중심으로", 『산업노동연구』.
류동민(2001). "민족경제론의 형성과정", 한국사회경제학회 학술대회 발표문.
류동민(2006). "민주화운동의 경제적 대안으로서의 민족경제론", SIES 워킹페이퍼시리즈(2006. 12), No. 212.
민주노동당(2007). 『사회국가 한국사회 재설계도』, 후마니타스
박동철(1992). "5 · 16정권과 1960년대 자본축적과정", 『한국자본주의 분석』, 일빛.
박동철(1993). "한국에서 '국가주도적' 자본주의 발전방식의 형성과정", 서울대 박사학위 논문.
박순성 · 김균(2001). "정치경제학자 박현채와 민족경제론: 한국경제학사의 관점에서", 『동향과 전망』 48호, 박영률출판사.
박영호(1995). "역사적 맥락에서 본 민족경제론", 『민족경제론과 한국경제』, 창작과 비평사.
박현채(1978a). 『민족경제론』, 한길사.
박현채(1978b). 『민중과 경제』, 정우사.
박현채(1982). 『한국경제의 구조와 논리』, 풀빛.
박현채(1985a). "해방 후 정치 · 사회 운동을 보는 시각", 『해방전후사의 인식』 3, 한길사.
박현채(1985b). "한국사회의 성격과 발전단계에 관한 연구(Ⅰ)", 『창작과 비평』

57호, 박현채 · 조희연 편(1989). “한국 사회구성체 논쟁(I)”, 죽산.
박현채(1985c). “남북분단의 민족경제사적 위치”, 『해방전후사의 인식』 2, 한길사.
박현채(1986). 『한국경제구조론』, 일월서각.
박현채(1988). “민족경제와 민중운동”, 박현채 · 조희연 편(1989). 『한국 사회구성체 논쟁(I)』, 죽산.
박현채(1989). 『민족경제론의 기초이론』, 돌베개.
박현채 · 조희연 편(1989). 『한국사회구성체 논쟁(I)』, 죽산.
박형준(1992). “시민사회론의 복원과 비판적 재구성”, 『마르크스주의 위기와 포스트마르크스주의』 2, 의암출판.
배규식 외(2006). “중소제조업의 고용관계”, 노동연구원.
배성준(2000). “식민지근대화 논쟁의 한계지점에 서서”, 『당대비평』 2000년 겨울호.
서영경 · 이한녕(2002). “해외직접투자의 경제적 효과 분석”, 한국은행, 『조사통계월보』.
서중석(2007). 『이승만과 제1공화국』, 역사비평사.
시오자와 요시노리(1997). “복잡계경제학입문”, 임채성 외 역. 『왜 복잡계경제학인가』, 푸른길.
신관호 · 주원(2002). “소득불확실성이 부의 축적과 소비에 미치는 효과”, 『경제분석』 제8권 1호.
신상훈(2005). “고용없는 성장: 거시동학적 가설”, 『사회경제평론』 제25호.
신용옥(1998). “박현채의 민족경제론과 중진자본주의론”, 『역사비평』 43호.
신형기(2000). “민족이야기를 넘어서서”, 『당대비평』 2000년 겨울호.
안병직(2002). “한국현대사의 진보와 보수”, 『월간조선』 2002년 5월호.
안병직 편(2001). 『한국경제성장사』, 서울대학교 출판부.

안현효 · 황선웅 · 남기곤(2005). “제조업 공동화를 둘러싼 논의와 정책대안”, 『산업노동연구』 제11권 제2호.

양우진(1994). “현대 한국자본주의 발전 과정 연구: 국가자본주의 국면의 형성과 해체의 관점에서”, 서울대학교 경제학과 박사학위 논문.

양우진(1996). “한국경제론의 대상과 방법에 관한 소고”, 『사회경제평론』 9호.

양우진 · 홍장표(1991). 『한국자본주의 분석』, 일빛.

오정일 외(2005). “선진국의 제조업공동화 대응 사례 연구”, 산업연구원.

우석훈(2008). 『괴물』, 개마고원.

유인호(1985). “해방 후 농지개혁의 전개과정과 성격”, 『해방전후사의 인식』, 한길사.

유철규(2005). “양극화 현상에 대한 진단과 전망”, 『한국경제: 세계화, 구조조정, 양극화를 넘어』, 서울사회경제연구소 엮음, 『사사경연구총서』 16, 한울.

유팔무(1991). “그람시 시민사회론의 이해와 한국적 수용의 문제”, 『경제와 사회』 겨울호, 유팔무 · 김호기 편(1995). 『시민사회와 시민운동』, 한울.

유팔무 · 김호기 편(1995). 『시민사회와 시민운동』 한울.

윤소영(1988). “80년대 한국경제학계의 연구동향과 신식민지 국가독점자본주의론.” 박현채 · 조희연 편(1989). 『한국사회구성체 논쟁(I)』, 죽산.

윤소영(1994). “PD의 진실”, 윤소영(2004). 『역사적 마르크스주의』, 공감.

윤소영(2006). 『일반화된 마르크스주의 개론』, 공감.

윤진호(2005). “소득양극화의 원인과 정책대응 방향”, 『한국경제: 세계화, 구조조정, 양극화를 넘어』, 서울사회경제연구소 엮음, 『사사경연구총서』 16, 한울.

윤해동(2000). “식민지 인식의 ‘회색지대’: 일제하의 공공성과 규율권력”, 『당대비평』 2000년 겨울호.

윤해동(2003). 『식민지의 회색지대』, 역사비평사.

윤해동 외(2007). 『근대를 다시 읽는다』, 1 · 2권, 역사비평사.

이광일(1998). "박정희 정권에 관한 연구현황과 과제", 『역사와 현실』 제29권.

이근식(2005). 『자유와 상생』, 에크리.

이대근(1985). "한국 자본주의의 성격에 관하여: 국가독점자본주의론에 부쳐", 『창작과 비평사』 1호, 박현채 · 조희연 편(1989). "한국 사회구성체 논쟁(I)", 죽산.

이덕재(2004). "외환위기 전후 축적구조변화에 관한 시론적 분석", 『사회경제평론』 23호, 121-157.

이덕재(2007). "경제위기 10년의 한국경제와 이른바 2007년 체제", 『노동사회』.

이민철(1986). "국가독점자본주의론과 민족경제론", 『녹두서평 I 』, 녹두.

이병천(1988). "신식민지 국가독점자본주의의 이론구조", 『사회와 사상』 2호, 한길사. 박현채 · 조희연 편(1989). 『한국 사회구성체 논쟁(I)』, 죽산.

이병천(1991). "마르크스 역사관의 재검토", 『사회경제평론』 제4호.

이병천(1994). "그람시, 마르크스주의, 포스트 마르크스주의", 『사회경제평론』 제7호.

이병천(1999). "한국의 경제위기와 IMF 체제: 종속적 신자유주의의 모험", 『사회경제평론』 13호.

이병천(2001). "다시 민족경제론을 생각한다: 국민경제와 민주주의의 정치경제학", 『동향과 전망』 2001년 봄호, 48호.

이병천(2005a). "전환시대의 한국자본주의론: 61년 체제와 87년 체제의 시험대", 『역사비평』 여름호, 통권 71호.

이병천(2005b). "자유화, 양극화 시대와 무책임 자본주의", 『아세아연구』 121호.

이병천 엮음(2007). 『세계화 시대 한국 자본주의: 진단과 대안』, 한울.

이병천 · 박형준 편역(1992). 『마르크스주의 위기와 포스트마르크스주의』, 의암출판.
이영훈 · 박리향 편(2006). 『해방전후사의 재인식』 1-2, 책세상.
이일영(2002). “개방화 속의 국민경제 · 민족경제 · 지역경제”, 『창작과 비평』 2002년 봄호.
이일영 외 (2006). 『한반도경제론』, 창비.
이해영(1992). “그람시의 시민사회 개념”, 『이론』 제3호.
이해영(1997). “포스트모더니즘 시대에 보는 그람시의 역사주의”, 『역사비평』 제36호.
이해영(1998). “안토니오 그람시: 거절당한 혁명과 혁명의 미래”, 『동향과 전망』 98년 봄호 (통권 제 37호), 241-258.
임대식(2006). “역사문제연구소 창립 20주년을 맞으며: ‘해방전후사의 재인식’을 펼쳐본 간단한 소회”, 『역사비평』 2006년 봄호(통권 74호), 10-18.
임영일 편역(1985). 『국가, 계급, 헤게모니』, 풀빛.
임지현(1999). 『민족주의는 반역이다』, 소나무.
임지현 · 이성시 편(2004). 『국사의 신화를 넘어서』, 후마니스트.
장상환(2001a). “박현채 경제학의 재평가”, 한국사회경제학회 발표문.
장상환(2001b). “마르크스주의자 박현채를 말한다: 박현채 민족경제론에 대한 최근의 주장들과 그 비판”, 『이론과 실천』 2001년 8월호.
장은주(2007). 『생존에서 존엄으로』, 나남.
전명혁(2006). “1987년 시기 비합법 정치조직의 형성과 이념적 분화”, 『마르크스주의 연구』 2006년 제3권 1호.
전병유 외(2005). “고용없는 성장에 대한 대응전략 연구”, 한국노동연구원.
전철환(1995). “민족경제론의 구조와 의의”, 『민족경제론과 한국경제』, 창작과 비평사.

정건화(1989). "식민지 종속형 자본주의 발전과 '민족경제론'". 박현채 · 조희연 편. 『한국사회구성체논쟁(Ⅰ)』, 죽산.

정건화(2003). "민족경제론의 재검토". 유철규 편(2003). 『한국자본주의의 발전모델의 역사와 위기』. 함께읽는책.

정건화(2006). "외국자본지배론에 대한 비판적 검토," 『동향과 전망』, 66

정상호(2008). "패배한 서울시 교육감 선거에서 희망의 '길'을 찾다", 『시민과 세계』 14호.

정성진(1987). "80년대 한국 사회구성체 논쟁과 주변부자본주의론". 『한국사회연구』 제5집. 박현채 · 조희연 편. 『한국사회구성체논쟁(Ⅰ)』, 죽산.

정성진(2004). "1997년 이후 한국자본주의의 변화", 『경제와 사회』, 64

정성진(2006). 『마르크스와 트로츠키』, 한울.

정성진(2007). "87년 이후 마르크스주의 경제학의 흐름". 한국사회경제학회 20주년 기념 학술대회.

정태인(1995). "글로벌리제이션과 국민경제". 박현채선생회갑기념논문집 『민족경제론과 한국경제』, 창작과 비평사.

정태인(1999). "글로벌시대의 민족경제론 서설". 『동향과 전망』, 녹두.

조돈문 외(2005). 『산업공동화와 노동의 대응방향』, 민주노총 정책연구원 총서, 전국민주노동조합총연맹.

조석곤(2001). "20세기 한국토지제도의 변화와 경자유전 이데올로기", 경제사학회 월례발표문.

조석곤(2001). "민족경제론 형성의 사회경제적 배경과 그 이론화 과정". 『동향과 전망』 48호, 박영률출판사.

조석곤(2002). "민족경제론과 '국민형성'의 과제". 『동향과 전망』, 55호, 박영률출판사.
주경철(1996). "브로델의 상층구조", 한국서양사학회편, 『근대세계체제론의 역사적 이해』, 까치.
진중권(2002). 『폭력과 상스러움』, 푸른숲.
최병두(2007). "발전주의에서 신자유주의로의 이행과 공간정책의 변화", 『한국지역지리학회지』, 제13권 1호 (통권 41호).
최원식(2006). "다시 찾아온 토론의 시대", 『창작과 비평』 여름호, 창비사.
최장집(1984). "그람시의 헤게모니 개념", 『한국정치학회보』.
최장집(1989). 『한국 현대 정치의 구조와 변화』, 까치.
최장집(1990). 『민중민주주의의 구상』, 한울.
최장집(1993). 『한국민주주의의 이론』, 한길사.
최장집(2007). 『민주화 이후의 민주주의』, 후마니타스.
최장집 · 정해구(1989). "해방전후사의 총체적 인식", 『해방전후사의 인식』 4, 한길사.
타키자와 히데키(1985). 『현대한국민족주의론』, 김용관 역. 미래사.
타키자와 히데키(1995). "한 일본인이 본 민족경제론", 박현채선생회갑기념논문집 『민족경제론과 한국경제』, 창작과 비평사.
하병기(2005). "제조업 공동화론의 논의 내용 및 평가", 산업연구원, Issue Paper 2005-183.
하정일(2007). "『해방전후사의 재인식』의 민족과 민족주의 " 『창작과비평』 2007년 봄호(통권 135호), 창비사.
홍장표(1993), 『한국에서의 하청계열화에 관한 연구』, 서울대 박사학위 논문
홍장표(2007), "세계화, 양극화 속의 한국경제", 미발표논문.

Aglietta, M.(1995). Macroeconomie financiere, La Decouverte, 전창환 역 (1998). 『금융제도와 거시경제』, 문원.

Althusser, L.(1965). For Marx. 고길환 외 옮김(1990). 『마르크스를 위하여』, 백의.

Althusser, L.(1966). Reading Capital. 김진엽 옮김(1991). 『자본론을 읽자』, 두레.

Althusser, L.(1970). "이데올로기와 이데올로기적 국가장치". 김동수 옮김 (1991). 『아미엥에서의 주장』, 솔.

Amsden, A.(1989). Asia's Next Giant: South Korea and Late Industrialization. Oxford University Press.

Anderson, B.(1991). Imagined Communities, Verso. 윤형숙 역(1992). 『상상의 공동체』, 나남출판.

Anderson, P.(1976). Considerations on Western Marxism, London. NLB.

Anderson, P.(1977). "Antinomies of Antonio Gramsci", New Left Review. No.100.

Arrighi, G. T., K. Hopkins & I. Wallerstein(1989). Antisystemic Movement, 송철순 외 역(1994). 『반체제운동』, 창작과 비평사.

Bailey, K. D.(1996). 이용필 역, 『사회엔트로피이론』, 신유.

Balassa, B.(1988). "The Lessons of East Asian Development: An Overview," Economic Development and Cultural Change, 36.

Balibar, E. & E. Wallerstein(1991). Race, Nation, Class: Ambiguous Identities. Verso.

Balibar, E.(1997). La crainte des masses: Politique et philosophie avant et apres Marx, 최원 · 서관모 역(2007). 『대중의 공포』, 도서출판비.

Bellamy, R. & D. Schecter(1993). Gramsci and the Italian State. Manchester University Press. 윤민재 옮김(1996). 『그람시와 민족국가』, 사회문화연구소.

Cox, R.(1995). “Critical Political Economy” in International Political Economy: Understanding Global Disorder, 홍기빈 역(2005). 『다수문명에 대한 사유』, 책세상.

Duggan, C.(1994). A Concise History of Italy. Cambridge University Press. 김정하 옮김(2001). 『이탈리아사』, 개마고원.

Fiori, G.(1966). Vita di Antonio Gramsci. 김종법 옮김(2004). 『안또니오 그람쉬』, 이매진.

Gellner, E. (1964). “근대화와 민족주의”, 백낙청 편(1981). 『민족주의란 무엇인가』, 창작과 비평사.

Georgescu-Roegen, N.(1976). “Energy and Economic Myths”, in Boulding, K.(1992). Toward a new economics. Edward Elgar.

Gramsci, A.(1971). Selections from the Prison Notebooks. Hoare, Q & G. N. Smith(tr.). NewYork. 이상훈 옮김(1986, 1993). 『옥중수고』 1, 2권. 거름.

Gramsci, A.(1994). Pre-Prison Writings. Bellamy, R(eds.). 김현우 · 장석준 옮김(2004). 『옥중수고 이전』, 갈무리.

Harvey, D.(2003). The New Imperialism, 최병두 역(2005). 『신제국주의』, 한울.

Heilbroner, R. L.(1953). The Worldly Philosophers, 장상환 역(2008). 『세속의 철학자들』, 이마고.

Hopkins, T. K. & I. Wallerstein, ed.(1996). The Age of Transition: trajectory of the world-system, 1945~2025, 백승욱 · 김영아 역(1999). 『이행의 시대』, 창작과비평사.

Jantsch, E.(1980). The Self-Organizing Universe, Pagamon press, 홍동선 역(1989). 『자기조직하는 우주』, 범양사.

Joll, J.(1977). Antonio Gramsci. Penguin Books. 이종은 옮김(1984). 『그람시-그 비판적 연구』. 까치사.

Kolakowski, N.(1978). Main Currents of Marxism. Claredon Press. Vol III.

Krugman, P.(2007). The Conscience of a Liberal, 예상한 외 역(2008). 『미래를 말하다』, 현대경제연구원.

Laclau, E & C. Mouffe.(1985). Hegemony & Socialist Strategy. Verso. 김성기 외 옮김(1990). 『사회변혁과 헤게모니』, 터.

Maddison. A.(2001), The world Economy: A Millennial Perspective, OECD

Marchiavelli, N.(1513). Il Principe, 강정인 외 역(2008). 『군주론』, 까치.

Martin, W. G.(1994). "The World-Systems Perspectives in Perspective", Review, 1994 Spring, 권현정 외 역(1998). 『발전주의 비판에서 신자유주의 비판으로』, 공감.

Marx, K.(1859). Preface for the Critique of Political Economy, 김호균 역(1988). 『정치경제학 비판을 위하여』, 중원문화.

Marx, K.(1876). Das Kapital, 김수행 역(1989). 『자본론』, 비봉출판사.

Mouffe, C(ed.)(1979). Gramsci and Marxist Theory. 장상철 외 옮김(1992). 『그람시와 마르크스주의 이론』, 녹두.

Mouffe, C. & A. S. Sassoon.(1977). "Gramsci in France and Italy." Economy and Society Vol.6, No.1. 김현우 외 옮김(1984). 『안토니오 그람시의 단층들』, 갈무리.

New Mexico Voices for Children(2004). The Path to a High Road Economy: Investing to People, Creating Opportunity, (www.nmvoices.org).

Peck, J. & Tickell, A.(2002). "Neoliberalizing space", in Brenner, N. & Theodore, N. (eds), Spaces of Neoliberalism: Urban Restructuring in North American and Western Europe, Blackwell, Oxford.

Polanyi K.(1944). Great Transformation, Boston: Beacon Press.

Prigogine, I.(1997). The End of Certainty: Time, Chaos and the Laws of Nature, Free Press, 이덕환 역(1997). 『확실성의 종말: 시간, 카오스 그리고 자연 법칙』, 사이언스북스.

Prigogine, I. and I. Stengers(1979). Order out of Chaos, New York: Bantam Books, 신국조 역(1993), 『혼동으로부터의 질서』, 고려원미디어.

Reynolds, David B.(2002). Taking the High Road: Communities Organize for Economic Change, M.E. Sharpe.

Sanbonmatsu, J.(2004). The Postmodern Prince, Monthly Review, 신기섭 역(2005). 『탈현대군주론』, 갈무리.

Sassoon, A. S.(1982). Approaches to Gramsci. London. 최우길 옮김(1984). 『그람시와 혁명전략』, 녹두신서.

Shaiken(2004). The High Road to a Competitive Economy: A Labor Law Strategy, Center for American Progress, (www.americanprogress.org)

Talbott, J. R.(2008). Obamanomics, 송택순 역(2008). 『오바마 노믹스』, 위즈덤하우스.

UNCTAD(2007). World Investment Report 2007.

Wade, R.(1990). Governing the Market, Princeton. Princeton University Press

Wade, R.(1998). "The Asian crisis: the high debt model versus the Wall

Street-Treasury-IMF complex", New Left Review, 228.

Wallerstein, I.(1991a). Historical Capitalism, 나종일 · 백영경 역(1993). 『역사적 자본주의/자본주의 문명』, 창작과 비평사.

Wallerstein, I.(1991b). Unthinking Social Science, 성백용 역(1994). 『사회과학으로부터의 탈피』, 창작과 비평사.

Wallerstein, I.(1996). After Liberalism, 강문구 역(1996). 『자유주의이후』, 당대.

Wallerstein, I.(2004). World-Systems Analysis: An Introduction, 이광근 역(2005). 『월러스틴의 세계체제 분석』, 당대.

World Bank(1993). The East Asian Miracle: Economic Growth and Public Policy, World Bank Policy Research Unit. Oxford University Press.

•부 록 - 저자가 쓴 간략 개념어 사전

경고: 이 책의 초고를 읽어본 동료들은 이 책에 매우 많은 개념어가 들어있어 독서를 어렵게 할 것이라고 우려했다. 그리하여 기 출판된 『개념어 사전』들을 모방하여 이 책의 개념어들을 정리하였다. 통상적 이해를 소개하기도 했으나, 필자의 자유로운 해설을 붙여 마무리를 하였기 때문에 주관적인 평가가 있을 수도 있다.

•정치경제학: 자유주의 경제사상의 창시자, 경제학의 아버지인 아담 스미스 이래 20세기의 (순수)경제학으로 대체되기 전까지 경제학에 붙여진 이름. 데이비드 리카도의 『정치경제학과 조세의 원리 Principles of Political Economy and Taxation』(1817), 존 스튜어트 밀의 『정치경제학의 원리 Principles of Political Economy』(1848)을 포함하는 이 시기의 저작들은 가치와 분배에 대해 보다 많은 관심을 기울였다. 고전파 경제학이 정치경제학이라고 불린 것은 당시 경제학이 규명해야 하는 중요한 과제가 생산 뿐 아니라 생산 후 발생하는 계급간 소득의 분배였기 때문이다. 따라서 경제학은 정치적 문제이기도 했다. 마르크스는 이러한 경제학을 비판하여 마르크스주의를 구축하였기 때문에 주저 『자본론』의 부제를 "정치경제학 비판"이라 이름 붙였다.

•이메진: BBC가 최근 설문조사한 결과 존 레논의 '이메진(imagine)'이 영국인들이 가장 사랑하는 곡으로 꼽혔다. DVD "존 레논의 이메진"은 존 레논이

아내 요코와 동료들과 함께 자신의 저택에서 '이메진'을 작곡하고 있는 장면에서 시작한다. '이메진'이라는 불후의 명곡이 탄생하는 순간을 영화의 시작으로 선택한 것. 하지만 곧 과거로 돌아간다. 비틀즈가 영국에서 결성되어 큰 인기를 얻고 미국에 진출하는 과정부터, 아니 어려서 엄마와 떨어져 살았던 아주 오랜 과거부터 그의 일생을 다시금 되돌아 보려는 것이다. 1960년대를 독차지했던 최고 인기 그룹 비틀즈의 리더로서 존은 음악적 성공과 명예를 얻었다. 하지만 그는 주변의 시선에 얽매이지 않고 자유분방한 삶을 선택한다. 동양인인 요코 오노와 결혼을 하고서도, 비틀즈가 해체되고서도, 존은 사랑과 평화를 노래에 담아 세상에 전파한다. 1980년 12월 8일 뉴욕의 아파트 앞에서 총에 맞아 우리 곁을 떠난 지 25년이 지난 지금, 존 레논과 그의 노래들이 DVD를 통해 부활한다. 이 전설적인 록 뮤지션의 일생을 그린 장편 다큐멘터리 "존 레논의 이메진"에는 지금까지 공개되지 않았던 존 레논의 사생활을 촬영한 장면과 첫 번째 부인 신시아, 두 번째 부인 요코 오노, 그리고 아들 줄리안과 션의 인터뷰가 수록되어 있다. 레논의 육성 나레이션이 삽입된 "존 레논의 이메진"은 레논의 사생활이 담긴 240시간 분량의 개인 필름과 비디오를 편집해 제작한 영화이다. 관람등급 15세 관람가.(세계일보, 2006. 1.6일자)

•폭력과 상스러움: 자유주의적 사회주의자 진중권의 근작. 진중권은 르네 지라르의 『폭력과 성스러움』에 빗대어 제목을 붙였다. 부제인 Ex Libris는 영어로 from books 란 뜻. 고상한 글, 세속적인 글을 막론하고 이를 읽고 코멘트함으로써 자신의 생각을 드러내고 있다. 이 책을 읽다, 밑줄 그은 부분을 인용해본다. "진짜 자유주의자라면 '자유'라는 말로 경제적 자유 이상의 것을 의미할 줄 알아야 한다. 그게 교양이다. 또 시장을 만능 '해결'로 보는 수준을 넘어 동시에 그것을 '문제'로 볼 줄도 알아야 한다. 그게 상식이다. 평등을

자유와 대립시켜놓고 '골라, 골라' 야바위를 하는 수준을 넘어 '정의'라는 이름으로 평등의 문제의식을 적극적으로 끌어안을 줄 알아야 한다. 그게 현대적 자유주의의 수준이다. 그런 교양과 상식과 수준도 갖추지 못한 주제에 여기저기에 '스스로를 자유주의'라고 부르고 다니고, 심지어 남에게 '진정한 자유주의자'라고 불러달라고까지 부탁하는 이 뻔뻔함. 그 앞에서 진짜 자유주의자는 '곤혹'스러울 수밖에."

•신자유주의: 자유방임자본주의의 결과 자본주의는 1929년 대공황을 겪고, 1,2차 세계대전을 겪는다. 이로부터 얻은 큰 교훈은 자유방임적 시장으로는 이 사회를 완전히 구원할 수 없다는 것. 따라서 케인즈적 정부개입이 시작된다. 불태환 국가화폐를 비롯한 통화정책 그리고 복지정책과 결합한 재정정책으로 1960년대까지 황금기를 구가하던 자본주의는 1970년대의 오일쇼크와 결합한 스태그플레이션으로 케인즈적 개입주의의가 위기에 처한다. 1980년대 이후 케인즈주의에 대한 반발로 등장한 새로운 자유주의 이데올로기가 신자유주의다. 이 자유주의가 신자유주의인 이유는 구자유주의가 중상주의적 간섭에서 자본의 자유를 확보하려는 논리인 반면, 신자유주의는 케인즈적 복지국가의 간섭으로부터 자본의 자유를 확보하려는 논리라는 점에 있다. 따라서 구자유주의보다 더 보수적인 이데올로기다.

•마르크스주의: 칼 마르크스의 사상에 기초한 이론, 학파, 운동을 통칭하여 이르는 말.

•니체: 니체는 근본적 비판을 수행한다. 즉 비판의 이성적 기준 자체를 비판한다. 척도라는 말은 합리주의를 전제할 수 밖에 없다. 가치 지향은 어떤 형태를

띠든지 부패하고 타락하게 된다. 따라서 가치 지향 그 자체가 비판된다. 니체는 비판의 보편적 척도 자체가 불가능하다고 보았다. 따라서 보편적 비판의 척도를 찾는 노력은 자신의 특수주의적 기원을 은폐하는 권력의지의 기만적 표현이다. 따라서 체제로부터 탈출하여 자유를 찾기 위해서는 이성적 기준을 초월하는 의지가 필요하다. 장은주(2007)에서 찾은 니체에 대한 해설.

•구조주의: 구조주의는 인간주의의 반대다. 원래 인간주의(휴머니즘)는 사고와 행동의 주체로서 개인을 발견했다는 점에서 근대의 사상이라 할 수 있다. 하지만 그러한 개인이 과연 완전히 자유로운가? 개인은 자신은 자유롭다고 생각하지만 사실은 구조적 제약 속에 갇혀 있는 것은 아닌가? 마르크스가 이미 개인은 사회 속의 역할을 수행하는 담지자에 불과하다고 설파했을 때 구조주의를 선취한 것이다. 무의식 개념을 도입한 프로이트 심리학, 기표-기의를 구분한 소쉬르의 구조주의 언어학을 거쳐, 레비스트로스의 구조주의 인류학과 더불어 알튀세르에 이르면 구조주의 마르크스주의가 등장한다.

•포스트구조주의: 구조주의의 반인간주의를 공유하면서도 탈근대주의의 흐름에 동참한 구조주의. 구조주의는 비록 구조의 불투명성을 인정했지만 구조의 존재를 긍정했다는 점에서 합리주의자로 보아야 한다.

•탈근대수의 또는 포스트모더니즘: 모더니즘 또는 근대주의는 19세기말 20세기 초 이래로 전통적 권위와 사고방식을 거부하는 지적 사조다. 이성과 과학적 관점이 현대성이라고 생각하는 상식적 정의와 반대로 역사적으로 존재한 모더니즘은 이성과 과학의 권위를 거부하고 사실주의적 예술사조에 반대하는 인상주의, 상징주의, 야수파, 입체파, 초현실주의 등을 포괄한다. 이는 20세기

중반을 지나면서 예술의 영역에서 지적 흐름으로까지 이어져서 근대 이성에 대한 체계적 공략으로 이어졌는데 이를 탈근대주의라고 부른다. 이성보다 감성, 필연성보다 우연성, 확실성 보다 불확실성을 강조한다. 이성, 의식, 확실성, 일관성, 연속성, 동질성의 개념보다 언어, 무의식, 불확실성, 모순, 단절, 차이에 초점을 맞춘다. 사회혁명과 같은 거대 담론을 부정한다. 하지만 탈근대주의의 정치적 지향이 무엇인지는 애매하다. 보다 자세한 논의는 남경태 저(2006), 『개념어 사전』의 포스트구조주의 항목을 참조하라.

•민족주의: 민족주의의 정의는 쉬운 문제가 아니다. 하나의 해석에 의하면 민족주의는 '경계와 주권을 가진 것으로 상상되는 정치공동체'(Anderson, 1991)다. 월러스틴은 민족주의와 결합한 사회주의 운동은 결과적으로 민족국가의 발전 이데올로기를 다른 방식으로 표현한 것에 불과하다고 평가한다.

•NLPDR: National Liberation and People's Democratic Revolution의 약자. 제국주의 전쟁 시기 식민지 국가에서의 민족해방운동과 사회주의가 결합한 전략 형태. 또는 20세기 말 한국에서 386세대들이 사용했던, 그러나 그 의미는 불명확했던, 혁명운동에 대한 일종의 은어.

•낭만주의: 18세기 말 ~ 19세기 초 계몽주의에 반대하여 일어난 사조. 계몽사상은 인간을 이성이라는 빛으로 중세의 암흑에서 해방시켰다. 그러나 동시에 계몽사상은 인간 삶을 물질적이고, 기계적으로 만들었다. 계몽주의의 이성에 대한 지나친 믿음에 반발하여 감정, 격정, 상상력, 영감을 강조한다. 합리주의와 이성주의의 안티테제로서의 낭만주의는 나치즘의 뿌리가 되기도 했다.

•사회구성체: 영어로 Social Formations라고 한다. 마르크스의 용어로서 사회를 유형화하여 분석하기 위해 사용한 지질학적 비유. 프랑스의 구조주의 마르크스주의인 알튀세르와 발리바르는 마르크스의 개념을 구분하여 생산양식은 보다 근본적인 계급 모순에 대한 것으로, 사회구성체는 이러한 생산양식이 포함된 구체적 역사적 사회에 대한 것으로 구분하여 사회구성체 개념을 발전시켰다. 1980년대 남한에서 진보학계와 운동권에서 벌어진 이른바 '사회구성체' 논쟁을 "사회와 사회구성체를 근본적으로 혼동한 탓에 일어난 해프닝"(남경태 저(2006), 『개념어 사전』, 192쪽)이라고 정의한 것은 부정확한 표현이다. 이것이 부정확한 해석인 이유는 본 저서의 본문에 나와있다.

•수동혁명: 수동혁명(passive revolution)이란 혁명없는 혁명이라는 뜻을 가진 그람시의 용어. 혁명은 다수를 점하는 사회 제 세력의 불만이 폭발한 것이다. 따라서 혁명 과정에는 대중의 정치적, 경제적 요구가 깔려 있다. 또한 혁명이란 단순한 대중 분규 및 폭동과 달라서 이를 유도하는 정치 세력이 있다. 이때 지배블록이 불만의 혁명화를 막기 위해 불만을 사전에 주도적으로 수용 처리함으로써 혁명이 발발하지 않도록 만드는데 이를 수동혁명이라고 부른다. 실제의 혁명이 아니라 사회관계를 재정비하지 않고 새로운 정치조직을 발전시키는 것이다. 변화가 발생하여 현재의 모순을 억제한다(Gramsci, 1971, 332~333쪽). 이는 곧 이 프로젝트가 성공하여 새로운 자본축적 조건을 갖춘다는 것을 의미하지는 않는다. 이는 하나의 전략인 바, 실패할 가능성도 얼마든지 있다. 그 가까운 사례로 우리는 김영삼 정부의 세계화 전략을 생각해볼 수 있다. 세계화 전략 역시 외부의 압력에 의한 것이라기 보다는 내재적이고 자발적이었지만, 그럼에도 불구하고 외환위기를 촉발할 정도의 통제불가능한 결과를 초래했다. 마찬가지로 한미FTA를 계기로 하는 새로운 개방 전략 역시 내재적이

고 자발적인 특성을 가지나, 그 결과가 초기의 원망과 일치한다는 보장은 전혀 없다. 따라서 전략차원의 부르주아 프로젝트는 일차적으로는 이데올로기로서 기능하지만, 구조화하는 단계까지 고양되어야 안정화된다.

•자유주의: 자유, 평등, 공동체 등 소중한 가치들 중에서 자유를 가장 소중한 가치로 여기는 이념. 개인의 자유를 강조한다는 점에서 개인주의와 긴밀하다. 경제적 차원에서는 자유 경쟁의 원리로 이어져서 경쟁의 결과로 인한 불평등을 당연하게 생각할 수 있다. 자유주의는 영국, 미국, 프랑스 혁명에서 전제주의를 무너뜨리는 혁명이념이었다. 부르주아 혁명의 성공 후 자유주의는 부르주아의 이익을 지키는 보수적 이념으로 전화. 평등을 강조한 사회주의가 이제 과거 자유주의가 수행했던 혁명 이념의 역할을 이어받았다. 자유주의는 1870년~1930년 사이에 사회적 자유주의로 진화했다. 이 설명은 김응종(2008), 『서양사개념어사전』의 자유주의 항목을 요약한 것이다. 자유주의에 대한 최고의 현대적 해석을 보려면 이근식(2005)을 참조하라.

•사회주의 · 공산주의: 사회주의자라는 용어는 1753년 '인간에게 사회성이 본능적으로 있다고 가정하는 근대 자연법 이론가'들에 의해 처음으로 사용되었다. 사회주의는 1830년에 자본주의의 사회적 원리인 자유방임주의, 개인주의에 대한 대립개념으로 사용되었다. 그러나 이때 사회주의는 자본주의 자체에 대한 반대는 아니었다. 공산주의는 재산의 공동소유라는 법률적 의미로서 사회주의보다 먼저 사용되었다. 하지만 1840년대에는 사회주의 사상에서 자본주의의 근본적 법 질서인 사유재산제를 철폐하는 운동으로서 재활성화되었다. 이상이 김응종(2008)의 해당 항목 요약이다. 김응종(2008)은 사회주의와 자본주의를 구분하는 기준을 사유재산제의 폐지 유무에 두는데 이는 현실의

사회주의 운동, 사상을 지나치게 단순화한 해석으로 주의해야 한다. 차라리 사회성, 연대의식에 대한 강조를 사회주의로 정의하는 것이 오늘날의 시점에 더 적절한 것이 아닐까?

• 역사주의: 마르크스주의 논쟁사에서 역사주의는 구조주의와 대립한다. 그것은 본문을 참조하고, 여기서는 이 개념에 대한 다른 규정도 들어보자. 칼 포퍼(K. Popper)는 역사주의를 역사적 일시성에 대한 견해와 역사적 필연성에 대한 견해가 있다고 해설한다. 그에 의하면 전자가 옳고 후자는 틀렸다. 아마도 마르크스주의의 종말론적 역사주의는 포퍼가 설명하는 후자에 가까운 듯.

• 신과학: 무질서의 정도라는 의미를 가지는 엔트로피라는 단어가 있다. 엔트로피란 무질서의 정도 및 에너지가 일을 수행한 후 열화한 정도를 나타내는 개념이다. 닫힌계에서 체계 내의 에너지는 불변이지만(열역학 제1법칙), 그 에너지 중에 일을 할 수 있는 에너지, 체계의 질서를 잡아주는 에너지는 점차 작아지며 대신 열이 발생하여 확산된다. 이것이 열역학 제2법칙이다. 엔트로피 법칙을 사회과학에 적용하려는 시도로는 Georgescu-Roegen(1976, 239-245쪽)를 참조하라. 이 개념에 의하면 역사, 조직, 구조는 질서에서 무질서로 진행하며 역행은 불가능하다. 노벨화학상을 받은 벨기에 과학자인 일리야 프리고진은 이 개념을 더 확정하여 복잡성의 이론을 구축했다. 에너지는 보존되나(열역학 제1법칙) 그 에너지는 무질서도의 증가라는 한 방향으로만 흘러 궁극적으로는 열적 사망 상태에 이른다. 이 열적 사망 상태가 균형인데 이는 경제학에서 이야기하는 균형, 즉 뉴턴적 균형과는 정반대되는 의미를 가진다.

•경제주의: 경제주의는 정치, 경제, 이데올로기, 법적 형태 중에서 경제가 모든 것을 결정한다는 일종의 경제결정론으로 이해된다. 이 개념이 확장되면 자본주의가 필연적으로 사회주의로 전화한다는 사회주의자들에게 치명적 독소로 작용할 수 있다. 필연적으로 사회주의로 전화한다면 가만히 있어도 사회는 전환될 것이기 때문에 아무 것도 안해도 된다. 따라서 경제주의는 대기주의로 변화한다. 경제주의가 급진화되면 말만 극좌적이면서 행동은 없는 일종의 최대강령주의가 될 수도 있다. 경제주의가 보수화하면 경제 현상을 분리해서 고찰하는 경제학주의가 될 수도 있다. 현대 경제학의 큰 어려움은 바로 이러한 경제학주의에 매몰되어 있다는데서 나온다.

•사회민주주의: 사회민주주의는 초기 사회주의가 마르크스의 공산주의로 정립한 이후 생긴 사상이다. 사회민주주의는 매우 현대적 사상이다. 왜냐하면 자유주의와 사회주의를 결합하고자 하되, 노동자 운동에 기반하고 있기 때문이다. 사회민주주의는 케인즈적 개입주의와 친화성이 있지만, 단순히 국가개입을 주장하는 것이 아니라 강력한 복지 정책과 재분배 정책을 통해 사회적 약자를 보호하고자 한다. 사회주의 운동 내에서 사회민주주의는 개량주의와 통한다고 한다. 하지만 필자는 『좌파의 재정립』에서 보이듯이 이 점을 지나치게 강조하는 견해의 정치적 의도를 이해할 수 없다.

•리더십: 최근 성공학이 유행하면서 리더십 이론도 유행이다. 리더십 이론에 따르면 이상적 리더십은 변혁적 리더십이다. 변혁적 리더십은 리더와 추종자간의 상호관계를 중시하며, 상호관계의 결과 서로 변화하게 된다. 교육도 마찬가지다. 선생이 학생에게 일방적으로 가르치는 것이 아니라, 가르침 속에서 선생도 배운다.